Horst Dreier

Kirche ohne König

Das Ende des landesherrlichen Kirchenregiments („Bündnis von Thron und Altar") 1918/19 unter besonderer Berücksichtigung Preußens und Württembergs

Mohr Siebeck

Horst Dreier, geboren 1954; Studium der Rechtswissenschaften; 1985 Promotion, 1989 Habilitation; nach Stationen in Heidelberg und Hamburg seit 1995 Ordinarius für Rechtsphilosophie, Staats- und Verwaltungsrecht an der Bayerischen Julius-Maximilians-Universität Würzburg; 2001–2007 Mitglied des Nationalen Ethikrates; seit 2003 ordentliches Mitglied der Bayerischen Akademie der Wissenschaften (philosophisch-historische Klasse); seit 2007 Mitglied der Leopoldina – Nationale Akademie der Wissenschaften (Sektion Kulturwissenschaften).

Gedruckt mit Unterstützung der Schulze-Fielitz Stiftung Berlin.

ISBN 978-3-16-159694-0 / eISBN 978-3-16-159695-7
DOI 10.1628/978-3-16-159695-7

Die Deutsche Nationalbibliothek verzeichnet diese Publikation in der Deutschen Nationalbibliographie; detaillierte bibliographische Daten sind im Internet über *http://dnb.dnb.de* abrufbar.

© 2020 Mohr Siebeck Tübingen. www.mohrsiebeck.com

Das Werk einschließlich aller seiner Teile ist urheberrechtlich geschützt. Jede Verwertung außerhalb der engen Grenzen des Urheberrechtsgesetzes ist ohne Zustimmung des Verlags unzulässig und strafbar. Das gilt insbesondere für die Verbreitung, Vervielfältigung, Übersetzung und die Einspeicherung und Verarbeitung in elektronischen Systemen.

Das Buch wurde von Martin Fischer aus der Minion gesetzt, von Gulde Druck in Tübingen auf alterungsbeständiges Werkdruckpapier gedruckt und von der Buchbinderei Nädele in Nehren gebunden.

Printed in Germany.

Horst Dreier

Kirche ohne König

Vorwort

Es war eine ziemliche Überraschung für mich, als ich im März 2018 von der Evangelischen Landeskirche Württembergs eingeladen wurde, einen Vortrag zum Ende des landesherrlichen Kirchenregiments im Jahre 1918 unter besonderer Berücksichtigung der Entwicklung in Württemberg zu halten. Einen zündenden Titel hatte man sich schon ausgedacht: „Kirche ohne König". Der gefiel mir so ausnehmend gut, daß ich nicht lange zögerte und die Einladung annahm, auch wenn ich zu diesem Zeitpunkt nicht gerade als ausgewiesener Kenner des landesherrlichen Kirchenregiments und ebensowenig als Spezialist auf dem Gebiet der württembergischen Landes(kirchen)geschichte gelten konnte. Doch stand mit der Zusage mein Arbeitsprogramm für den langen und heißen Sommer 2018 fest. Nach dem sehr freundlich aufgenommenen Vortrag im Alten Schloß in Stuttgart im Herbst desselben Jahres und weiteren eingehenden, thematisch etwas weiter ausgreifenden Studien in der Folgezeit lege ich nun das Ergebnis meiner Untersuchungen in Gestalt dieses Büchleins vor.

Der geschilderte Hintergrund erklärt, warum hier die Entwicklung des weitaus größten deutschen Staates, Preußen, parallelisiert wird mit derjenigen des sehr viel kleineren Staates Württemberg, der 1806 zum Königtum erhoben wurde. Aber außer dem eher anlaßbezogenen Motiv gibt es durchaus Gründe in der Sache selbst, die einen Vergleich gerade zwischen diesen beiden Ländern reizvoll und informativ erscheinen lassen. Nicht allein, daß das für das landesherrliche Kirchenregiment ganz zentrale Institut des Konsistoriums in Württemberg auf eine besonders lange Tradition zurückblicken kann und sich hier die Unterscheidung zwischen allgemeiner Kirchenhoheit und spezifisch landesherrlichem Kirchenregiment vergleichsweise früh ausprägt, verspricht einigen Aufschluß für die Entwicklung der Kirchenverfassung des deutschen Protestantismus. Auch der Umstand, daß nach der Novemberrevolution 1918 und dem Fortfall der Monarchien der Übergang zu einer neuen kirchenrechtlichen Ordnung in Preußen äußerst turbulent verlief, sich in Württemberg hingegen (aufgrund einer Rechtslage, die letztlich bis auf die sog. Religions-Reversalien aus dem 18. Jahrhundert zurückgeht) wohlgeordnet und reibungslos gestaltete, erweist sich als erklärungsträchtig. Natürlich mußte das vielzitierte „Bündnis von Thron und Altar" im November 1918 schon deswegen unweigerlich zerbrechen, weil sämtliche Throne weggefallen waren. Doch erst die Rekapitulation der Ereignisse kann verdeutlichen, welche Schwierigkeiten mit dem Übergang in diese neue Phase kirchlicher Selbstorganisation für Politik und protestantische Kirchen verbunden waren und welches höchst unterschiedlich bewältigte Konfliktpotential dieser Prozeß in sich barg.

Die Weimarer Reichsverfassung vom 11. August 1919 beendete endgültig das anderthalb Jahrtausende währende sog. Konstantinische Zeitalter und etablierte eine neue Ordnung des Verhältnisses von Staat und Kirche, von Politik und Religion – eine Ordnung, die im Kern bis zum heutigen Tag fortgilt, weil das Grundgesetz in Art. 140 wesentliche staatskirchenrechtliche Normen der Weimarer Verfassung schlicht inkorporiert hat. Der somit unverändert geltende und zentrale Verfassungsrechtssatz „Es besteht keine Staatskirche" bildet den Auftakt der vorliegenden Schrift; diese führt mit der Frage, auf welches Institut der Begriff „Staatskirche" hier Bezug nimmt, zur Entwicklungsgeschichte des landesherrlichen Kirchenregiments im 19. Jahrhundert, um nach der Schilderung der Umbruchsituation im Gefolge der Novemberrevolution 1918 zur Weimarer Reichsverfassung zurückzukehren und am Ende die grundsätzlicheren Dimensionen des dort gefundenen Religionskompromisses etwas genauer auszuloten.

Der der Abhandlung beigegebene Dokumentenanhang ist als Hilfestellung bei vertiefter Lektüre gedacht. Denn nur wenige Leserinnen und Leser dürften die überaus wertvollen vier Bände „Staat und Kirche im 19. und 20. Jahrhundert. Dokumente zur Geschichte des deutschen Staatskirchenrechts" bequem zur Hand haben, die von Ernst Rudolf Huber und Wolfgang Huber in den 1970er und 1980er Jahren verdienstvollerweise ediert worden sind: ein ganz unverzichtbares, aber leider seit langer Zeit vergriffenes Arbeitsmittel, auf das gleichwohl auch vorliegend immer wieder verwiesen werden muß, um den Anhang nicht übermäßig anschwellen zu lassen. Dieser bietet lediglich einige der zentralen und nicht immer leicht verfügbaren historischen Rechtstexte, auf die die Studie Bezug nimmt und deren Orthographie und Interpunktion oft eigenwillig anmuten, hier aber authentisch wiedergegeben werden. Schließlich sei, da das Wichtigste – frei nach Max Weber – natürlich wieder in den Fußnoten steht, an dieser Stelle nachdrücklich auf das „Abkürzungsverzeichnis" sowie das „Verzeichnis der abgekürzt zitierten Literatur" hingewiesen.

Ich habe vielfachen Grund, für Hilfe und Unterstützung Dank zu sagen. Er geht zunächst an meine Mitarbeiter. Herr Andreas Gesell hat das Projekt von Anbeginn begleitet und den Löwenanteil der oft entlegenen Literatur beschafft. Er zeichnet zusammen mit Herrn Philipp Danz für den Anhang und die authentischen Abschriften der Dokumente verantwortlich. Um die Korrekturen von Manuskript und Umbruch sowie die Erstellung des Personenregisters haben sich Frau Annabelle Meier und Herr Dr. David Kuch sehr verdient gemacht. Allen rufe ich ein ganz herzliches „Dankeschön" zu! Für die gewohnt exzellente Betreuung durch den Verlag Mohr Siebeck danke ich insbesondere Frau Daniela Taudt aus dem Lektorat und Herrn Matthias Spitzner aus der Herstellung. Die Zusammenarbeit mit ihnen ist immer wieder eine ausgesprochene Freude. Helmut Goerlich, Helmuth Schulze-Fielitz und Christian Waldhoff waren so liebenswürdig, das recht umfängliche Manuskript einem eingehenden Studium zu unterziehen, wofür ich ihnen meinen besonders tief empfundenen Dank aussprechen möchte. Ihre Anregungen und Hinweise waren Bereicherung und Inspiration für mich. Alle verbliebenen Schwächen, Fehler und Mängel des vorliegenden Büchleins gehen selbstverständlich allein auf mein Konto.

Horst Dreier   Würzburg, den 31. Mai 2020

Inhaltsverzeichnis

Vorwort V
Abkürzungsverzeichnis XIII
Abgekürzt zitierte Literatur XV

I. Das Verbot der Staatskirche 1
  1. Rätselhafte Schlüsselnorm: Art. 137 Abs. 1 WRV ... 1
  2. Zum Begriff der Staatskirche 6
  3. Stoßrichtung: Landesherrliches Kirchenregiment .. 12
    Exkurs: Episkopalismus, Territorialismus,
    Kollegialismus 14

II. Das landesherrliche Kirchenregiment im
19. Jahrhundert: Verselbständigung kirchlicher
Behörden und Ausbildung presbyterial-synodaler
Organisationsstrukturen 25
  1. Die Entwicklung in Preußen 27
    a) Der Evangelische Oberkirchenrat (1850) 27
      Exkurs: Vorgeschichte 30
    b) Von den Kirchengemeinderäten (1850) bis zur
      Generalsynode (1876) 41
      Exkurs: Vorgeschichte 44
  2. Die Entwicklung in Württemberg 49
    a) Konsistorium und Synodus 50
      Exkurs: Vorgeschichte 53

b) Von den Pfarrgemeinderäten (1851) über
　　　　die Diözesansynoden (1854) bis hin zur
　　　　Landessynode (1867) 60
　　3. „Kirchlicher Konstitutionalismus"? 65

III. Der staatskirchenrechtliche Umbruch 1918/19 .. 75

　　1. Der lange Weg zur Trennung von Staat und Kirche .. 75

　　2. Das jähe Ende des landesherrlichen
　　　Kirchenregiments und die neue Ordnung 78
　　　a) Revolutionäre Turbulenzen in Preußen 83
　　　　aa) Pastor Wessel und Adolph Hoffmann 84
　　　　bb) Die Heiligen Drei Könige 89
　　　　cc) Der schwierige Übergang 92
　　　　　Exkurs: Die Troeltsch-Initiative 93
　　　　dd) Die neue Ordnung 97
　　　　　Exkurs: Schlaglicht auf andere Länder 101
　　　b) Evolutionärer Übergang in Württemberg 103
　　　　aa) Vom Vorzug der Vorsorge 104
　　　　　Exkurs: Die Religionsreversalien 1729–1734 .. 105
　　　　bb) Die „Evangelische Kirchenregierung" 109
　　　　cc) Der reibungslose Übergang 112
　　　　dd) Die neue Ordnung 114

　　3. Kirche ohne König – Verlusterfahrung oder
　　　Freiheitsgewinn? 117
　　　a) Das Ende als Trauma? 117
　　　b) Das Ende als Chance? 120
　　　c) Protestantismus in der Weimarer Republik 124

IV. Der Religionskompromiß der Weimarer
　　Reichsverfassung 133

　　1. „Hinkende" Trennung von Staat und Kirche 133

　　2. Traditionen und Innovationen 137

Inhaltsverzeichnis

    a) Traditionen 137
    b) Innovationen 139
       Exkurs: Religionsunterricht und Bethlehemitischer
       Kindermord 142
  3. Das Ende religiöser Legitimation – Staat ohne Gott . 144

Auswahl-Bibliographie selbständiger Schriften 149

Dokumentenanhang............................. 153
  I. Deutsches Reich und Preußen 156
  II. Württemberg 207

Personenregister 247

Abkürzungsverzeichnis

ALR	Allgemeines Landrecht für die Preußischen Staaten (1794)
Anm.	Anmerkung
AöR	Archiv des öffentlichen Rechts
Art.	Artikel
Aufl.	Auflage
Bd.	Band
BWKG	Blätter für württembergische Kirchengeschichte
DDP	Deutsche Demokratische Partei
Der Staat	Der Staat. Zeitschrift für Staatslehre und Verfassungsgeschichte, deutsches und europäisches Öffentliches Recht
ders.	derselbe
Diss.	Dissertation
DJZ	Deutsche Juristenzeitung
DNVP	Deutschnationale Volkspartei
DVP	Deutsche Volkspartei
ebd.	ebenda
EOK	Evangelischer Oberkirchenrat
Fn.	Fußnote
GG	Grundgesetz für die Bundesrepublik Deutschland vom 23. Mai 1949
Hrsg.	Herausgeber
hrsgg.	herausgegeben
Hv. i. O.	Hervorhebung(en) im Original
JZ	Juristenzeitung
m. w. N.	mit weiteren Nachweisen
NDB	Neue Deutsche Biographie
n. F.	neue Folge
o. J.	ohne Jahr(esangabe)
RDH	Reichsdeputationshauptschluß (1803)
RGBl.	Reichsgesetzblatt
RGZ	Entscheidungen des Reichsgerichts in Zivilsachen
Sp.	Spalte
SPD	Sozialdemokratische Partei Deutschlands
USPD	Unabhängige Sozialdemokratische Partei Deutschlands
WRV	Verfassung des Deutschen Reichs vom 11. August 1919

ZEE	Zeitschrift für Evangelische Ethik
ZevKR	Zeitschrift für evangelisches Kirchenrecht
ZRG KA	Zeitschrift der Savigny-Stiftung für Rechtsgeschichte, Kanonistische Abteilung

Abgekürzt zitierte Literatur

Anschütz/ Thoma I, II	Handbuch des Deutschen Staatsrechts, herausgegeben von Gerhard Anschütz und Richard Thoma, Bd. I, Tübingen 1930; Bd. II, Tübingen 1932
EvStL³ I, II	Evangelisches Staatslexikon, begründet von Hermann Kunst und Siegfried Grundmann, herausgegeben von Roman Herzog, Hermann Kunst, Klaus Schlaich, Wilhelm Schneemelcher, 2 Bde., 3. Aufl., Stuttgart 1987
EvStL⁴	Evangelisches Staatslexikon, herausgegeben von Werner Heun, Martin Honecker, Martin Morlok und Joachim Wieland, Neuausgabe, Stuttgart 2006
HdbStKR¹ I	Handbuch des Staatskirchenrechts der Bundesrepublik Deutschland, 1. Aufl., herausgegeben von Ernst Friesenhahn und Ulrich Scheuner, Bd. I, Berlin 1974
HdbStKR² I	Handbuch des Staatskirchenrechts der Bundesrepublik Deutschland, 2. Aufl., herausgegeben von Joseph Listl und Dietrich Pirson, Bd. I, Berlin 1994
HRG	Handwörterbuch zur deutschen Rechtsgeschichte, herausgegeben von Adalbert Erler, Ekkehard Kaufmann und Dieter Werkmüller unter philologischer Mitarbeit von Ruth Schmidt-Wiegand, Berlin (Bd. I: 1971; Bd. II: 1978; Bd. III: 1984; Bd. IV: 1990; Bd. V: 1998)
HStR³ VII	Handbuch des Staatsrechts der Bundesrepublik Deutschland, herausgegeben von Josef Isensee und Paul Kirchhof, 10 Bde., 3. Aufl., Heidelberg 2003 ff. (Bd. VII: Freiheitsrechte, 2009)
Huber I	Ernst Rudolf Huber, Deutsche Verfassungsgeschichte seit 1789, Bd. I: Reform und Restauration 1789 bis 1830, 2. Aufl., Stuttgart u. a. 1967 (Nachdruck 1975)

	Abgekürzt zitierte Literatur
Huber II	Ernst Rudolf Huber, Deutsche Verfassungsgeschichte seit 1789, Bd. II: Der Kampf um Einheit und Freiheit 1830 bis 1850, 3., wesentlich überarbeitete Aufl., Stuttgart u. a. 1988
Huber III	Ernst Rudolf Huber, Deutsche Verfassungsgeschichte seit 1789, Bd. III: Bismarck und das Reich, 3., wesentlich überarbeitete Aufl., Stuttgart u. a. 1988
Huber IV	Ernst Rudolf Huber, Deutsche Verfassungsgeschichte seit 1789, Bd. IV: Struktur und Krisen des Kaiserreichs, 2., verbesserte und ergänzte Aufl., Stuttgart u. a. 1982
Huber V	Ernst Rudolf Huber, Deutsche Verfassungsgeschichte seit 1789, Bd. V: Weltkrieg, Revolution und Reichserneuerung 1914–1919, Stuttgart u. a. 1978
Huber VI	Ernst Rudolf Huber, Deutsche Verfassungsgeschichte seit 1789, Bd. VI: Die Weimarer Reichsverfassung, Stuttgart u. a. 1981
Huber/Huber I	Ernst Rudolf Huber/Wolfgang Huber, Staat und Kirche im 19. und 20. Jahrhundert. Dokumente zur Geschichte des deutschen Staatskirchenrechts, Bd. I: Staat und Kirche vom Ausgang des alten Reichs bis zum Vorabend der bürgerlichen Revolution, Berlin 1973
Huber/Huber II	Ernst Rudolf Huber/Wolfgang Huber, Staat und Kirche im 19. und 20. Jahrhundert. Dokumente zur Geschichte des deutschen Staatskirchenrechts, Bd. II: Staat und Kirche im Zeitalter des Hochkonstitutionalismus und des Kulturkampfs 1848–1890, Berlin 1976
Huber/Huber III	Ernst Rudolf Huber/Wolfgang Huber, Staat und Kirche im 19. und 20. Jahrhundert. Dokumente zur Geschichte des deutschen Staatskirchenrechts, Bd. III: Staat und Kirche von der Beilegung des Kulturkampfs bis zum Ende des Ersten Weltkriegs, Berlin 1983
Huber/Huber IV	Ernst Rudolf Huber/Wolfgang Huber, Staat und Kirche im 19. und 20. Jahrhundert. Dokumente zur Geschichte des deutschen Staatskirchenrechts, Bd. IV: Staat und Kirche in der Zeit der Weimarer Republik, Berlin 1988

LThK³	Lexikon für Theologie und Kirche, begründet von Michael Buchberger, 3., völlig neu bearbeitete Auflage, herausgegeben von Walter Kasper, 11 Bde. Freiburg i. Br. u. a. 1993–2001 (Sonderausgabe 2006)
RGG⁴	Die Religion in Geschichte und Gegenwart. Handwörterbuch für Theologie und Religionswissenschaft, herausgegeben von Hans Dieter Betz u. a., 9 Bde., 4. Aufl., Tübingen 1998–2007
StL⁷	Staatslexikon. Recht-Wirtschaft-Gesellschaft, 7 Bde., herausgegeben von der Görres-Gesellschaft, 7. Aufl., Freiburg/Breisgau u. a. 1985 ff. (Bd. 1: 1985; Bd. 2: 1986; Bd. 3: 1987; Bd. 4: 1988; Bd. 5: 1989; Bd. 6: 1992; Bd. 7: 1993)
TRE	Theologische Realenzyklopädie, Hauptherausgeber Gerhard Müller, 38 Bde., Berlin–New York 1977–2007 (Bd. XIX: Kirchenrechtsquellen–Kreuz [1990]; Bd. XXXII: Spurgeon–Taylor [2001])

I. Das Verbot der Staatskirche

1. Rätselhafte Schlüsselnorm: Art. 137 Abs. 1 WRV

„Es besteht keine Staatskirche." So kurz, knapp und scheinbar unmißverständlich statuiert es Art. 137 Abs. 1 der im August 1919 in Kraft getretenen Weimarer Reichsverfassung (WRV). Diese signifikante Aussage erscheint als Inbegriff und Eckstein der neuen staatskirchenrechtlichen Ordnung, die die Revolution vom November 1918 mit sich brachte und die die Nationalversammlung in Weimar in verfassungsrechtliche Normen goß. Das vielzitierte „Bündnis von Thron und Altar"[1] – gewissermaßen eine „Kurzformel für das landesherrliche evangelische Kirchenregiment"[2] – mußte mit der Revolution schon deswegen sein definitives Ende finden, weil die Throne sämtlich entfallen waren

---

[1] Siehe etwa *Thomas Nipperdey,* Deutsche Geschichte 1800–1866: Bürgerwelt und starker Staat, München 1983, S. 315, 405, 468; *Arnulf von Scheliha,* Protestantische Ethik des Politischen, Tübingen 2013, S. 124 ff.; sinngleich ist auch von der „Allianz zwischen Thron und Altar" die Rede; *Michael Burleigh,* Irdische Mächte, göttliches Heil, München 2008, S. 132 ff. – Vom „Defensivbündnis von Thron und Altar" spricht *Jochen Jacke,* Kirche zwischen Monarchie und Republik. Der preußische Protestantismus nach dem Zusammenbruch von 1918, Hamburg 1976, S. 15 ff.

[2] *Martin Hein,* Weichenstellungen der evangelischen Kirche im 19. und 20. Jahrhundert. Beiträge zur Kirchengeschichte und Kirchenordnung, Berlin–New York 2009, S. 37. – Die Wendung wurde am Beginn des 19. Jahrhunderts zum „Schlagwort": *Karl Holl,* Die Bedeutung der großen Kriege für das religiöse und kirchliche Leben innerhalb des deutschen Protestantismus (1917), in: ders., Gesammelte Aufsätze zur Kirchengeschichte, Bd. 3: Der Westen, Tübingen 1928, S. 302–384 (375).

und sich die vermeintlich tragenden Säulen des politischen und gesellschaftlichen Systems als morsches Gebälk erwiesen hatten. Mit dem Ende der Monarchien brach allenthalben das landesherrliche Kirchenregiment zusammen. Nicht nur im Reich, sondern auch in den Einzelstaaten waren die regierenden Fürstenhäuser mit bemerkenswerter Selbstverständlichkeit und ohne nennenswerte Gegenwehr abgetreten[3], gewissermaßen „sang- und klanglos"[4]. Immer wieder hat kein Geringerer als Martin Heckel, der Doyen des deutschen Staatskirchenrechts, die neuen staatskirchenrechtlichen Regelungen auf diesem Gebiet als „Epochenschwelle"[5] oder „epochale Wende" bezeichnet[6]. Hier habe das jahrtausendealte „konstantinische System" sein Ende gefunden, indem die „letzten Reste des ‚christlichen Staats'" beseitigt worden seien[7].

Ohne Zweifel hat hier ein fundamentaler Wandel stattgefunden[8]. Dieses Bewußtsein war auch in der Weimarer Na-

---

[3] Vgl. *Horst Dreier*, Staatsrecht in Demokratie und Diktatur. Studien zur Weimarer Republik und zum Nationalsozialismus, hrsgg. v. Matthias Jestaedt und Stanley L. Paulson, Tübingen 2016, S. 7 ff. m. w. N.

[4] So *Siegfried Hermle*, Kirche nach 1918. Ende und Neuanfang, in: Rainer Lächele/Jörg Thierfelder (Hrsg.), Württembergs Protestantismus in der Weimarer Republik, Stuttgart 2003, S. 11–31 (11).

[5] *Martin Heckel*, Kontinuität und Wandlung des deutschen Staatskirchenrechts unter den Herausforderungen der Moderne (1999), in: ders., Gesammelte Schriften. Staat, Kirche, Recht, Geschichte, Bd. V, Tübingen 2004, S. 243–286 (249).

[6] *Martin Heckel*, Martin Luthers Reformation und das Recht, Tübingen 2016, S. 778.

[7] Zitat: *Heckel*, Martin Luthers Reformation (Fn. 6), S. 778. Ähnlich *ders.*, Vom Religionskonflikt zur Ausgleichsordnung, München 2007, S. 40 f.; ihm folgend *Hendrik Munsonius*, Öffentliche Religion im säkularen Staat, Tübingen 2016, S. 29 f. – Kritisch zur Rede vom konstantinischen Zeitalter und dem Ende desselben: *Axel Frhr. von Campenhausen*, Art. Konstantinisches Zeitalter, in: EvStL[3] I, Sp. 1858–1860.

[8] Stellvertretend für viele *Peter Badura*, Das Staatskirchenrecht als Gegenstand des Verfassungsrechts. Die verfassungsrechtlichen Grundlagen des Staatskirchenrechts, in: HdbStKR[2] I, S. 211–251 (229): Beseitigung der „Grundpfeiler des bisherigen kirchenpolitischen Systems".

1. Rätselhafte Schlüsselnorm

tionalversammlung präsent, wo mit Blick auf die Neuregelung des Verhältnisses von Staat und Kirche von einer „weltgeschichtliche[n] Stunde" und der Schaffung einer „völlig neue[n] Rechtsgrundlage" die Rede war[9]. Nicht ganz so klar ist allerdings die eigentliche Bedeutung des an die Spitze von Art. 137 WRV gestellten Satzes „Es besteht keine Staatskirche."[10] Der Verfassungsausschuß hatte sich mit den staatskirchenrechtlichen Fragen der Trennung von Staat und Kirche (religiöse Vereinigungsfreiheit, Status der Religionsgesellschaften, Besteuerungsrecht, Staatsleistungen etc.) und den damit eng verwobenen Schulfragen (Religionsunterricht, Konfessionsschulen etc.) einschließlich der Gewährleistung der Religionsfreiheit ausführlich und häufig auch höchst kontrovers befaßt[11]. In diesem Ausschuß wurde die

---

[9] Abg. *Veidt* [DNVP], Plenum der Nationalversammlung, 59. Sitzung vom 17. Juli 1919, abgedruckt in: Verhandlungen der verfassunggebenden Deutschen Nationalversammlung. Stenographische Berichte (Verhandlungen des Reichstages, Band 328), Berlin 1920, S. 1656 [D], 1657 [A], wo er fortfährt: „Darin soll sich durch diesen Abschnitt der Verfassung die grundlegende Änderung vollziehen, eine Änderung, die von unübersehbarer Tragweite ist."

[10] Das gilt im übrigen auch für den fast wortgleichen Vorläufer dieser Formulierung, § 147 Abs. 2 (2. Hs.) der sog. Paulskirchenverfassung von 1849: „es besteht fernerhin keine Staatskirche." Zu den unterschiedlichen Interpretationen dieser Bestimmung *Jörg-Detlef Kühne*, Die Reichsverfassung der Paulskirche. Vorbild und Verwirklichung im späteren deutschen Rechtsleben, Frankfurt/M. 1985, S. 495 ff. mit dem Resümee, daß jedenfalls „eine laizistische Form der Trennung von Kirche und Staat verworfen wurde" (S. 496) und man nicht von „kirchenfeindlicher Trennung" sprechen könne (S. 499).

[11] Verhandlungen der verfassunggebenden Deutschen Nationalversammlung. Band 336. Anlagen zu den Stenographischen Berichten (Nr. 391. Bericht des Verfassungsausschusses), Berlin 1920, S. 188 ff. (19. Sitzung v. 1. April 1919), 196 ff. (20. Sitzung v. 2. April 1919), 207 ff. (21. Sitzung v. 3. April 1919), 223 ff. (22. Sitzung v. 4. April 1919), 515 ff., 524 ff. (41. Sitzung v. 17. Juni 1919). Siehe auch die Wiedergabe dieser vier Sitzungen auf der Grundlage von eingehenden Agenturberichten und Pressemeldungen bei *Jörg-Detlef Kühne*, Die Entstehung der Weimarer Reichsverfassung. Grundlagen und anfängliche Geltung, Düsseldorf 2018, S. 527 ff., 536 ff., 543 ff., 553 ff. – Aus der Sekundärliteratur *Folk-*

Aufnahme des Satzes in die Verfassung in der 20. Sitzung vom 2. April 1919 beantragt[12] und in der 21. Sitzung vom 3. April 1919 angenommen[13]. Im auffälligen Gegensatz zu fast allen anderen Absätzen des Art. 137 WRV kam es aber nicht zu einer näheren oder gar kontroversen Aussprache hierüber. Schon bei der Antragstellung hieß es: „Wir glauben damit die überwiegende Meinung im Verfassungsausschuß hinter uns zu haben, halten es aber für zweckmäßig, daß dieser Satz ausdrückliche Erwähnung findet."[14] Das traf offenbar die allgemeine Stimmung. Denn anders als bei den sonstigen Debatten zum Thema Religion (und Schule), wo auch bei den abschließenden Plenarsitzungen die konfliktreichen Differenzen noch einmal mit einer gewissen Heftigkeit aufbrachen[15], war der Satz „Es besteht keine Staatskirche" in den Worten des Berichterstatters „nicht beanstandet worden"[16]. Er wurde auch im Plenum nicht zum Gegenstand einer Debatte[17]. Offenkundig brachte die Aussage in den Augen

---

hart Wittekind, Welche Religionsgemeinschaften sollen Körperschaften des öffentlichen Rechts sein?, in: Günter Brakelmann/Norbert Friedrich/Traugott Jähnichen (Hrsg.), Auf dem Weg zum Grundgesetz, Münster 1999, S. 77–97; *Ludwig Richter*, Kirche und Schule in den Beratungen der Weimarer Nationalversammlung, Düsseldorf 1995.

[12] Dieser Satz sollte an der Spitze des einschlägigen Abschnittes stehen: Verhandlungen, Bd. 336 (Fn. 11), S. 205, 206. – Abg. Kaas [Zentrum] stimmte dem mit den Worten zu: „Ich habe keine Bedenken dagegen, wenn in der Verfassung ausdrücklich ausgesprochen wird, daß keine Staatskirche besteht. Die katholische Kirche hatte es auch früher schon abgelehnt, als Staatskirche bezeichnet zu werden." (Ebd., S. 206).

[13] Verhandlungen, Bd. 336 (Fn. 11), S. 208.

[14] Abg. Ablaß [DDP], in: Verhandlungen, Bd. 336 (Fn. 11), S. 206.

[15] Verhandlungen, Bd. 328 (Fn. 9), S. 1643 ff. (59. Sitzung des Plenums v. 17. Juli 1919).

[16] Abg. Mausbach [Zentrum], ebd., S. 1644 (C).

[17] Eher beiläufig wurde er vom Abg. Naumann [DDP] in der 59. Sitzung des Plenums v. 17. Juli 1919 als Argument herangezogen, daß nun neben den großen christlichen Kirchen auch die sog. Sekten und kleineren Gemeinschaften wie Methodisten, Baptisten, Altlutheraner u. a. in den Genuß etwa des Körperschaftsstatus gelangen könnten (Art. 137 Abs. 5 WRV): „Die Zeit, wo kleine Religionsgesellschaften

der allermeisten Abgeordneten einen inhaltlich recht diffusen Konsens auf relativ hohem Abstraktionsniveau zum Ausdruck, der nach weiterer Erörterung nicht verlangte.

Doch schon Zeitgenossen haderten mit dem Satz. Als Beleg können Ausführungen in der Deutschen Juristenzeitung aus dem Jahre 1919 dienen. Hier nimmt der Geheime Hofrat und Rechtsprofessor Meurer aus Würzburg Stellung zu den Entwürfen der Nationalversammlung in der Kirchenfrage, insbesondere zu den Beratungen im Verfassungsausschuß. Kritisch fragt er: „Was soll aber gleich der erste Satz: ‚Es besteht keine Staatskirche'? Eine solche gab es doch auch bis jetzt nicht in Deutschland [...]. Der Satz ist überflüssig und irritierend."[18]

Damit stand er keineswegs allein. Friedrich Giese, Staatsrechtslehrer und Konsistorialrat, formulierte in einer langen, fünf Jahre später erschienenen Abhandlung ganz ähnliche Einwände: „Was aber ist hier unter ‚Staatskirche' zu verstehen? Die Verhandlungen der Nationalversammlung sind gänzlich unergiebig. Die Wortfassung deutet auf das Staatskirchentum hin. Daß damit das ältere, ursprüngliche Staatskirchentum [...] nicht gemeint sein kann, bedarf wohl keiner weiteren Begründung. Ein System aufzuheben oder auszuschließen, das gar nicht mehr galt, [...], an dessen Erneuerung auch niemand dachte, wäre geradezu sinnlos gewesen."[19] Offenbar ist die Be-

---

amtlich mißachtet wurden, ist jetzt grundsätzlich vorbei. Da es keine Staatskirche mehr gibt, so sind alle Nebenkirchen gleicher Ehre." (Verhandlungen, Bd. 328 [Fn. 9], S. 1654 [B]).

[18] *Christian Meurer*, Die Kirchenfrage im Verfassungsausschuß, in: DJZ 1919, Sp. 383–386 (383). Meurer hatte seit 1891 ein Ordinariat für Kirchenrecht an der Universität Würzburg inne, das 1895 um das Völkerrecht erweitert wurde. Näher zur Person: *Georg May*, Art. Meurer, Christian, in: NDB 17 (1994), S. 267–268.

[19] *Friedrich Giese*, Das kirchenpolitische System der Weimarer Verfassung, in: AöR n. F. 7 (1924), S. 1–70 (36). *Christoph Link*, Staat und Kirche in der neueren deutschen Geschichte, Frankfurt/M. u. a. 2000, S. 105 meint, der Aussage hätte seinerzeit die „aktuelle Stoßrichtung" gefehlt. Siehe auch *Christoph Link*, Kirchliche Rechtsgeschichte. Kirche,

stimmung nicht so klar und eindeutig, wie man zunächst meinen könnte. Gerhard Anschütz, der maßgebliche und Maßstäbe setzende Kommentator der Weimarer Reichsverfassung, holt bezeichnenderweise bei der Erläuterung dieser Norm auffällig weit aus[20]. Daß sie nur etwas statuiert, was ohnehin schon gilt, wird man schwerlich annehmen können[21]. Rechtsnormen im allgemeinen und Verfassungsbestimmungen im besonderen wollen in aller Regel verändernd wirken, also die bestehenden Gegebenheiten nicht nur bestätigen, sondern in anderer Weise regulieren. So müssen wir etwas genauer fragen: In welchem Sinne bestand vor 1918 eine Staatskirche, die die Weimarer Reichsverfassung für abgeschafft erklären konnte?

2. Zum Begriff der Staatskirche

Eine allgemein verbindliche oder allgemein konsentierte Definition von Staatskirche existiert nicht. Mit Blick auf gewisse historische Gestaltungsformen kann man von Staatskirche in einem engeren (oder strengen) Sinne dann sprechen, wenn

---

Staat und Recht in der europäischen Geschichte von den Anfängen bis ins 21. Jahrhundert, 3. Aufl., München 2017, § 26 Rn. 10: „Das Verbot der ‚Staatskirche' in Art. 137 Abs. 1 WRV beschrieb mehr einen bereits bestehenden Zustand, als ihn zu verändern."

[20] *Gerhard Anschütz*, Die Verfassung des Deutschen Reichs vom 11. August 1919. Ein Kommentar für Wissenschaft und Praxis, 14. Aufl., Berlin 1933, Art. 137 Anm. 1 (S. 630ff.).

[21] Eine mögliche (wenngleich wenig überzeugende) Deutung wäre, daß mit der Norm lediglich eine Rückkehr zur bereits überwundenen Staatskirche ausgeschlossen werden sollte, sozusagen als Ausschluß eines historischen Rückschritts in längst vergangene frühere Jahrhunderte. So könnte man *Heckel*, Martin Luthers Reformation (Fn. 6), S. 790 verstehen: „Die Staatsverwaltung und die Kirchenverwaltung wurden in allen deutschen Ländern im Laufe der Zeit [scil.: des 19. Jahrhunderts, H. D.] voneinander gesondert und damit das System der institutionellen ‚Staatskirche' schon vor der Weimarer Verfassung beseitigt, die dies in Art. 137 Abs. 1 auch für die Zukunft ausschloss."

2. Zum Begriff der Staatskirche

die Einheit von Staat und Kirche weitgehend realisiert ist, es also zur „Verschmelzung" beider kommt[22]. Das bedeutet „Einzigkeit und Ausschließlichkeit" des religiösen Bekenntnisses und „in organisatorischer Hinsicht zwar Geschiedenheit vom Staate, doch das Bestehen eines einheitlichen leitenden und maßgeblichen Willens für beide, Staat und Kirche"[23]. Eine Staatskirche in diesem engeren Sinn zeichnet sich also durch drei Hauptmerkmale aus: sie ist die einzige in einem Staat zugelassene oder zumindest eindeutig bevorrechtigte; sie ist insofern Teil des Staates und gilt als Staatsanstalt; der Staat nimmt Gesetzgebungsrechte auch im innerkirchlichen Bereich wahr und hat Einfluß auf die Besetzung hoher Kirchenämter[24]. Als historische Beispiele für diesen Typus werden immer wieder die mittelalterliche Reichskirche, der Cäsaropapismus Ostroms mit seiner „Symphonie" von weltlicher und kirchlicher Gewalt, das frühmittelalterliche Reichskirchensystem, die anglikanische Staatskirche wie überhaupt die konfessionell geschlossenen Staaten (z. B. Frankreich, Spanien, England) und deutschen Territorien (z. B. Sachsen, Württemberg, Bayern) im absolutistischen Zeitalter genannt. Typisch ist die Monopolstellung einer Landes- bzw. eben Staatskirche[25].

Zusammenfassend hat man Staatskirche definiert als „ein System engster Verbindung von Staat und Kirche, die unter staatlicher Superiorität eine Gesamtkörperschaft bilden. Die als einzige oder jedenfalls vorrangig zugelassene Kirche ist Staatsanstalt. Demgemäß kommen dem Staat zu: die Gesetzgebung für die Staatskirche, die Besetzung der höheren Kirchenämter, die konfessionelle Bestimmung der öffentlichen Institutionen (ins-

---

[22] So *Giese,* System (Fn. 19), S. 6.
[23] *Fritz Stier-Somlo,* Deutsches Reichs- und Landesstaatsrecht, Bd. I, Berlin–Leipzig 1924, S. 486.
[24] Vgl. *Werner Heun,* Art. Staatskirche, in: EvStL³ II, Sp. 3423–3426 (3423).
[25] *Huber* IV, S. 833.

besondere im Bildungswesen), bisweilen auch die Besteuerung aller Einwohner des Staates für die Staatskirche."[26]

Daß *eine solche Staatskirche* 1918/19 nicht abgeschafft werden konnte, weil es sie in dieser Form im 19. Jahrhundert längst nicht mehr gab, lag auf der Hand[27]. „Eine Staatskirche in diesem eigentlichen Wortsinn gab es beim Inkrafttreten der Weimarer Verfassung seit langem nicht mehr; auch gab es keine Tendenz zur Wiederherstellung eines vergleichbaren Systems. Es war in diesem Sinne nichts abzuschaffen und nichts zu verhindern."[28]

Schon ein kurzer Rückblick auf die wesentlichen verfassungs- und staatskirchenrechtlichen Entwicklungen der letzten anderthalb Jahrhunderte bestätigt diese Einschätzung. Um die wichtigsten Aspekte kurz zu rekapitulieren: Preußen hatte spätestens unter Friedrich dem Großen mit den Annexionen Schlesiens

---

[26] *Alexander Hollerbach*, Art. Staatskirchen und Staatsreligionen, in: StL[7] V, Sp. 182–186 (182 f.). Ähnlich *Ulrich Scheuner*, Staatskirche (1962), in: ders., Schriften zum Staatskirchenrecht, Berlin 1973, S. 189–191 (189).

[27] *Badura*, Staatskirchenrecht (Fn. 8), S. 232: „Eine ‚Staatskirche' hatte es auch in der konstitutionellen Monarchie nicht gegeben […]." Ähnlich *Link*, Staat und Kirche (Fn. 19), S. 105 f.: „Eine organisatorische Verknüpfung von Kirchen- und Staatsgewalt, die Art. 137 Abs. 1 ausschloß, hatte in Deutschland seit der Mitte des 19. Jahrhunderts ohnedies nur noch in Randbereichen bestanden. […] Insofern waren die großen evangelischen Kirchen auch schon vor 1918 keine ‚Staatskirchen' im eigentlichen Sinne mehr gewesen." Desgleichen *Stefan Mückl*, Grundlagen des Staatskirchenrechts, in: HStR[3] VII, § 159 Rn. 61: „Auch in der abgelösten politischen Ordnung der Monarchie gab es nirgendwo in Deutschland eine Staatskirche im eigentlichen Sinne des Wortes."

[28] *Huber* VI, S. 868. Weiter heißt es ebd.: „Wenn die Reichsverfassung nur das antiquierte kirchenpolitische System der ‚Verschmelzung von Staat und Kirche', nämlich entweder die ‚Konfessionalisierung' des Staats oder die ‚Säkularisierung' der Kirche, hätte ausscheiden wollen, wäre die Verneinung der Staatskirche nichts als eine pathetische Formel gewesen, die der ‚Abschaffung' von längst Überwundenem den Anschein einer neuen Errungenschaft zu geben versucht hätte." Erwägungen solcher Art kann man nun aber gerade für hochpolitische Prozesse wie den der Verfassunggebung keineswegs ausschließen.

2. Zum Begriff der Staatskirche

und Westpreußens aufgehört, ein rein protestantischer Staat zu sein. Später kamen weitere katholische Gebiete hinzu, so daß zwei Fünftel der preußischen Bevölkerung katholisch waren. Mit dem Allgemeinen Landrecht für die Preußischen Staaten von 1794 wurde nicht nur in aufklärerischer Tradition individuelle Glaubens- und Gewissensfreiheit garantiert; es erfolgte darüber hinaus eine Gleichstellung der drei christlichen Konfessionen (katholisch, evangelisch, reformiert) als privilegierte Kirchengesellschaften, so daß bereits hier von einer *Staats*kirche ebensowenig die Rede sein konnte wie von *einer* Landeskirche[29]. Entfallen war damit auch der den Augsburger Religionsfrieden von 1555 beherrschende Grundsatz des *cuius regio, eius religio*. Zwar übte der Staat weiterhin eine zuweilen strenge Aufsicht aus, identifizierte sich aber nicht mit einer bestimmten Glaubensrichtung. Ähnliche Prozesse innerchristlicher Pluralisierung setzten sich nach der territorialen Neuordnung Deutschlands aufgrund des Reichsdeputationshauptschlusses von 1803[30] und der damit oft verbundenen konfessionellen Durchmischung der Bevölkerung in den meisten größeren Territorien durch. „Die neugebildeten Staaten waren existentiell angewiesen auf die Integration ihrer konfessionell zusammengewürfelten, zur staatlichen Einheit zusammengezwungenen Bevölkerungsgruppen."[31] Im evangelischen Stammland Württemberg lebten aufgrund entsprechender Gebietszuwächse Anfang des 19. Jahrhunderts rund 450.000 Katholiken bei einer Gesamtbevölkerung von ca. 1,4 Millionen Einwohnern. Hier hatte das sog. Religionsedikt aus dem Jahre 1806 die drei christlichen Bekenntnisse gleichgestellt[32], was sich

---

[29] Hierzu und zum folgenden *Horst Dreier*, Staat ohne Gott, München 2018, S. 78 ff.
[30] Dessen § 63 garantierte die bisherige „Religionsübung" in den Ländern, die „gegen Aufhebung und Kränkung aller Art geschützt" war (siehe Dokumentenanhang unter I. 1., S. 156). Zur Bedeutung des RDH nur *Huber* I, S. 42 ff.; *Heckel*, Religionskonflikt (Fn. 7), S. 37 ff.
[31] *Heckel*, Religionskonflikt (Fn. 7), S. 45.
[32] Huber/Huber I, Nr. 34 (S. 72 ff.).

nicht allein einem neuen „Geist der Glaubensfreiheit" verdankte, sondern „infolge des Zuwachses starker katholischer Landesteile auch ein notwendiger Akt staatspolitischer Klugheit" war[33]. In vielen Territorien mußte eine derartige Auflockerung staatskirchenrechtlicher Strukturen und das Aufbrechen strenger konfessioneller Geschlossenheit unter den veränderten Umständen geradezu als „staatspolitische Notwendigkeit"[34] erscheinen. Das beförderte eine allgemeine Tendenz, die ehedem nur reichsrechtlichen Grundsätze der Gleichordnung der christlichen Konfessionen und ihrer Parität nun zunehmend als Organisationsprinzipien für die Regulierung der Verhältnisse in den Territorien zur Anwendung zu bringen.

War mit dem Augsburger Religionsfrieden 1555 nur das Reich bi-konfessionell geworden, so wurden es jetzt auch die Territorien, die – auf der Linie des Westfälischen Friedens von 1648 – neben Katholiken und Lutheranern auch den Reformierten gleiche Rechte einräumten[35]. Das kam vor allem

---

[33] *Wilhelm Lempp*, Der württembergische Synodus 1553–1924. Ein Beitrag zur Geschichte der Württembergischen Evang. Landeskirche, Stuttgart o. J. [1959], S. 177.

[34] *Johannes Wallmann*, Kirchengeschichte Deutschlands seit der Reformation, 7. Aufl., Tübingen 2012, S. 173. Ähnlich spricht *Rudolf von Thadden*, Die Geschichte der Kirchen und Konfessionen, in: Handbuch der Preußischen Geschichte, Bd. III: Vom Kaiserreich zum 20. Jahrhundert und Große Themen der Geschichte Preußens, hrsgg. von Wolfgang Neugebauer, Berlin–New York 2001, S. 547–712 (572 f.), davon, daß etwa Preußen bereits Ende des 18. Jahrhunderts schon aus „Gründen der inneren Staatsräson Anlaß hatte, die Kräfte des Konfessionalismus zurückzudrängen." Allgemein *Hans Michael Heinig*, Prekäre Ordnungen. Historische Prägungen des Religionsrechts in Deutschland, Tübingen 2018, S. 18: „Politische Klugheit stach religiöses Eiferertum aus."

[35] *Pars pro toto* die Regelung in der Bayerischen Verfassung von 1818, Titel IV, § 9: „(1) Jedem Einwohner des Reichs wird vollkommene Gewissens-Freyheit gesichert; die einfache Haus-Andacht darf daher Niemandem, zu welcher Religion er sich bekennen mag, untersagt werden. (2) Die in dem Königreiche bestehenden drey christlichen Kirchen-Gesellschaften genießen gleiche bürgerliche und politische Rechte." Ganz ähnlich § 27 der Verfassung Württembergs von 1819:

2. Zum Begriff der Staatskirche

in der verbreiteten gleichheitsrechtlichen Bestimmung zum Ausdruck, derzufolge die Zugehörigkeit zu einer „christlichen Religionspartei"[36] keinen Unterschied im Genuß der bürgerlichen und politischen Rechte mehr zu begründen vermochte. Die Preußische Verfassung von 1850 faßte es in Art. 12 Satz 2 noch grundsätzlicher: „Der Genuß der bürgerlichen und staatsbürgerlichen Rechte ist unabhängig von dem religiösen Bekenntnisse." Mit der Reichsgründung 1871 wurde dieser Grundsatz kraft Reichsgesetz in allen deutschen Ländern etabliert. Zugute kam dieses Gleichheitsgebot aufgrund seiner individuellen Stoßrichtung freilich nur den Angehörigen der entsprechenden Konfessionen bzw. Religionen; es bedeutete und forderte nicht die Gleichstellung der Religionsgesellschaften insgesamt, so daß bis zum Ende des Kaiserreiches bestimmten Kirchen weiterhin Vorrechte vor anderen eingeräumt werden konnten, wie das etwa in Sachsen und Bayern der Fall war. Auch übte der Staat unverändert und in teils strengem Maße ein Aufsichtsrecht über die Kirchen aus, so daß von einer klaren Trennung von Staat und Kirche keine Rede sein konnte. Doch kam es in den großen Territorien[37] nicht länger zu einer Identifikation des Staates mit *einer* distinkten Konfession, wie das in anderen Staaten der Fall war. So bestimmte die Französische Charte Constitutionelle von 1814 in Art. 6 Satz 2: „Indessen ist die römisch-katholische Religion die Religion des Staats."[38] Eine derartige Exklusivität einer

---

„(1) Jeder, ohne Unterschied der Religion, genießt im Königreiche ungestörte Gewissensfreiheit. (2) Den vollen Genuß der staatsbürgerlichen Rechte gewähren die drei christlichen Glaubens-Bekenntnisse."

[36] So die Formulierung in Art. XVI der Deutschen Bundesakte von 1815 (siehe im Dokumentenanhang unter I. 3, S. 159).

[37] Mecklenburg machte wie immer eine Ausnahme; vgl. *Karl Rieker*, Die rechtliche Stellung der evangelischen Kirche Deutschlands in ihrer geschichtlichen Entwicklung bis zur Gegenwart, Leipzig 1893, S. 348, 419 ff.

[38] Davon weit entfernt ist auch der vieldiskutierte Art. 14 der Preußischen Verfassung von 1850: „Die christliche Religion wird bei denjenigen Einrichtungen des Staats, welche mit der Religionsübung im

christlichen Richtung findet sich in den Verfassungsdokumenten Badens, Bayerns, Preußens, Sachsens, Württembergs und der meisten deutschen Länder im 19. Jahrhundert nicht mehr.

Das heißt also: Eine Staatskirche, die einen Monopolanspruch für die eine und einzig wahre Religion anmeldet (oder auch nur eine besonders bevorzugte Religion benennt) oder sich gar zusätzlich vollkommen mit den staatlichen Organen institutionell verkoppelt, ließ sich 1918 in Deutschland gar nicht abschaffen, weil es diese praktisch nirgends gab. Darum konnte es in Art. 137 Abs. 1 WRV also nicht gehen. Worum aber dann? Oder lief die Bestimmung des Art. 137 Abs. 1 WRV vielleicht doch leer[39]?

3. Stoßrichtung: Landesherrliches Kirchenregiment

Die Antwort auf die letztgenannte Frage lautet: Nein. Denn die Bestimmung des Art. 137 Abs. 1 WRV zielte bei verständiger Auslegung auf das landesherrliche Kirchenregiment, wie es sich – im einzelnen durchaus verschiedenartig ausgeformt, aber in den wesentlichen Grundzügen relativ einheitlich – in den evangelischen Territorien des deutschen Reiches heraus-

---

Zusammenhänge stehen, unbeschadet der im Art. 12 gewährleisteten Religionsfreiheit, zum Grunde gelegt." Zur beschränkten Relevanz dieser Bestimmung *Dreier,* Staat ohne Gott (Fn. 29), S. 86 f.

[39] Vgl. oben bei und in Fn. 18. – Daß man Art. 137 Abs. 1 WRV von seinem Wortlaut her durchaus so deuten könnte, weil das Wort Staatskirche „verschiedener Auslegung fähig" ist, nimmt *Anschütz,* Verfassung (Fn. 20), Art. 137 Anm. 1 (S. 630) in seiner Kommentierung zum Ausgangspunkt, erläutert „Staatskirche" zunächst im engen Sinne als „Einheit von Staat und Kirche" und „engste Verbindung, ja Indifferenzierung der beiden, indem sie die Kirche [...] als Staatsanstalt behandelt", um dann fortzufahren: „So aufgefaßt, würde Abs. 1 die Abschaffung und das Verbot des Staatskirchentums bedeuten. Er würde dann aber gegenstandslos und überflüssig sein, denn das Staatskirchentum war ja in Deutschland schon lange vor der Verfassung beseitigt [...]". Siehe auch *Giese,* System (Fn. 19), S. 36.

gebildet hatte⁴⁰. Die Beseitigung *dieser* Form einer Staatskirche bezweckte der zentrale staatskirchenrechtliche Satz der Weimarer Verfassung⁴¹. So schreibt Gerhard Anschütz in der ihm eigenen anschaulichen Prägnanz: „Was mit Abs. 1 gemeint ist, erhellt aus seiner Entstehungsgeschichte. Der Satz ‚spricht das Trennungsprinzip scharf aus gegenüber einer bestimmten, engen Verbindung zwischen Staat und Kirche, wie sie bei den evangelischen Landeskirchen bislang vorhanden war' (so der Berichterstatter Dr. Mausbach, Pl S. 1644 C). Diese ‚bestimmte enge Verbindung' bestand in der Einrichtung des landesherrlichen Kirchenregiments (‚Summepiskopats'), derzufolge der Landesherr (in den Hansestädten der Senat) Träger der Regierungsgewalt in der evangelischen Landeskirche war. Gegen die Institution des landesherrlichen Kirchenregiments ist Abs. 1 in erster Linie gerichtet […]."⁴² Das ist auch die heute ganz über-

---

[40] Vgl. dazu den Exkurs, unten S. 14 ff.

[41] Nichts anderes gilt für den praktisch wortgleich lautenden § 147 Abs. 2 der Paulskirchenverfassung von 1848/49. Ausführlich dazu *Th[eodor] Woltersdorf*, Das Preußische Staatsgrundgesetz und die Kirche, Berlin 1873, S. 278 ff.; ebenso *Kühne*, Reichsverfassung (Fn. 10), S. 498: ungeachtet aller Interpretationsschwierigkeiten sei damit sicher „das Verbot des landesherrlichen Kirchenregiments" ausgesprochen worden.

[42] *Anschütz*, Verfassung (Fn. 20), Art. 137 Anm. 1 (S. 631). Das Zitat von Mausbach findet sich in den Verhandlungen des Plenums der Nationalversammlung (Verhandlungen, Bd. 328 [Fn. 9], S. 1644 [C]); in dieser Sitzung vom 17. Juli 1919 trug er als Berichterstatter des Verfassungsausschusses über den Abschnitt „Religion und Religionsgesellschaften" vor. Er spricht im übrigen von „der evangelischen Landeskirche" (also im Singular); Anschütz hat das stillschweigend korrigiert. Prinzipiell gleiche Deutung bei *Giese*, System (Fn. 19), S. 36 f., der freilich bezweifelt, daß sich diese Grundsatznorm „in einer so verhältnismäßig geringfügigen Rechtswirkung erschöpft" (S. 37), ohne das näher auszuführen. – Nochmals anders *Huber* VI, S. 868: Es sei nicht um die Verneinung des landesherrlichen Kirchenregiments gegangen, weil evident war, daß es ein solches seit der Revolution nicht mehr gab und seine Wiederherstellung undenkbar war. Er fährt fort: „Überdies wäre die Bezeichnung des landesherrlichen Kirchenregiments als ‚Staatskirchentum' ein grober Benennungsfehler gewesen. Denn der Summepi-

wiegend vertretene Auffassung: Art. 137 Abs. 1 WRV hatte nicht nur deklaratorische Bedeutung und wollte keineswegs nur die Rückkehr zu Formen des Staatskirchentums längst verflossener Jahrhunderte ausschließen, sondern entfaltete regulatorische Wirkung, weil damit das definitive Ende der Epoche des bis 1918 fortbestehenden landesherrlichen Kirchenregiments verkündet wurde[43].

Mit anderen Worten: Um verstehen zu können, was das Ende des vielbeschworenen Bündnisses von Thron und Altar im Revolutionsjahr 1918 wirklich bedeutete, muß man sich vergegenwärtigen, in welcher Form und in welchem Umfang dieses Bündnis bis dahin noch bestanden hatte. Zu diesem Zweck ist ein klärender Blick auf die Entwicklung des landesherrlichen Kirchenregiments im 19. Jahrhundert vonnöten.

Exkurs: Episkopalismus, Territorialismus, Kollegialismus

Freilich muß man sich bei alledem bewußt sein, daß „landesherrliches Kirchenregiment" wenn schon vielleicht kein schillernder, so doch

---

skopat in den evangelischen Landeskirchen hatte den früheren Landesherren gerade nicht als Organen der Staatsgewalt, sondern als Inhabern einer eigenständigen kirchlichen Funktion zugestanden." Huber will den Sinn der Bestimmung darin erblicken, daß es keine bevorzugte Konfession, Kirche oder Glaubensgemeinschaft mehr geben sollte, also weder eine Staatskirche noch eine Staatsreligion (ebd., S. 868 f.); insofern trafen freilich einige andere Artikel der Weimarer Reichsverfassung in präziserer Weise Vorsorge (vgl. etwa Art. 135 Abs. 1, 136 Abs. 2, 137 Abs. 5 Satz 2 WRV).

[43] *Axel Freiherr von Campenhausen,* Staatskirchenrecht, 2. Aufl., München 1983, S. 37, 67; *Bernd Jeand'Heur,* Der Begriff der „Staatskirche" in seiner historischen Entwicklung, in: Der Staat 30 (1991), S. 442–467 (455 f., 467); *Peter Unruh,* Reformation – Staat – Religion, Tübingen 2017, S. 206: Beseitigung „der letzten Reste des landesherrlichen Kirchenregiments in den evangelischen Kirchen"; *Martin Morlok,* in: Horst Dreier (Hrsg.), Grundgesetz-Kommentar, 3. Aufl., Bd. III, Tübingen 2018, Art. 140/137 WRV, Rn. 18: „Abkehr vom (protestantischen) Staatskirchentum, insbesondere in Gestalt des landesherrlichen Kirchenregiments".

ein vielschichtiger Begriff ist, mit dem die spezifische Form der Kirchenverfassung im deutschen Protestantismus umschrieben wird[44]. Denn auch wenn die Anfänge eines Landeskirchentums schon vor der Reformation liegen[45], so erlangt es doch erst mit ihr und durch sie sein charakteristisches Profil und wurde „zum wichtigsten Strukturprinzip der evangelischen Kirchenverfassung in Deutschland bis 1918"[46]. Es „bezeichnet die Herrschaftsgewalt der Inhaber der Territorialgewalt (insb. der Reichsfürsten) über die evangelische Kirche ihrer Territorien"[47]. In den evangelischen Territorien nahm nach dem Wegfall der bischöflichen Jurisdiktionsgewalt der Landesherr zunächst die Rolle eines Notbischofs ein[48]. Hier fungierte er als *praecipuum membrum ecclesiae*, also als erstes und vornehmstes Mitglied seiner Kirche, später firmierte er unter dem im 19. Jahrhundert geläufig gewordenen Begriff als *summepiscopus*[49]. Die ihm ursprünglich „aus wilder Wurzel"[50] zugewachsenen Befugnisse verstetigten und erweiterten sich nicht zuletzt kraft reichsverfassungsrechtlicher Unterfütterung und Legitimierung, vor allem dem sog. *ius reformandi* des Augsburger Religionsfriedens

---

[44] Im ersten Zugriff: *v. Campenhausen,* Staatskirchenrecht (Fn. 43), S. 18 ff.; *Dietmar Willoweit,* Das landesherrliche Kirchenregiment, in: Kurt G. A. Jeserich/Hans Pohl/Georg-Christoph von Unruh (Hrsg.), Deutsche Verwaltungsgeschichte, Bd. 1, Stuttgart 1983, S. 361–369; *Martin Heckel,* Religionsbann und Landesherrliches Kirchenregiment, in: Hans-Christoph Rublack (Hrsg.), Die lutherische Konfessionalisierung in Deutschland, Gütersloh 1992, S. 130–162; *Heinrich de Wall,* Art. Landesherrliches Kirchenregiment, in: EvStL[4], Sp. 1380–1386.

[45] Zu diesem spätmittelalterlichen oder vorreformatorischem Kirchenregiment kompakt *Ernst Wolfgang Zeeden,* Das Zeitalter der Glaubenskämpfe (1973), 6. Aufl., München 1983, S. 141 f.; *Wolfgang Reinhard,* Geschichte der Staatsgewalt, München 1999, S. 264 f.; *Dietmar Willoweit/ Steffen Schlinker,* Deutsche Verfassungsgeschichte, 8. Aufl., München 2019, § 18 Rn. 9 (S. 139 f.).

[46] *Peter Landau,* Art. Kirchenverfassungen, in: TRE XIX, Berlin–New York 1990, S. 110–165 (148).

[47] *de Wall,* Art. Landesherrliches Kirchenregiment (Fn. 44), Sp. 1380.

[48] *James L. Schaaf,* Der Landesherr als Notbischof, in: Martin Brecht (Hrsg.), Martin Luther und das Bischofsamt, Stuttgart 1990, S. 105–108.

[49] *Adalbert Erler,* Art. Summepiskopat, in: HRG V, Sp. 81–82 (81).

[50] *Hans Liermann,* Art. Landesherrliches Kirchenregiment, in: EvStL[3] I, Sp. 1952–1955 (1953).

I. Das Verbot der Staatskirche

von 1555[51]. Aus einem Provisorium war ein Definitivum geworden, aus der Notlösung eine Dauereinrichtung. So kam dem Landesherrn sukzessive das Recht und die Pflicht zur Leitung, Lenkung und Reform „seiner" Landeskirche in der ganzen Breite und Fülle der damit verknüpften Aufgaben (Visitationswesen, Ausbildung der Geistlichen, Kirchenordnungen, Gerichtsbarkeit, Vermögensverwaltung, Armenfürsorge, Bildungswesen u. a. m.) zu[52]. Zur Durchführung der vielfältigen Aufgaben werden spezielle Kirchenbehörden eingesetzt, die häufig als Konsistorien, aber auch variierend als Kirchenrat oder Kirchenamt bezeichnet werden[53]. Nun liegt auf der Hand, daß ein solches Institut die Jahrhunderte nur überdauern konnte, wenn es sich angesichts der gravierenden Veränderungen von Staatsstrukturen und Staatsideen selbst als hinlänglich anpassungsfähig erwies. Der entsprechende Sinn- und Bedeutungswandel des landesherrlichen Kirchenregiments betraf nicht nur die Praxis, sondern auch die Theorie. So haben sich denn zu seiner Begründung, Legitimierung und Limitierung im Laufe der Zeit verschiedene Erklärungsmodelle entwickelt. Es handelt sich bei ihnen weniger um theologische oder rein kirchenrechtliche Sinngebungen des Amtes als um unterschiedliche staatskirchenrechtliche Rechtfertigungen und Deutungen des landesherrlichen Kirchenregiments in seiner jeweiligen Gestalt. Im wesentlichen unterscheidet man drei staatskirchenrechtliche Erklärungsmodelle, die – zugleich in grober zeitlicher Reihenfolge – als Episkopalismus, Territorialismus und Kollegialismus firmieren[54].

---

[51] Das *ius reformandi* umfaßte vor allem das Recht des Landesherrn, in seinem Territorium den Bekenntnisstand für alle Untertanen verbindlich zu bestimmen und Andersgläubige des Landes zu verweisen. Zur Bedeutung des Augsburger Religionsfriedens knapp *Dreier,* Staat ohne Gott (Fn. 29), S. 64 ff. m. w. N.

[52] Kompakt *Willoweit,* Kirchenregiment (Fn. 44), S. 363 ff. – Am Beispiel Württembergs ist die Entwicklung nach der Reformation anschaulich geschildert bei *Klaus Schlaich,* Die Neuordnung der Kirche in Württemberg durch die Reformation (1984), in: ders., Gesammelte Aufsätze. Kirche und Staat von der Reformation bis zum Grundgesetz, hrsgg. von Martin Heckel und Werner Heun, Tübingen 1997, S. 24–48 (27 ff., 34 ff.).

[53] Zur ersten Orientierung *Link,* Kirchliche Rechtsgeschichte (Fn. 19), § 13 Rn. 4; *Werner Heun,* Art. Konsistorium, in: TRE XIX, Berlin–New York 1990, S. 483–488. Vgl. noch unten S. 53 ff.

[54] Rekapitulation bei *Jeand'Heur,* Begriff (Fn. 43), S. 446 ff.; *Unruh,*

Der *Episkopalismus* bezeichnet im späten 16. und 17. Jahrhundert die „früheste Rechtfertigung des evangelischen landesherrlichen Kirchenregiments"[55]. Ihre Vertreter, insbesondere Joachim und Mathias Stephani[56], schreiben dem Landesherrn unter Rückgriff auf den Augsburger Religionsfrieden die treuhänderische Ausübung der bischöflichen Rechte, der *jura episcopalia*, zu. Der Episkopalismus folgert aus der 1555 erfolgten „Suspension der iurisdictio ecclesiastica des katholischen Episkopats über die Evangelischen den Übergang der iura episcopalia auf den evangelischen Landesherrn. Er besitze deshalb das Regiment der evangelischen Landeskirche und das Recht der Bestimmung des Bekenntnisstandes in seinem Land."[57] Die in Anlehnung an das kanonische Recht bestimmte Leitungsfunktion übt der Landesherr, dessen Kirchenregiment „nun nicht mehr Usurpation fremder Rechte, sondern Aeußerung einer ordnungsgemäß übernommenen Kirchengewalt"[58] ist, als vornehmstes Glied der Kirche aus. Seine hier obwaltende ordnende Autorität wird also von der weltlichen

---

Reformation (Fn. 43), S. 181 ff.; knapp *Reinhard*, Geschichte (Fn. 45), S. 271. Die folgenden Ausführungen beschränken sich auf Grundzüge; es geht lediglich um die Bereitstellung eines begrifflichen Inventars für die anschließenden Kapitel. – Zu bedenken ist immer, „daß Argumente aus diesen unterschiedlichen Begründungssystemen bei einzelnen Autoren auch vermischt auftreten" (*Landau*, Art. Kirchenverfassungen [Fn. 46], S. 148).

[55] *Christoph Link*, Art. Episkopalismus/Episkopalsystem, in: RGG[4] II, Tübingen 1999, Sp. 1375–1377 (1375).

[56] Zu ihnen knapp *Michael Stolleis*, Geschichte des öffentlichen Rechts in Deutschland, Bd. I: Reichspublizistik und Policeywissenschaft 1600–1800, München 1988, S. 161 f.

[57] *Martin Heckel*, Art. Episkopalsystem, in: EvStL[3] I, Sp. 728–731 (728). Ähnlich *v. Scheliha*, Ethik (Fn. 1), S. 48: „Aus der notstandsrechtlichen Übertragung der kanonischen Bischofsgewalt auf den Landesherrn werden Kirchenordnungen entwickelt, die die Verwaltung, die Aufsicht und den Schutz der evangelischen Kirche zur politischen Aufgabe der Landesherren machen."

[58] *Karl Schwarzlose*, Die Neugestaltung der evangelischen Landeskirche Preussens nach dem Fortfall des landesherrlichen Kirchenregiments, Frankfurt/M. 1920, S. 43; ebd. heißt es: „Der Landesherr übernimmt Rechte und Pflichten, die ursprünglich auf seinem Gebiet ein anderer, der Bischof, ausgeübt hat, und wird dadurch neben seiner Herrscherwürde auch zum Landesbischof, zum Summus Episcopus. Wenn

18 I. Das Verbot der Staatskirche

Territorialherrschaft unterschieden: „Der Landesherr vereint in seiner Person – gleichsam in Personalunion – zwei Gewalten, die weltliche und die geistliche (Lehre von der duplex persona)."[59] Diese Deutung, die das landesherrliche Kirchenregiment in einem unbestreitbaren und so vor allem gegen katholische Infragestellungen gerichteten reichsverfassungsrechtlichen Rechtstitel verankert, betrachtet es auch deshalb als eine besondere Größe, läßt also die Kirchengewalt nicht einfach in der Staatsgewalt aufgehen.

Diesen Schritt geht mit Entschiedenheit der *Territorialismus*, der als charakteristischer Ausdruck der absolutistischen Epoche und damit – in seiner Ausprägung als rationaler Territorialismus[60] – in der Zeit vom späten 17. bis zum frühen 19. Jahrhundert firmiert[61]. Die Staatsgewalt des Fürsten beansprucht nun umfassende und unbegrenzte Geltung. Sie stützt sich auf seine Herrschaft über das Territorium und erfaßt so auch die Kirchen und Glaubensgemeinschaften. Der Summepiskopat erscheint als „Konsequenz der Territorialsuperiorität"[62] und ergibt sich aus der Staatsgewalt als solcher; das Kirchenregiment ist deren *Ingrediens*. „Die *Theorie des Territorialismus* forderte für den Staat alle Rechtsgewalt *über* die Kirche und *in* der Kirche. Das *Kirchenregiment* war für sie ein *Teil der Territorialhoheit* der Staatsgewalt."[63] Mit Otto Hintze läßt sich festhalten: „das geistliche Element erschien nun als ein Attribut der weltlichen Herrschaft, als ein Zubehör der Staatgewalt. Erst jetzt wurde die Kirche Staatskirche, dem Staate ein-

---

das landesherrliche Kirchenregiment auch den Namen Summepiskopat trägt, so ist das eine Erinnerung an das Episkopalsystem."

[59] *Link,* Art. Episkopalismus (Fn. 55), Sp. 1375.

[60] Dazu eingehend *Klaus Schlaich,* Der rationale Territorialismus. Die Kirche unter dem staatsrechtlichen Absolutismus um die Wende vom 17. und 18. Jahrhundert (1968), in: ders., Gesammelte Aufsätze (Fn. 52), S. 204–266.

[61] Der insb. von Martin Heckel herausgestellte Frühterritorialismus des 16. Jahrhunderts kann hier außer Betracht bleiben.

[62] *Willoweit,* Kirchenregiment (Fn. 44), S. 363.

[63] *Heckel,* Martin Luthers Reformation (Fn. 6), S. 782 (Hv. i. O., H. D.). Eingehend *Schlaich,* Territorialismus (Fn. 60), S. 226 ff. (S. 226: „alles Recht in Kirchensachen ist ein Stück der landesherrlichen Hoheit"), 245 ff. (S. 246: „Die höchste Gewalt des Landesherrn […] erstreckt sich auch über die Kirche, ohne daß es hierfür eines speciale mandatum bedarf.").

und untergeordnet."⁶⁴ Die Kirche nimmt „keine Sonderstellung mehr ein, sondern wird in das gesamtstaatliche Gefüge integriert"⁶⁵ und bildet hier nur ein Moment im Gesamtorganismus des Staates. Das erklärt, warum es nun auf das persönliche religiöse Bekenntnis des Landesherrn nicht mehr ankommt. „Nach territorialistischer Theorie gibt es überhaupt keine Kirchengewalt, sondern alle Kirchengewalt ist Staatsgewalt, Ausfluß der Territorialität."⁶⁶ Die dem Staatsoberhaupt obliegende Ordnungsaufgabe im Bereich der Kirchen umfaßt weitreichende Eingriffs- und Aufsichtsrechte, die „bis zur Festsetzung eines Staatsbekenntnisses, dem Erlaß von Kirchenordnungen, der Berufung und Amtsenthebung der Geistlichen, liturgischen Reformen, theologischen Lehrentscheidungen, Kontrollen der Kirchenzucht und Exkommunikation, Berufung von Synoden u. a." reichen können⁶⁷. Daß die wichtigsten naturrechtlichen Vertreter wie Samuel Pufendorf und vor allem Christian Thomasius zugleich für die Gewissensfreiheit des Einzelnen votierten und die Kirche als eine societas oder ein Collegium, mithin als einen Verein betrachteten, widerstreitet dem nicht. Denn: „In der Verwerfung aller staatlichen Zwangsstrukturen im Bereich des Glaubens macht der Territorialismus die Gewissensfreiheit geltend [...] Damit ist aber noch nichts über die Kirchenverfassung und ihr Verhältnis zum Staat ausgesagt. Hier dient die societas- bzw. collegium-Formel der totalen Unterwerfung der Kirche [...] unter die staatliche Souveränität. Zu diesem Zweck spricht Thomasius der Kirche alle eigenständigen Verfassungsprinzipien ab, um sie in solch theologischer Strukturlosigkeit vorbehaltlos der staatlichen Souveränität unterwerfen zu können. [...] Die Kirche ist nichts anderes als ein weltlicher Verein, eine Gesellschaft; sie hat Teil an der weltlichen Sozialverfassung. [...] Die territorialistische Konsequenz hieraus ist geradezu zwangsläufig: Alles Regiment über die Kirche ist ein Teil der Landeshoheit. Ein eigenes Kirchenregiment

---

⁶⁴ *Otto Hintze*, Die Epochen des evangelischen Kirchenregiments in Preußen (1906), in: ders., Regierung und Verwaltung. Gesammelte Abhandlungen zur Staats-, Rechts- und Sozialgeschichte Preußens, hrsg. und eingeleitet von Gerhard Oestreich, 2. Aufl., Göttingen 1967, S. 56–96 (73).
⁶⁵ *Hans-Walter Krumwiede*, Art. Kirchenregiment, Landesherrliches, in: TRE XIX, Berlin–New York 1990, S. 59–68 (63 f.).
⁶⁶ *Schwarzlose*, Neugestaltung (Fn. 58), S. 49.
⁶⁷ *Martin Heckel*, Art. Territorialsystem, in: EvStL³ II, Sp. 3600–3603 (3603).

gibt es nicht. Die Rechte des Landesherrn, die er traditionell mit dem ‚landesherrlichen Kirchenregiment' hatte, sind nichts anderes als seine landesherrlichen, obrigkeitlichen Rechte."[68]

Den *Kollegialismus*[69] zeichnet hingegen eine „antiabsolutistische Spitze"[70] aus: *„Kollegialismus meint Antiabsolutismus!"*[71] Das Kirchenregiment steht diesem System zufolge dem Landesherrn nicht kraft dessen staatlicher Souveränität zu. Als „Kind der Aufklärung"[72] im (frühen) 18. Jahrhundert und somit durchaus in zeitlicher Überschneidung mit dem rationalen Territorialismus entworfen, wird hier in Übereinstimmung mit dem Episkopalismus und im Gegensatz zum Territorialismus die Innehabung des Kirchenregiments durch den Landesherrn nicht auf dessen Stellung im Staat, sondern auf seine Stellung in der Kirche zurückgeführt[73]. Den erforderlichen originär kirchlichen Rechtstitel für die Ausübung des Kirchenregiments findet man unter Rückgriff auf die allgemeinen aufklärerischen Naturrechts-

---

[68] *Klaus Schlaich,* Kirchenrecht und Vernunftrecht (1968), in: ders., Gesammelte Aufsätze (Fn. 52), S. 179–203 (195 f.), Hv. i. O., H. D.); vertiefend *ders.,* Territorialismus (Fn. 60), S. 211 ff., 218 ff., 240 ff. – Knapp *v. Scheliha,* Ethik (Fn. 1), S. 74: Die eingeräumte Freiheit wird „faktisch wieder kassiert."

[69] Grundlegend und umfassend: *Klaus Schlaich,* Kollegialtheorie. Kirche, Recht und Staat in der Aufklärung, München 1969, insb. S. 13 ff., 133 ff., 235 ff., 281 ff.; kompakt *ders.,* Art. Kollegialismus, in: EvStL³ I, Sp. 1810–1814. Konzise Zusammenfassung: *Bernd Mathias Kremer,* Der Westfälische Friede in der Deutung der Aufklärung, Tübingen 1989, S. 276 ff.

[70] *Christoph Link,* Art. Kollegialismus, in: RGG⁴ IV, Tübingen 2001, Sp. 1482–1483 (1482).

[71] *Schlaich,* Kollegialtheorie (Fn. 69), S. 133 (Hv. i. O., H. D.); ebd., S. 144: Kollegialismus als „Gegenteil und Gegensatz zum rationalen Territorialismus"; S. 231: „Gegensatz zum Territorialismus, da er die der Kirche eigene, vom Staat prinzipiell unabhängige Kirchengewalt behauptet".

[72] *Martin Heckel,* Das Verhältnis von Kirche und Staat nach evangelischem Verständnis, in: HdbStKR² I, S. 157–208 (187).

[73] *Schlaich,* Kollegialtheorie (Fn. 69), S. 276: es geht dem Kollegialismus darum, die „Andersartigkeit und Eigenständigkeit des landesherrlichen Kirchenregiments nach *Grund, Art, Zweck, Subjekt, Bindung und Ausübung* zu begründen." (Hv. i. O., H. D.).

Exkurs: Episkopalismus, Territorialismus, Kollegialismus 21

lehren vom Gesellschafts- und Herrschaftsvertrag[74] und führt die Kirchengewalt diesem Modell zufolge auf die Vereinsgenossen zurück, die sie dem Landesherrn verliehen haben[75]. Das Kirchenregiment wird demgemäß als ein „Bereich eigener Ordnung" begriffen[76], und die Kirche insgesamt erscheint als Vereinigung freier und gleicher Mitglieder, als „ein freier zivilgesellschaftlicher Verein."[77] Diesem insbesondere von Christoph Matthäus Pfaff und Johann Lorenz von Mosheim konzipierten Gegenentwurf zur absolutistischen Lehre des Territorialismus zufolge sind die Kirchen mithin freie Vereinigungen von Glaubensgenossen (*collegia*) und heißen nicht zufällig „Religionsgesellschaften"[78]. Die Vereinsgenossen haben nun „kraft ihres autonomen Selbstbestimmungsrechts die Leitung und die Ordnung der Kirche auf ihren Landesherrn übertragen", wobei man annahm, daß die Übertragung „allgemein im stillschweigenden Konsens geschehen sei"[79]. Dadurch erscheinen die Funktionen des Landesherrn und die des Kirchenoberhauptes erneut als getrennte, nebeneinander koexistierende, so daß der evangelische Landesherr nun „in Personalunion die getrennten Ämter des Staatsoberhaupts und des Summepiscopus" verkörpert[80]. Das Kirchenregiment ist in der Sprache der Zeit nicht

---

[74] Dazu nur *Hasso Hofmann,* Zur Lehre vom Naturzustand in der Rechtsphilosophie der Aufklärung (1982), in: ders., Recht – Politik – Verfassung. Studien zur Geschichte der politischen Philosophie, Frankfurt/M. 1986, S. 93–121 (101 ff.); *Wolfgang Kersting,* Die politische Philosophie des Gesellschaftsvertrags, Darmstadt 1994.
[75] Eingehend *Schlaich,* Kollegialtheorie (Fn. 69), S. 243 ff.; 259 ff.; ebd., S. 236: es sei naheliegend, „in der kollegialistischen Konstruktion der Übertragung ein legitimes Kind der aufgeklärten Staatsrechtslehre zu sehen".
[76] *Krumwiede,* Art. Kirchenregiment (Fn. 65), S. 65 f. (Zitat: S. 66).
[77] *v. Scheliha,* Ethik (Fn. 1), S. 73.
[78] Diesen Terminus, der schon im Zweiten Teil des ALR von 1794 ausführlich Verwendung findet (Titel 11, Zweiter bis Vierter Abschnitt), greifen die Verfassungen des 19. Jahrhunderts (§ 147 der Paulskirchenverfassung 1849; Art. 15, 16 der Preußischen Verfassung von 1850) ebenso auf wie die des 20. Jahrhunderts (Art. 137 WRV). § 9 Abs. 2 der Bayerischen Verfassung von 1818 sprach von „Kirchen-Gesellschaften".
[79] *Heckel,* Martin Luthers Reformation (Fn. 6), S. 781. Desgleichen *Link,* Art. Kollegialismus (Fn. 70), Sp. 1482.
[80] *Link,* Art. Kollegialismus (Fn. 70), Sp. 1482. *Schlaich,* Kollegialtheorie (Fn. 69), S. 276; ders., Art. Kollegialismus (Fn. 69), Sp. 1811:

länger *Ingrediens*, sondern nur noch *Annexum* der Staatsgewalt; es handelt sich um „ein von der Landeshoheit unabhängiges, selbständiges Amt [...], das nicht ohne weiteres der weltlichen Obrigkeit zusteht, vielmehr eine Angelegenheit ist, deren Regelung von Rechtswegen aus dem Schoße der Kirche selbst heraus zu erfolgen hat."[81] Der Kollegialismus macht so mit Blick auf das Kirchenregiment die „theologische Dimension dieser Funktion des Landesherrn"[82] wieder sichtbar – und er beschränkt die Rechte des Landesherrn als Inhaber der Kirchengewalt, da er „als Mandatar in der Ausübung an den Umfang der Übertragung gebunden und als bloßer *Repräsentant der Kirche* dieser auch verantwortlich" ist[83]. Selbstverständlich kann das Kirchenregiment nur einem Mitglied der evangelischen Kirche zukommen, ist also dessen Ausübung durch einen katholischen Fürsten ausgeschlossen[84]. Ungeachtet der durchaus kontrafaktischen Elemente[85] der Gesamtkonstruktion war es der Kollegialismus, der im 19. Jahrhundert „bei der

---

„Kirchenregiment und Landeshoheit ‚koexistieren' in der Person des Landesherrn."

[81] *Schwarzlose,* Neugestaltung (Fn. 58), S. 51.

[82] *Kremer,* Friede (Fn. 69), S. 278. Ähnlich *Joachim Mehlhausen,* Kirche zwischen Staat und Gesellschaft. Zur Geschichte des evangelischen Kirchenverfassungsrechts in Deutschland im 19. Jahrhundert, in: ders., Vestigia verbi. Aufsätze zur Geschichte der evangelischen Theologie, Berlin–New York 1999, S. 123–187 (124): die Kollegialtheorie eröffnete den „Prozeß zu einer verstärkten Besinnung innerhalb der Kirchen auf ihr Wesen und ihre vom Staat grundsätzlich unabhängige Eigenart."

[83] *Schlaich,* Kollegialtheorie (Fn. 69), S. 266 (Hv. i. O., H. D.); s. ebd., S. 236, 272, 277 ff.

[84] Das ist ein ganz zentraler Punkt, ja das „kirchenpolitisch zentrale Ziel kollegialistischer Argumentation": *Schlaich,* Kollegialtheorie (Fn. 69), S. 274.

[85] *Hintze,* Epochen (Fn. 64), S. 74 nennt den angenommenen Übertragungsakt der Kirchengewalt von den Kirchenmitgliedern auf den Landesherrn schlicht eine „Fiktion"; desgleichen *Jeand'Heur,* Begriff (Fn. 43), S. 449. Auch bei *Heckel,* Martin Luthers Reformation (Fn. 6), S. 781 ist von der „fingierten Übertragung des Kirchenregiments seitens der Kirchengenossen" die Rede. Noch schärfer *Schwarzlose,* Neugestaltung (Fn. 58), S. 89: „willkürliche Annahme". Weitere Urteile dieser Art sind nachgewiesen bei *Schlaich,* Kollegialtheorie (Fn. 69), S. 38, der insofern aber skeptisch ist (S. 240).

Exkurs: Episkopalismus, Territorialismus, Kollegialismus 23

Entstehung des modernen evangelischen Kirchenrechts seit 1850 eine große Rolle gespielt hat."[86] Dieser Epoche gilt nun unser Augenmerk.

---

[86] *Landau,* Art. Kirchenverfassungen (Fn. 46), S. 149. *Schlaich,* Kollegialtheorie (Fn. 69), S. 270 spricht von der „Schlüsselstellung", die die kollegialistische Theorie für die Praxis der Kirchenverfassung im 19. Jahrhundert hatte, um hinzuzufügen: „Die Fortführung des Summepiskopats des Landesherrn im 19. Jahrhundert […] ließ sich mit den kollegialistischen Lehren begründen und erklären." S. auch ebd., S. 277, 296 u. ö. *Ders.,* Art. Kollegialismus (Fn. 69), Sp. 1810: „Im 18. Jahrhundert eine nahezu unbestrittene Theorie […] geworden, fand der Kollegialismus erst im 19. Jahrhundert Eingang in die Praxis." Gleiche Einschätzung bei *v. Campenhausen,* Staatskirchenrecht (Fn. 43), S. 22 f.; *Heckel,* Martin Luthers Reformation (Fn. 6), S. 782.

II. Das landesherrliche Kirchenregiment im 19. Jahrhundert: Verselbständigung kirchlicher Behörden und Ausbildung presbyterial-synodaler Organisationsstrukturen

Im Zeitalter des Absolutismus und des ihm korrespondierenden staatskirchenrechtlichen Systems des Territorialismus[87] waren die Kirchen zunehmend in die allgemeine Herrschaftsgewalt des Souveräns einbezogen und praktisch zu Staatsanstalten gemacht worden[88]. Doch nach der Auflösung des Heiligen Römischen Reiches deutscher Nation und den Befreiungskriegen gegen Napoleon kam es, wenngleich in eher langandauernden und von Rückfällen nicht freien Entwicklungsschritten, sukzessive zur Herauslösung der Kirchen aus der Staatsgewalt. Gegen das bürokratisch-absolutistisch-territorialistische System „richtete sich die Jahrhunderttendenz auf Autonomie, Selbständigkeit, Selbstverwaltung"[89]. Es „wandelten sich die innere Struktur und die Stellung der evangelischen Kirchen im Rahmen des landesherrlichen Kirchenregiments erheblich"[90]. Nimmt man das ganze „lange" 19. Jahrhundert in den Blick, so lassen sich

---

[87] Vgl. oben S. 18 ff.
[88] *Georg Ris*, Der „kirchliche Konstitutionalismus", Tübingen 1988, S. 27 ff. spricht von einer „Auflösung der Kirche im Territorialsystem". Charakteristisch auch die Wendung bei *Lempp*, Synodus (Fn. 33), S. 179: „Wenn es nach den grundlegenden Änderungen König Friedrichs auf kirchlichem Gebiet fraglich erscheinen mußte, ob in der Ära 1806 bis 1816 überhaupt ein Kirchenregiment neben der Staatsgewalt existierte [...].
[89] *Nipperdey*, Geschichte (Fn. 1), S. 432.
[90] *Heinrich de Wall/Stefan Muckel*, Kirchenrecht, 5. Aufl., München 2017, § 6 Rn. 9. Einen ebenso souveränen wie kompakten Überblick zur staatskirchenrechtlichen Lage im 19. Jahrhundert bietet *Huber* I, S. 387 ff.

im wesentlichen zwei bahnbrechende Entwicklungsprozesse ausmachen[91]: einmal die institutionelle Sonderung und Verselbständigung kirchlicher Institutionen[92], zum anderen eine zunehmende Einschränkung der Befugnisse des Landesherrn als Oberhaupt der Kirche (*summepiscopus*) durch die Ausbildung synodal-presbyterialer Elemente und die Mitwirkung von Landessynoden an der kirchlichen Leitung, insbesondere der Rechtsetzung. Man hat das kompakt beschrieben als „allmähliche institutionelle Sonderung von Kirche und Staat" sowie die „innere Auflockerung der evangelischen Kirche im Presbyterial- und Synodalwesen"[93]. Dominant sind allenthalben die Tendenzen zur „Verselbständigung der Landeskirche gegenüber dem Staat"[94] und zur „Herausbildung einer kirchlichen Ver-

---

(„Das deutsche Staatskirchenrecht im Frühkonstitutionalismus"), insb. S. 392 ff. („Grundzüge des konstitutionellen Staatskirchenrechts").

[91] Sehr klar dazu *Mehlhausen,* Kirche (Fn. 82), S. 123: „zwei Bewegungen […], die […] insgesamt sehr zielstrebig in die gleiche Richtung wiesen. Man kann die erste dieser beiden Bewegungen als eine langsame Ablösung der Kirche vom Staat bezeichnen, die zweite als eine stufenweise Ausbildung eines eigenständigen kirchlichen Rechtskreises […]."

[92] *Mehlhausen,* Kirche (Fn. 82), S. 124 ff.: „Die Ablösung der Kirche vom Staat". Programmatisch insofern der Titel des Beitrages von *Heinrich de Wall,* Die Verselbständigung der evangelischen Konsistorien in Preußen und Bayern im 19. Jahrhundert als Schritt zu kirchlicher Unabhängigkeit, in: Jos C.N. Raadschelders (Hrsg.), Staat und Kirche in Westeuropa in verwaltungshistorischer Perspektive (19./20. Jh.), Baden-Baden 2002, S. 151–169.

[93] *Martin Heckel,* Zur Entwicklung des deutschen Staatskirchenrechts von der Reformation bis zur Schwelle der Weimarer Verfassung, in: ZevKR 12 (1966/67), S. 1–39 (18).

[94] So *Rudolf Smend,* Zur neueren Bedeutungsgeschichte der evangelischen Synode, in: ZevKR 10 (1963/64), S. 248–264 (254). Ganz ähnlich *Reiner Preul,* Art. Synode (III/2. Neuzeit seit Schleiermacher), in: TRE XXXII, Berlin–New York 2001, S. 576–579 (576): „Motor der Entwicklung war überall das Streben nach größerer Selbständigkeit der Kirche gegenüber dem Staat".

fassungsautonomie"[95]. Beide Aspekte seien zunächst mit Blick auf Preußen (dazu 1.), dann auf Württemberg (2.) näher erläutert.

1. Die Entwicklung in Preußen

a) Der Evangelische Oberkirchenrat (1850)

Der erste Entwicklungszug, also der „allmähliche Prozeß der Herauslösung der kirchlichen Behördenorganisation aus der Staatsverwaltung"[96], zeichnete sich im wesentlichen dadurch aus, daß es zunehmend klarer und deutlicher zu einer „Ausgliederung der Organe des landesherrlichen Kirchenregiments aus dem allgemeinen Behördenapparat"[97] kam. Das landesherrliche Kirchenregiment, das in den Jahrhunderten zuvor eine durchaus vielgestaltige Entwicklung durchlaufen hatte, wurde nun primär institutionell verstanden: „Der Summepiskopat ist eine ganz eigene Funktion des Landesherrn, deren Wahrnehmung eines eigenständigen Behördenapparates bedarf."[98] Der dementsprechende Vorgang einer Übertragung der einschlägigen, bis dahin im Ministerium der geistlichen Angelegenheiten ressortierenden Kompetenzen auf rein kirchliche Behörden ereignet sich im Juni 1850 in Preußen. Dort setzt König Friedrich Wilhelm IV. (1795–1861) ein „Evangelischer Oberkirchenrat" genanntes Konsistorium ein[99] – „eine besondere kollegialische Behörde, die ganz aus dem Zusammenhang mit den Staatsbehörden gelöst war."[100] Das ist ein wichtiger Durchbruch für die

---

[95] *Mehlhausen,* Kirche (Fn. 82), S. 125 ff.
[96] *Heun,* Art. Konsistorium (Fn. 53), S. 485 f.
[97] *Martin Ohst,* Art. Kirchenverfassung (IV. Neuzeit), in: RGG⁴ IV, Tübingen 2001, Sp. 1327–1332 (1330).
[98] *Ohst,* Art. Kirchenverfassung (Fn. 97), Sp. 1330.
[99] Näher zu diesem Vorgang *Hintze,* Epochen (Fn. 64), S. 91 ff.; *Huber* IV, S. 835 ff., 842 ff.
[100] *Hintze,* Epochen (Fn. 64), S. 91.

Verselbständigung der Kirchenorganisation und damit erhellend für die Frage, inwieweit man im 19. Jahrhundert noch von einer Staatskirche sprechen kann. In dem Erlaß heißt es, „daß die Abtheilung des Ministeriums der geistlichen Angelegenheiten für die inneren evangelischen Kirchensachen, unter Beibehaltung der von ihr bisher ausgeübten und und das anliegende Ressort-Reglement näher bezeichneten amtlichen Befugnisse, in Zukunft die Bezeichnung ‚Evangelischer Ober-Kirchenrath' führen soll."[101] Freilich wurde nicht lediglich die Bezeichnung für eine ansonsten im Kultusministerium verbleibende Abteilung desselben geändert, sondern es wurde durch Herauslösung der Evangelischen Abteilung – genauer: des Teils, der mit den kirchenregimentlichen Befugnissen ausgestattet war, also die „Abteilung für die inneren evangelischen Kirchensachen" – aus dem Kultusministerium eine eigenständige, vom Ministerium unabhängige kirchliche Behörde als zentrales oberstes Organ des landesherrlichen Kirchenregiments errichtet[102]. Das läßt sich dem erwähnten, am gleichen Tage ergangenen und dem Erlaß angehängten „Ressort-Reglement für die evangelische Kirchen-Verwaltung" entnehmen[103]. Dieses zeigt zugleich, daß gemäß den

---

[101] „Allerhöchster Erlaß vom 29. Juni 1850, betreffend die Grundzüge einer Gemeinde-Ordnung für die evangelischen Kirchengemeinden der östlichen Provinzen und die Einsetzung des Evangelischen Ober-Kirchenraths nebst Ressort-Reglement für die evangelische Kirchen-Verwaltung"; siehe Dokumentenanhang unter I. 8, S. 170.

[102] *Paul Schoen*, Das evangelische Kirchenrecht in Preußen, Bd. 1, Berlin 1903, S. 78; *de Wall*, Verselbständigung (Fn. 92), S. 162. Diese Herauslösung wurde in der Folgezeit auch räumlich (eigenes Dienstgebäude), fiskalisch (eigener Posten im Staatsetat) und geschäftsordnungsmäßig (eigene Registratur) vollzogen: *Hartmut Sander,* Die oktroyierte Verfassung und die Errichtung des Evangelischen Oberkirchenrats (1850), in: J. F. Gerhard Goeters/Rudolf Mau (Hrsg.), Die Geschichte der Evangelischen Kirche der Union, Bd. I: Die Anfänge der Union unter landesherrlichem Kirchenregiment, Leipzig 1992, S. 402–418 (417 f.).

[103] Ressort-Reglement für die evangelische Kirchen-Verwaltung v. 29. Juni 1850; siehe Dokumentenanhang unter I. 8, S. 171 ff.

1. Die Entwicklung in Preußen

Vorstellungen der Zeit die weiterhin in ministerieller Zuständigkeit verbleibenden Aufsichts-, Kontroll- und Mitwirkungsrechte sehr weit gezogen waren. Doch für den Befugniskreis des Evangelischen Oberkirchenrates hatte die staatsministerielle Ein- und Unterordnung ein Ende.

Das auslösende Moment für die Etablierung des Evangelischen Oberkirchenrates hatte die Märzrevolution von 1848 und die darauf folgende (oktroyierte) Preußische Verfassung von 1848 bzw. die (revidierte) von 1850 gebildet[104]. In Art. 12 der oktroyierten wie in Art. 15 der revidierten Verfassung war wortgleich den Religionsgesellschaften die selbständige Verwaltung ihrer Angelegenheiten garantiert worden. Die Norm lautete: „Die evangelische und die römisch-katholische Kirche, so wie jede andere Religionsgesellschaft, ordnet und verwaltet ihre Angelegenheiten selbständig und bleibt im Besitz und Genuß der für ihre Kultus-, Unterrichts- und Wohlthätigkeitszwecke bestimmten Anstalten, Stiftungen und Fonds."[105] Zunächst hatte man wohl auch in Kreisen der Regierung angenommen, daß mit dieser Bestimmung das sofortige Ende des landesherrlichen Kirchenregiments gekommen und die Einberufung einer konstituierenden Landessynode unausweichlich war[106]. Doch setzte sich mit dem Wiedererstarken der Reaktion eine andere Auffassung durch, die dessen Bedeutung erheblich schmälerte, wenn

---

[104] Freilich hatte Friedrich Wilhelm IV. bereits im Januar 1848 ein Evangelisches Oberkonsistorium eingerichtet, dieses aber aufgrund der Märzrevolution schon im April wieder auflösen müssen; vgl. Huber/Huber I, Nr. 275, 276 (S. 625 ff.).
[105] Vgl. Dokumentenanhang unter I. 7, S. 168.
[106] Vgl. *Hintze*, Epochen (Fn. 64), S. 91; eingehende Darstellung bei *Rieker*, Stellung (Fn. 37), S. 393 ff. (gegen dessen Deutung aber *Huber* IV, S. 835 f.). Siehe auch die bei *Sander*, Errichtung (Fn. 102), S. 404 ff. erläuterte Stellungnahme der (kurzlebigen) Kirchenverfassungskommission vom März 1848 (also vor Erlaß der oktroyierten Verfassung 1848), die ebenfalls vom Ende des landesherrlichen Kirchenregiments und der Notwendigkeit der Errichtung einer Landessynode ausging.

der Verfassungsartikel nicht gar „minimalisiert" wurde[107]. Man deutete Art. 15 der Preußischen Verfassung von 1850 nun so, „als ob ihm durch die Trennung der kirchlichen Verwaltung von der staatlichen bereits Genüge getan sei"[108]. So kam es dann lediglich zur Ausgliederung der evangelischen Abteilung aus dem Ministerium für geistliche Angelegenheiten und der Bildung des Evangelischen Oberkirchenrats. „Es war für die evangelische Kirche der gesamten preußischen Monarchie eine kirchliche Centralbehörde geschaffen, die [...] innerhalb ihres Ressorts von keiner staatlichen Behörde abhängig war: indem sie direkten Verkehr mit dem Könige hatte, erschien sie zwar als landesherrliche, aber nicht als staatliche Behörde."[109]

Exkurs: Vorgeschichte

Dieser Statuswechsel von der staatlichen zur kirchlichen Natur der Behörde war der entscheidende Schritt. Ein besonderes Departement für geistige Angelegenheiten hatte es schon unter Friedrich dem Großen (1712–1786) gegeben, zu dessen Regierungszeit das Berliner

---

[107] So *Wilhelm H. Neuser,* Die Revision der Rheinisch-Westfälischen Kirchenordnung, in: Joachim Rogge/Gerhard Ruhbach (Hrsg.), Die Geschichte der Evangelischen Kirche der Union, Bd. 2: Die Verselbständigung der Kirche unter dem königlichen Summepiskopat (1850–1918), Leipzig 1994, S. 78–97 (93).

[108] *Hintze,* Epochen (Fn. 64), S. 93. Daran wurde heftige Kritik geübt. Siehe etwa *Karl von Hase,* Gesammelte Werke, Bd. 3: Kirchengeschichte auf der Grundlage akademischer Vorlesungen, Dritter Theil. Neue Kirchengeschichte. Zweite Abtheilung, Leipzig 1892, S. 587: „Vielleicht ist nie sophistischer der Versuch gemacht worden, ein bestehendes oder verheißenes Recht umzustürzen als dieser. Es war wie ein höhnendes Spiel mit der gesetzlichen Selbständigkeit der Kirche." Etwas milder urteilt *Schwarzlose,* Neugestaltung (Fn. 58), S. 61 f. – Ohnehin ist zu bedenken, daß die revidierte Verfassung von 1850 gegenüber der oktroyierten von 1848 einige konservative Korrekturen auch hinsichtlich der Verbindung von Staat und Kirche gebracht hatte und insofern durchaus Anhaltspunkte für eine restriktivere Interpretation vorlagen.

[109] *Rieker,* Stellung (Fn. 37), S. 397; s. auch *Huber* IV, S. 836; *Link,* Kirchliche Rechtsgeschichte (Fn. 19), § 21 Rn. 10; ganz ähnlich *de Wall/Muckel,* Kirchenrecht (Fn. 90), § 6 Rn. 9.

Konsistorium zu einem Oberkonsistorium für die lutherische Kirche ausgestaltet wurde, das aber eher den Status „eines technischen Hilfsorgans des geistlichen Departements" hatte[110]. Die Neuorganisation des preußischen Staates nach der Niederlage bei Jena und Auerstedt 1806 im Zuge der sog. Stein-Hardenbergschen Reformen führte auch im kirchlichen Bereich zu erheblichen Veränderungen, die ganz den Geist des Territorialismus atmeten[111]. Durch das „Publicandum, die veränderte Verfassung der obersten Staatsbehörden betreffend" vom 16. Dezember 1808[112] kam es praktisch zur „Verstaatlichung aller kirchenleitenden Behörden"[113]. Das lutherische Oberkonsistorium wurde ebenso aufgelöst wie das französisch-reformierte Oberkonsistorium von 1701 und das deutsch-reformierte Kirchendirektorium von 1713; alle geistlichen Angelegenheiten überführte man „ohne jede konfessionelle Sonderung"[114] vom Justizdepartement in das Innenministerium, wo sie zunächst in der besonderen Sektion für Kultus und öffentlichen Unterricht ressortierten, um dann durch eine weitere Umorganisation 1817 dem neugeschaffenen Ministerium der geistlichen, Unterrichts- und Medizinalangelegenheiten zugeordnet zu werden[115]. Otto Hintze hat davon gesprochen, daß bei diesem Neubau der Verwaltung „nun vollends eine Verstaatlichung der Kirche statt[fand], wie sie radikaler kaum zu denken war. Der ganze Apparat der Konsistorien und der oberen Kirchenbehörden wurde beseitigt. [...] Es war der Höhepunkt des Staatskirchentums: die Kirche war damit völlig im Staate aufgegangen und seiner Gliederung eingefügt [...]."[116]

---

[110] *Hintze,* Epochen (Fn. 64), S. 79.
[111] Vgl. oben S. 18 ff. – Des weiteren *Schwarzlose,* Neugestaltung (Fn. 58), S. 57: „völlige Verstaatlichung der Kirche".
[112] Vgl. Dokumentenanhang unter I.2, S. 157.
[113] *J. F. Gerhard Goeters,* Die Reorganisation der staatlichen und kirchlichen Verwaltung in den Stein-Hardenbergschen Reformen: Verwaltungsunion der kirchenregimentlichen Organe, in: Goeters/Mau, Bd. I (Fn. 102), S. 54–58 (55); s. auch *Johann Victor Bredt,* Neues evangelisches Kirchenrecht für Preußen, Bd. 1, Berlin 1921, S. 323 ff.
[114] *Rieker,* Stellung (Fn. 37), S. 360.
[115] Siehe nur *Schoen,* Kirchenrecht, Bd. 1 (Fn. 102), S. 67 ff.; *Bredt,* Kirchenrecht, Bd. 1 (Fn. 113), S. 326; *Huber* I, S. 459 ff.
[116] *Hintze,* Epochen (Fn. 64), S. 84. Desgleichen *Schoen,* Kirchenrecht, Bd. 1 (Fn. 102), S. 69: „Die Kirchenverwaltung war zu einem Stück der Staatsverwaltung geworden [...]"; „Verstaatlichung der Kirche".

Daran änderte sich auch in der Folgezeit grundsätzlich nichts[117]. Zwar wurde die durch das Publikandum von 1808 vollzogene Aufhebung der Provinzialkonsistorien und die Übertragung der geistlichen und Schulangelegenheiten auf die Regierungen[118] bald modifiziert, so daß die vollständige Verstaatlichung ein „kurzes Zwischenspiel"[119] blieb, doch waren die 1815 auf der Ebene der zehn preußischen Provinzen wiedererrichteten Konsistorien[120] auf Dauer von geringer Bedeutung, weil man sie schon 1817 „wesentlich zu wissenschaftlich beratenden Behörden" herabstufte, während der „Schwerpunkt der ganzen Kirchen- und Schulverwaltung [...] in die Regierungen verlegt" wurde[121]. Die bis zur Revolution von 1848 fehlende Trennung der allgemeinen staatlichen von der besonderen kirchenregimentlichen Struktur wird anschaulich durch den Status der Beamten der Konsistorien illustriert: „Die königlichen Konsistorialbeamten sind jedenfalls nach dem ALR

---

[117] Zur weiteren Entwicklung mit mehrfachen Änderungen der Organisation und Zuständigkeiten im Detail *Schoen,* Kirchenrecht, Bd. 1 (Fn. 102), S. 70 ff. – 1845 wurden die Zuständigkeiten der Regierungen großenteils auf die Konsistorien übertragen (vgl. Huber/Huber I, Nr. 271 [S. 610]); hier kündigte sich der um die Jahrhundertmitte einsetzende Verselbständigungsprozeß der kirchlichen Behörden an.

[118] „Regierungen" meint hier die 25 Regierungsbezirke, in die Preußen 1815 aufgeteilt worden war, an deren Spitze Regierungspräsidenten standen.

[119] *Hans-Ulrich Wehler,* Deutsche Gesellschaftsgeschichte, Bd. 2: Von der Reformära bis zur industriellen und politischen „Deutschen Doppelrevolution" 1815–1848/49, 2. Aufl., München 1989, S. 460.

[120] An der Spitze der 1815 gebildeten zehn Provinzen standen Oberpräsidenten, denen nun die Leitung des Kirchen- und Schulwesens übertragen war. § 15 der „Verordnung wegen verbesserter Einrichtung der Provinzial-Behörden" vom 30. April 1815 (Dokumentenanhang unter I.4, S. 161) bestimmte: „Für die Kirchen- und Schul-Sachen besteht im Hauptorte jeder Provinz ein Konsistorium, dessen Präsident der Ober-Präsident ist. Dieses übt in Rücksicht auf die Protestanten die Konsistorial-Rechte aus [...]". Vgl. *Schoen,* Kirchenrecht, Bd. 1 (Fn. 102) S. 71. Diese Konsistorien waren somit nicht nur eng mit der Staatsbehörde verbunden, sie waren „reine Staatsbehörden" : *Huber/Huber* I, S. 118 (Zitate aus *Huber/Huber* sind kursiv gesetzt, wenn sie sich auf deren Erläuterungen beziehen); *Mehlhausen,* Kirche (Fn. 82), S. 145.

[121] *Schoen,* Kirchenrecht, Bd. 1 (Fn. 102), S. 73. Vgl. Dokumentenanhang I.5, S. 164 (§ 18) sowie die Dienstinstruktion für die Provinzialkonsistorien vom gleichen Tage (Huber/Huber I, Nr. 56 [S. 120 ff.]).

nicht mittelbare, sondern *unmittelbare Staatsbeamte* und sind dies [...] auch unter der späteren Gesetzgebung geblieben. Zunächst ganz sicher bis zur Verfassung. Bis dahin galt die Tätigkeit der Konsistorien (eine vom Ministerium der geistlichen Angelegenheiten losgelöste kirchliche Zentralinstanz ist erst 1849/50 geschaffen worden [...]) als reine Staatsverwaltung ohne jeden Schein kirchlicher Selbständigkeit. Das Konsistorium war Staatsbehörde nach seiner rechtlichen Natur, seinen Ressortverhältnissen, seinem Geschäftskreis; seine Mitglieder und Beamten waren unmittelbare Staatsbeamte, die sich dienstrechtlich in nichts von anderen unmittelbaren Staatsbeamten unterschieden."[122]

Der Evangelische Oberkirchenrat von 1850 war also Kirchenbehörde, nicht Staatsbehörde. Die personelle Besetzung erfolgte – wie bei Konsistorien allgemein üblich – paritätisch mit Theologen und Juristen. Präsident war immer ein Jurist, Vizepräsident ein Geistlicher[123]. Eine gewisse weiterhin bestehende Verknüpfung mit dem Staatsapparat wird daran erkennbar, daß seine Finanzierung durch den Staatshaushalt erfolgte[124] und die Mitglieder (nach freilich stark umstrittener Auffassung) Staatsbeamte blieben[125]. Der Evangelische Oberkirchenrat unterstand

---

[122] *Gerhard Anschütz*, Die Verfassungs-Urkunde für den Preußischen Staat vom 31. Januar 1850. Ein Kommentar für Wissenschaft und Praxis, Erster [und einziger] Band: Einleitung. Die Titel vom Staatsgebiete und von den Rechten der Preußen, Berlin 1912, S. 324. Zu diesem Komplex noch *Johann Frank*, Geschichte und neuere Entwicklung des Rechts der kirchlichen Beamten, in: ZevKR 10 (1963/64), S. 264–302 (265 ff.).

[123] *Schoen*, Kirchenrecht, Bd. 1 (Fn. 102), S. 238.

[124] *Huber* IV, S. 842. Zu diesem Punkt und dem Status als Staatsbeamte auch *Schwarzlose,* Neugestaltung (Fn. 58), S. 63 f.

[125] Dazu nur *Anschütz*, Verfassungs-Urkunde (Fn. 122), S. 325 ff. mit der in der Tat nicht leicht nachvollziehbaren, aber mit Judikatur und Staatspraxis übereinstimmenden Position, daß der Oberkirchenrat zwar Kirchenbehörde und nicht Staatsbehörde war, dennoch seine Mitglieder als Staatsbeamte (und zwar unmittelbare, nicht lediglich mittelbare) anzusehen seien; gleiches sollte für die Konsistorien, nicht jedoch für die Superintendenten und Pfarrer gelten; *Bredt*, Kirchenrecht, Bd. 1 (Fn. 113), S. 346 nennt sie „Staatsbeamte, welche der Staat dem *Summus Episcopus* zur Bearbeitung seiner Angelegenheiten zur Verfügung stellt."

direkt dem Monarchen[126], welcher die Mitglieder prinzipiell nach eigenem Ermessen auswählen konnte, sich dabei aber des Rates des die Ernennungen gegenzeichnenden Kultusministers bediente[127]. Ob und inwieweit der Rat lediglich ein den Willen des Königs ausführendes und an dessen Weisungen gebundenes Vollzugsorgan war oder ob er über eine gerichtsähnliche Unabhängigkeit verfügte, bildete den Gegenstand schwerer Konflikte insbesondere mit dem Präsidenten des Oberkirchenrats Emil Herrmann, der für das Gremium die volle Entscheidungsunabhängigkeit in Anspruch nahm[128].

Ungeachtet solcher Konflikte machte die Schaffung des Evangelischen Oberkirchenrats deutlich, daß das landesherrliche Kirchenregiment nun in klarer Absetzung von der sonstigen allgemeinen Hoheitsgewalt des Landesfürsten „als kirchliche Regierung, nicht mehr als staatliche Einrichtung verstanden" wurde[129]. Das Kirchenregiment begreift man nun als „innerkirchliche Größe"[130]. Für Preußen hat Gerhard Anschütz diesen Wandlungsprozeß prägnant festgehalten:

Gegen diese Auffassung etwa *Schoen,* Kirchenrecht, Bd. 1 (Fn. 102), S. 232 ff.

[126] *Ohst,* Art. Kirchenverfassung (Fn. 97), Sp. 1330. Erst durch Art. 21 des Gesetzes über die evangelische Kirchenverfassung von 1876 (vgl. Dokumentenanhang unter I. 14, S. 197 ff.) wird allerdings der „Charakter als reine Kirchenbehörde deutlich zum Ausdruck" gebracht (*Heun,* Art. Konsistorium [Fn. 53], S. 486); so schon *Bredt,* Kirchenrecht, Bd. 1 (Fn. 113), S. 327 sowie *Ernst-Victor Benn,* Entwicklungsstufen des evangelischen Kirchenrechts im 19. Jahrhundert, in: ZevKR 15 (1970), S. 2–19 (13).

[127] *Landau,* Art. Kirchenverfassungen (Fn. 46), S. 152.

[128] Zu diesen Konflikten in den 1870er Jahren knapp *Link,* Kirchliche Rechtsgeschichte (Fn. 19), § 21 Rn. 12; eingehende Darstellung der kirchenverfassungsrechtlichen Konflikte in der Zeit Wilhelms I. bei *Huber* IV, S. 855 ff.

[129] *Heun,* Art. Staatskirche (Fn. 24), Sp. 3424. Jetzt gilt: „Das landesherrliche Kirchenregiment ist subjektiv und substantiell Kirchen-, nicht Staatsgewalt" (so *Anschütz,* Verfassungs-Urkunde [Fn. 122], S. 322).

[130] *Schwarzlose,* Neugestaltung (Fn. 58), S. 58.

1. Die Entwicklung in Preußen

„Die kirchliche Verwaltung wird aus einer Tätigkeit des Staates für die Kirche zu einer Tätigkeit der Kirche selbst, – zu einer Verwaltung, die nicht bloß wegen ihres *Gegenstandes*, sondern auch wegen ihres *Subjekts* den Namen ‚kirchlich' verdient. Die Konsistorialbehörden (die 1849 gebildete Ministerialabteilung für evangelische Kirchensachen und der alsbald aus ihr hervorgehende Oberkirchenrat [...]) nehmen den Charakter kirchlicher Behörden an."[131]

Dieser Befund trifft nicht nur auf Preußen zu, sondern beschreibt eine allgemeinere Tendenz. „Im 19. Jahrhundert verwandelt sich das absolutistische bzw. territorialistische Kirchenregiment des Landesherrn allmählich in ein kirchliches Regiment."[132] Die innere Kirchenverwaltung wurde vom Staat unabhängig und unterstand dem Landesherrn als Summepiskopus, nicht als staatlichem Souverän[133]. Auf diese Weise kommt es zur Trennung der im territorialistischen Absolutismus noch einheitlich gedachten Sphären von Staatsgewalt und Kirchengewalt. „Deshalb wird das landesherrliche Kirchenregiment aufgeteilt in die *staatliche Kirchenhoheit* (das *ius circa sacra*) über alle Korporationen und in die *Kirchengewalt* innerhalb der Kirche (*ius in sacra*)"[134]. Entsprechend ist die Person des Landesherrn gleichsam „aufgespalten"[135]. „Der König als Haupt des Staates und der König

---

[131] *Anschütz*, Verfassungs-Urkunde (Fn. 122), S. 325. – Dem widerspricht nicht, daß sie in der allgemeinen Wahrnehmung und wohl auch ihrem Selbstverständnis gemäß als Agenturen des Staates galten, gewissermaßen als „maskierte Staatsbehörden" (*Schwarzlose*, Neugestaltung [Fn. 58], S. 64).

[132] *Klaus Schlaich*, Evangelische Kirchenrechtsquellen (1990), in: ders., Gesammelte Aufsätze (Fn. 52), S. 322–333 (324).

[133] *Krumwiede*, Art. Kirchenregiment (Fn. 65), S. 66.

[134] *Heckel*, Martin Luthers Reformation (Fn. 6), S. 780. Siehe auch *Giese*, System (Fn. 19), S. 9. – Die Termini begegnen zwar etwa in Preußen schon zu Beginn des 19. Jahrhunderts auch in Rechtsdokumenten, „ohne daß aber große Folgerungen daraus gezogen wurden" (*Bredt*, Kirchenrecht, Bd. 1 [Fn. 113], S. 328). Das änderte sich, indem man „diese Distinktion, die längst vorhanden war, nunmehr zur Anwendung in der Gesetzgebung" brachte (*Rieker*, Stellung [Fn. 37], S. 356).

[135] *Heckel*, Entwicklung (Fn. 93), S. 32.

36   II. Das landesherrliche Kirchenregiment im 19. Jahrhundert

als Haupt der Kirche erscheinen als zwei verschiedene Personen"[136]. Man kann und muß jetzt in Auf- und Übernahme des Kollegialismus[137] deutlich zwischen staatlicher Kirchenhoheit im allgemeinen und dem organisatorisch-institutionell separierten Kirchenregiment im speziellen unterscheiden. Die aus der Naturrechtslehre stammende begriffliche Differenzierung zwischen *ius circa sacra* und *ius in sacra*[138] selbst wird erst im 19. Jahrhundert vor dem Hintergrund dieser organisatorischen Veränderungen voll wirksam[139]. Zu Zeiten des Absolutismus

---

[136] *Hintze*, Epochen (Fn. 64), S. 93. Siehe auch *Bredt,* Kirchenrecht, Bd. 1 (Fn. 113), S. 331.

[137] Vgl. oben S. 20 ff. – *Schlaich,* Kollegialtheorie (Fn. 69), S. 295 ff. macht darauf aufmerksam, daß die Termini selbst bei den Begründern der Kollegialtheorie im 18. Jahrhundert nicht verbreitet waren bzw. nicht unterschieden wurden, was aber der Wirkung keinen Abbruch tut (S. 298): „In den Interpretationsbemühungen um die iura collegialia (in sacra) und die iura maiestatica (circa sacra) baut das 19. Jahrhundert in den Prinzipien, aber auch weitgehend in den Details auf den Ideen des Kollegialismus auf."

[138] Ohne diese Termini zu benutzen, wird das Konzept ganz klar und deutlich skizziert in den sog. Kronprinzenvorträgen von *Svarez*, die er im Jahre 1791 gehalten hat. Vgl. Vorträge über Recht und Staat von Carl Gottlieb Svarez (1746–1798), hrsgg. von Hermann Conrad und Gerd Kleinheyer, Köln–Opladen 1960, S. 51 ff.: Svarez unterscheidet zwischen solchen Rechten des Staates, „die ihm bloß vermöge des Rechts auf Oberaufsicht über alle Religionsgesellschaften ohne Unterschied zukommen" und solchen, „die ihm von gewissen bestimmten Religionsgesellschaften übertragen wurden" (S. 51), führt dann zunächst die erste Gruppe näher aus und geht S. 56 ff. ganz kollegialistisch auf die „Rechte, die dem Oberhaupt des Staats außer der allgemeinen Oberaufsicht über gewisse Religionsgesellschaften vermöge einer geschehenen Übertragung zukommen", ein.

[139] Sehr plastisch zur Notwendigkeit dieser Unterscheidung aufgrund der religionspolitischen Verhältnisse *Rieker,* Stellung (Fn. 37), S. 355 ff. – *v. Campenhausen,* Staatskirchenrecht (Fn. 43), S. 35 spricht von „einer Auffrischung der naturrechtlichen Unterscheidung der Kirchenhoheitsrechte (*iura circa sacra*), die dem Landesherrn kraft seiner Souveränität gegenüber jeder in seinem Lande bestehenden Religionsgemeinschaft zukamen, und den kirchenregimentlichen Rechten (*iura in sacra*), die

hatte es wegen der territorialistischen Auffassung umfassender Omnipotenz des Landesherrn auch in Kirchenangelegenheiten für diese Differenzierung weder Notwendigkeit noch Möglichkeit gegeben[140]. Nun aber galt: „Im Rahmen der Kirchenhoheit handelt der Monarch als konstitutionell beschränktes Staatsoberhaupt, im Kirchenregiment als (später synodal beschränkter) Summepiscopus der evangelischen Landeskirche."[141]

Das *ius circa sacra*, die allgemeine und überkonfessionelle, allein aus der staatlichen Souveränität fließende Kirchenhoheit, umfaßt in dieser Sicht in tradierter Dreiteilung Zulassungs-, Aufsichts- und Schutzrechte, nämlich das *ius reformandi* oder *recipiendi*, das *ius inspeciendi* und das *ius advocatiae*[142]. Das dem Augsburger Religionsfrieden von 1555 entstammende, durch

---

dem Landesherrn seit der Reformation auf Grund besonderer Rechtstitel und nicht gegenüber jeder Religionsgemeinschaft zukamen." Ähnlich *Huber* I, S. 396.

[140] *Ris*, Konstitutionalismus (Fn. 88), S. 31: „Die Ununterscheidbarkeit von innerkirchlichen und staatlichen Rechten machte eine Differenzierung sinn- und wertlos. Kirchliche Aufgaben wurden als Teile der Staatsfunktion definiert, die äußere Kirche zur Ordnungs-, Überwachungs-, Verwaltungs- und Erziehungsanstalt reduziert."

[141] *Martin Heckel*, Art. Ius circa sacra, in: EvStL^3 I, Sp. 1408–1411 (1410).

[142] Siehe *Schlaich*, Kollegialtheorie (Fn. 69), S. 250 ff.; knapper *Schwarzlose*, Neugestaltung (Fn. 58), S. 70 f.; *Heckel*, Art. Ius circa sacra (Fn. 141), Sp. 1410. Bei *Schoen*, Kirchenrecht, Bd. 1 (Fn. 102), S. 160 ff. wird das eingehend unter den Termini Anerkennung, Beaufsichtigung und Schutz verhandelt; s. auch *Giese*, System (Fn. 19), S. 14 ff. – Es ist aufschlußreich, daß in den zentralen Artikeln der Paulskirchenverfassung von 1849 zum Verhältnis von Staat und Religion implizit genau diese drei traditionellen Hoheitsrechte entfallen. Siehe *Henning Zwirner*, Zur Entstehung der Selbstbestimmungsgarantie der Religionsgesellschaften i.J. 1848/49, in: ZRG KA 73 (1987), S. 210–295 (294 f.): die drei Absätze des § 147 beseitigen „die im bisherigen deutschen Staatskirchenrecht im Begriff des *jus circa sacra*, der staatlichen ‚Kirchen'- oder ‚Religionshoheit' zusammengeschlossenen religionspolitischen staatlichen Kompetenzen: das *jus inspeciendi* (Abs. 1), das *jus advocatiae* (Abs. 2) und das *jus reformandi* (Abs. 3)."

spätere Reichsgrundgesetze stark eingeschränkte *ius reformandi* betrifft die Entscheidung über die Zulassung von Glaubensgemeinschaften sowie die Festsetzung ihres durchaus unterschiedlichen privatrechtlichen oder öffentlich-rechtlichen Status sowie der Verleihung von Privilegien; mit *ius inspeciendi* bezeichnet man die Oberaufsicht über die Glaubensgemeinschaften, korrespondierende Informationsrechte und die Befugnis zu gebotenen Maßnahmen etwa bei Amtsmißbrauch (und auch das Plazet[143]); das *ius advocatiae* umgreift traditionell Schutz und Schirm der Kirchen, bezieht sich freilich im 19. Jahrhundert auf allgemeine straf- und polizeirechtliche Schutz- sowie staatliche Fördermaßnahmen. Diese Rechte übt der Souverän über alle religiösen Gemeinschaften kraft seiner allgemeinen Herrschaftsgewalt als Landesherr aus[144].

Streng zu scheiden von dieser allgemeinen Kirchen*hoheit* ist nun aber eben das Kirchen*regiment*, also die Kirchengewalt[145] innerhalb der Kirche, die nicht als Teil der Staatsgewalt verstanden wird[146]. „Das ius in sacra umfaßt das eigentliche, das *innerkirchliche Kirchenregiment*. Es stellt eine Institution der Kirche selbst dar. […] Der Landesherr besitzt das Kirchenregiment also nicht aufgrund seiner Staatsgewalt, die sich ja auf die staatliche *Kirchenhoheit* (das ius circa sacra) über alle Religionsgesellschaften beschränkt […]."[147] Das Regiment des

---

[143] Also das Recht des Staates, kirchliche Erlasse vor ihrer Veröffentlichung zu prüfen und eine Genehmigung zu erteilen.

[144] *Heckel*, Martin Luthers Reformation (Fn. 6), S. 780: „Die staatliche Kirchenhoheit muss über alle Korporationen in gleicher Weise ausgeübt werden."

[145] Sie wird auch mit „Episcopal-Rechte" (§ 76 der Verfassung Württembergs 1819) oder *jus episcopale* (§ 57 Abs. 2 der Verfassung Sachsens 1831) umschrieben.

[146] Lebendige Darstellung bei *Rieker,* Stellung (Fn. 37), S. 355 ff.

[147] *Heckel*, Martin Luthers Reformation (Fn. 6), S. 781. Eingehend *Schlaich,* Kollegialtheorie (Fn. 69), S. 226 ff., 259 ff. (Kirchengewalt und Kirchenregiment), 247 ff. (Kirchenhoheit), 295 ff. (Terminologie).

Landesherrn über die Kirche wird, wie man geradezu dramatisch formuliert hat, „aus der Staatsgewalt herausgesprengt"[148].

Freilich wäre es ein gravierender Irrtum, von der *organisatorischen* Verselbständigung der Kirchenverwaltung gegenüber dem allgemeinen Staatsapparat auf die inhaltliche Selbständigkeit dieser Ämter zu schlußfolgern[149]. Denn der evangelische Landesherr blieb ja *summepiscopus* und damit das Oberhaupt der Kirche – auch wenn, wie gesehen, Konflikte mit ihm und den neuen Gremien wie dem Evangelischen Oberkirchenrat nicht ausblieben. Im Grunde hatte, von solchen Kontroversen abgesehen, der Fürst die Kirchengewalt ungeteilter und fester in der Hand denn je. Denn nur scheinbar paradoxerweise brachte diese Entklammerung von Staat und Kirche gerade auf dem Felde der Religion eine Machtsteigerung für den Landesherrn mit sich, weil dieser jetzt aufgrund der Verselbständigung der Kirchenorganisation auf diesem Felde nicht mehr jenen Bindungen unterlag, die sich bei der rein staatlichen Herrschaftsausübung aufgrund der konstitutionellen Verfassungen oder anders begründeter Mitwirkungsrechte etwa der Landstände ergaben[150]. „Trennung vom Staat bedeutet hier nicht Trennung vom Staatsoberhaupt, das für den Staat wie für die Kirche an der Spitze der jeweiligen Verfassung stand."[151] Solange es noch keine synodalen Mitbestimmungsrechte gab, war die Stellung des Oberhauptes als Summepiscopus in der Kirche nun freier und mächtiger denn

---

[148] *Heckel*, Martin Luthers Reformation (Fn. 6), S. 781.
[149] Scharf urteilt *Hans-Ulrich Wehler*, Deutsche Gesellschaftsgeschichte, Bd. 3: Von der „Deutschen Doppelrevolution" bis zum Beginn des Ersten Weltkrieges 1849–1914, München 1995, S. 380: „Hinter der Fassade einer Trennung von Staat und Kirche wurde mithin in Wirklichkeit der traditionelle ‚kirchliche Absolutismus' der Monarchen samt dem obrigkeitlichen Charakter der Kirchenverfassung bekräftigt, da die ‚volle Unabhängigkeit des königlichen Kirchenregiments von jeder Einwirkung des Parlaments' gewährleistet blieb."
[150] Klar gesehen von *Rieker*, Stellung (Fn. 37), S. 356 f.
[151] *de Wall*, Verselbständigung (Fn. 92), S. 164.

je, war er „unbeschränkter kirchlicher Gesetzgeber"[152]. Ernst Rudolf Huber hat den bemerkenswerten Umstand, daß es infolgedessen zu einer absolutistischen Machtsteigerung des Landesherrn als Summepiscopus kam, speziell mit Blick auf Preußen deutlich herausgestellt und ist mit der folgenden Passage oft und zustimmend zitiert worden:

„Da die Synodalverfassung jedoch nicht zustandekam, verstärkte sich mit der Einsetzung des Oberkirchenrats der kirchenobrigkeitliche Charakter des evangelischen Kirchenwesens. Die ‚Trennung von Staat und Kirche' führte in Preußen nicht, wie die liberalen Verfechter des Prinzips gehofft hatten, zur Verstärkung des freiheitlich-volkskirchlichen, sondern zur Verstärkung des autoritär-behördenkirchlichen Moments im preußischen Protestantismus. [...] Wenn irgend es statthaft ist, die staatlich-politischen Kategorien auf die kirchlichen Einrichtungen und Institutionen anzuwenden, so ging in Preußen [...] die *Überwindung des staatlichen Absolutismus* durch den modernen Verfassungsstaat zunächst Hand in Hand mit der *Aufrichtung des kirchlichen Absolutismus* in dem nun von der staatlichen Kontrolle gänzlich befreiten landesherrlichen Kirchenregiment. Erst die Reform der preußischen Kirchenverfassung von 1873 löste diesen kirchlichen Spätabsolutismus durch den kirchlichen Konstitutionalismus ab."[153]

---

[152] *Bredt,* Kirchenrecht, Bd. 1 (Fn. 113), S. 347. *Schwarzlose,* Neugestaltung (Fn. 58), S. 61: „Der Absolutismus konnte in die Kirche flüchten. [...] Und so ergab sich nun das Bild, daß der König als Staatsoberhaupt konstitutionell, als Inhaber des Kirchenregiments absolut regierte."

[153] *Huber* IV, S. 836 f.; ihm folgend *Jacke,* Kirche (Fn. 1), S. 21. Einschlägig schon lange zuvor der Hinweis von *Hintze,* Epochen (Fn. 64), S. 93: „das absolute Kirchenregiment des Königs erhielt gerade durch die Trennung von dem konstitutionellen Staat eine neue feste Grundlage." – Gleiche Einschätzung: *Klaus Erich Pollmann,* Landesherrliches Kirchenregiment und soziale Frage, Berlin–New York 1973, S. 13: es war nun „neben den konstitutionell beschränkten staatlichen Befugnissen eine absolute kirchliche Herrschaft des Königs eingerichtet, solange der staatlichen Konstitution nicht ein kirchliche Verfassung an die Seite gestellt wurde." Ebenso *Landau,* Art. Kirchenverfassungen (Fn. 46), S. 152: „Da eine zentrale Synode zunächst nicht geschaffen wurde, bekam das

Dieser letzte Hinweis lenkt das Augenmerk auf die sukzessive Umbildung der inneren Kirchenverfassung.

b) Von den Kirchengemeinderäten (1850) bis zur Generalsynode (1876)

Wir sind damit beim zweiten großen Entwicklungszug des 19. Jahrhunderts angekommen. Er betrifft die „Organisationsgestalt der Kirche"[154], also ihre innere Ordnung und Verfaßtheit. Die Stoßrichtung ist eindeutig: es geht gegen „die büreaukratische Einwirkung weltlicher Behörden" und um die Überwindung der „Theilnamlosigkeit" der Gemeinden, die durch deren „Ausschließung [...] von der Verwaltung" verschuldet sei[155]. Der hier letztlich dominante, sich freilich nur mühsam durchsetzende Prozeß der Ausbildung einer presbyterial-synodalen inneren Kirchenverfassung fällt ganz überwiegend in die zweite Jahrhunderthälfte[156]. Mit Rudolf Smend läßt sich allgemein festhalten:

„In der überwiegenden Mehrzahl der deutschen Einzelstaaten ist [...] die rechtliche Lösung der evangelischen Landeskirche aus dem Staatsgefüge durch die gesetzliche Einführung der Presbyterial-Synodalverfassung und damit eigener kirchlicher Rechtsetzungsmacht praktisch endgültig und unwiderruflich geworden. Insofern kann die Ein-

---

Kirchenregiment in Preußen einen spätabsolutistischen Charakter." Siehe noch *Heckel*, Martin Luthers Reformation (Fn. 6), S. 791 f.

[154] *Kurt Nowak*, Geschichte des Christentums in Deutschland, München 1995, S. 77.

[155] Zitate: *Karl August Hase*, Kirchengeschichte. Lehrbuch zunächst für akademische Vorlesungen, 10. Aufl., Leipzig 1877, S. 595.

[156] Zur Genese der im Königtum Hannover am Vorabend der Annexion durch Preußen verabschiedeten Generalsynode sowie der dort schon 1864 in Kraft getretenen Kirchenvorstands- und Synodalordnung (Huber/Huber II, Nr. 156 [S. 337]) *Smend*, Bedeutungsgeschichte (Fn. 94), S. 249 ff. – Zu anderen Ländern der knappe Überblick bei *Link*, Kirchliche Rechtsgeschichte (Fn. 19), § 21 Rn. 22 ff.; *Huber* IV, S. 837, 851 f.

führung zumal von Landessynoden als der Eckstein fortschreitender landeskirchlicher Selbständigkeit gelten [...]."[157]

Als exemplarisch für weite Teile des Deutschen Bundes und späteren Deutschen Reiches und zugleich als Meilenstein für das mit Abstand größte deutsche Land kann die Entwicklung in Preußen, genauer: in dessen östlichen Provinzen, gelten. Erste Anläufe in den 1840er Jahren, die man wohl vornehmlich als „Reflex der im Vormärz veränderten politischen Gesamtlage"[158] deuten muß, blieben noch ohne Erfolg. Denn König Friedrich Wilhelm IV. (1795–1861) ließ zwar in den 1840er Jahren Kreis- und Provinzialsynoden über eine Reform der Kirchenverfassung beraten, lehnte dann aber den Vorschlag der von ihm einberufenen Preußischen Generalsynode 1846[159] ab, im gesamten Königreich Presbyterien und Synoden einzurichten[160]. Gleichgerichtete Versuche nach der Märzrevolution 1848 blieben Episode und gingen „im revolutionären Strudel"[161] unter. Friedrich

---

[157] *Smend*, Bedeutungsgeschichte (Fn. 94), S. 256. Siehe auch *Schlaich*, Kirchenrechtsquellen (Fn. 132), S. 324: „In den Synoden entstehen neue kirchliche Selbstverwaltungsorgane, die in Parallele zu den zeitgenössischen Volksvertretungen, also nach weltlichem Vorbild, am Erlaß der Kirchengesetze mitwirken."

[158] *Nowak*, Geschichte (Fn. 154), S. 79.

[159] Zu ihr *Wilhelm H. Neuser*, Landeskirchliche Reform-, Bekenntnis- und Verfassungsfragen. Die Provinzialsynoden und die Berliner Generalsynode von 1846, in: Goeters/ Mau, Bd. 1 (Fn. 102), S. 342–366 (Auflistung der Mitglieder der Generalsynode: S. 365 f.); Ris, Konstitutionalismus (Fn. 88), S. 190 ff.; insbesondere zur Position Stahls *Günther Holstein*, Die Grundlagen des evangelischen Kirchenrechts, Tübingen 1928, S. 184 ff.

[160] Die Generalsynode von 1846 war eine „kirchliche Notabelnversammlung ohne legislative Kompetenzen" (*Ohst*, Art. Kirchenverfassung [Fn. 97], Sp. 1330). Sie hatte also nur beratende Funktion und keine Entscheidungsbefugnisse, war aber nach ihrer Zusammensetzung ausgewogen und bei ihren Beschlußempfehlungen ungewöhnlich fortschrittlich: *Mehlhausen*, Kirche (Fn. 82), S. 178 ff.; zur Zusammensetzung noch *Schoen*, Kirchenrecht, Bd. 1 (Fn. 102), S. 83.

[161] *v. Thadden*, Kirchen (Fn. 34), S. 587; s. auch *Wallmann*, Kirchen-

Wilhelm IV. war die Synodalverfassung schon wegen der „Analogie zu den konstitutionellen Kammern äußerst zuwider."[162] Erst in der sog. Neuen Ära wurden Anfang der 1860er Jahre zunächst Kirchengemeinderäte (Presbyterien) eingerichtet, sodann sukzessive in den östlichen Provinzen Preußens Kreissynoden[163]. Es folgten 1869 die Provinzialsynoden[164]. Vermittels eines „Allerhöchsten Erlasses" vom 10. September 1873 verfügte Wilhelm I. (1797–1888) sodann die im Kultusministerium Falk entworfene, umfassende evangelische „Kirchengemeinde- und Synodalordnung für die Provinzen Preußen, Brandenburg, Pommern, Posen, Schlesien und Sachsen"[165]. Obwohl es sich insofern um eine rein innerkirchliche Regelung handelte, die dem Landesherrn in seiner Funktion als Träger des Kirchenregiments zustand, bedurfte es wegen der Auswirkungen auf Vermögensfragen und das kirchliche Besteuerungsrecht nach damaliger Auffassung zusätzlich der Bestätigung durch ein staatliches Gesetz (und somit der Zustimmung des Abgeordneten- und des

---

geschichte (Fn. 34), S. 208: „Das Scheitern der Revolution bedeutete das Ende der liberalen Kirchenverfassungspläne."
[162] *Gerhard Besier,* Die „Neue Ära" und die Einleitung eines kirchlichen Verfassungsneubaus (1858–1862), in: Rogge/Ruhbach, Geschichte, Bd. II (Fn. 107), S. 109–119 (114). Ähnlich *Hintze,* Epochen (Fn. 64), S. 90; *Bredt,* Kirchenrecht, Bd. 1 (Fn. 113), S. 348: „natürliche Abneigung" des Königs.
[163] Präzise hierzu und zum folgenden *Rieker,* Stellung (Fn. 37), S. 398 ff.; *Bredt,* Kirchenrecht, Bd. 1 (Fn. 113), S. 349 ff.; knapp *Link,* Kirchliche Rechtsgeschichte (Fn. 19), § 21 Rn. 11; *Huber* IV, S. 846. – Hier besaßen die Geistlichen und königlichen Beamten (Superintendenten) eine Zweidrittelmehrheit (*Besier,* Neue Ära [Fn. 162], S. 117).
[164] Minutiös zur Vorgeschichte der Einberufung außerordentlicher Provinzialsynoden in den östlichen Provinzen und deren Beratungen im Jahre 1869 *Gerhard Besier,* Preußische Kirchenpolitik in der Bismarckära, Berlin–New York 1980, S. 255 ff. (Vorgeschichte), 290 ff. (Beratungen); knapper *Ris,* Konstitutionalismus (Fn. 88), S. 200 ff.
[165] Siehe Dokumentenanhang unter I. 10, S. 177 ff. Diese Ordnung betraf also nur die östlichen Provinzen. In Westfalen und der Rheinprovinz galt (zunächst) weiterhin die Kirchenordnung von 1835.

Herrenhauses)¹⁶⁶, das ein Jahr später publiziert wurde¹⁶⁷. Die somit in Kraft getretene Ordnung regelte „die kirchliche Selbstverwaltung auf der Ebene der Kirchengemeinde, des Kirchenkreises und der Kirchenprovinz und setzt dafür die Organe des Gemeindekirchenrates bzw. Presbyteriums, der Kreissynode und der Provinzialsynode ein."¹⁶⁸

Exkurs: Vorgeschichte

In Preußen gab es mit der Rheinisch-Westfälischen Kirchenordnung von 1835 einen wichtigen frühen Vorläufer synodaler Kirchenverfassungen¹⁶⁹. Das Rheinland und Westfalen waren als westliche Provinzen nach dem Wiener Kongreß 1815 an Preußen gefallen¹⁷⁰. Hier hatten seit dem 16. Jahrhundert vor allem reformierte Minderheitengemeinden als „Kirchen unter dem Kreuz"¹⁷¹ mit relativ großer Autonomie und presbyterialen und synodalen Strukturen in einem überwiegend katholischen Umfeld bestanden, die sich nun nicht ohne weiteres die landeskirchliche Ordnung nach Art Alt-Preußens einordnen lassen wollten¹⁷². Die nach zwei Jahrzehnten zähen Ringens durch „Allerhöchste Kabinettsordre" von Friedrich Wilhelm III. (1770–1840) verfügte Kirchenordnung von 1835¹⁷³ knüpfte an die überkommenen Formen an und sah neben den Amts-

---

¹⁶⁶ Zu dieser Notwendigkeit *Schoen,* Kirchenrecht, Bd. 1 (Fn. 102), S. 90; *Huber* IV, S. 849 f.

¹⁶⁷ Gesetz v. 25. Mai 1874; siehe Dokumentenanhang unter I.11, S. 186 ff.

¹⁶⁸ *Wallmann,* Kirchengeschichte (Fn. 34), S. 209.

¹⁶⁹ Siehe *Wilhelm H. Neuser,* Die Entstehung der Rheinisch-Westfälischen Kirchenordnung, in: Goeters/Mau, Bd. I (Fn. 102), S. 241–256; knapper *Rieker,* Stellung (Fn. 37), S. 366 ff.; *Ris,* Konstitutionalismus (Fn. 88), S. 66 ff.; *Mehlhausen,* Kirche (Fn. 82), S. 157 ff.

¹⁷⁰ Zu den überaus verwickelten Verhältnissen im 16. bis 18. Jahrhundert, als Jülich, Kleve und Berg über lange Zeit unter brandenburg-preußischer (Teil-)Herrschaft standen: *Schoen,* Kirchenrecht, Bd. 1 (Fn. 102), S. 52 ff.

¹⁷¹ Vgl. *Eduard Simons,* Niederrheinisches Synodal- und Gemeindeleben „unter dem Kreuz", Freiburg i. Br.–Leipzig 1897.

¹⁷² Knapp *Mehlhausen,* Kirche (Fn. 82), S. 152 f.

¹⁷³ Kirchenordnung für die evangelischen Gemeinden der Provinz

geistlichen gewählte Laienvertreter mit Sitz und Stimmrecht in den Gemeinden- wie den Kreis- und Provinzialsynoden vor. Letztlich handelte es sich um einen Kompromiß zwischen dem königlichen Ziel eines ungeschmälerten landesherrlichen Kirchenregiments und dem Wunsch der Kirchen nach möglichst weitgehender Selbstverwaltung, zwischen presbyterial-synodalen und konsistorial-kirchenregimentlichen Elementen[174]. Von daher sind die folgenden Jahrzehnte durch einen beständigen Kampf darum geprägt, ob sich in der Konkretisierung und Fortentwicklung der Kirchenordnung eher presbyterial-synodale Vorstellungen durchsetzen oder die obrigkeitlich-konsistoriale Prägung vorherrschen würde[175]. Ungeachtet dessen wird diese Kirchenordnung allgemein als „Modell für die kirchenverfassungsrechtliche Entwicklung"[176] des 19. Jahrhunderts, als „Vorbild für das evangelische Deutschland"[177] und „Kristallisationskern für eine kirchliche Erneuerung"[178] betrachtet.

Die Vorgeschichte synodaler Strukturerneuerung reicht freilich noch sehr viel weiter zurück. Erste Schritte in diese Richtung waren bereits im Zuge der Preußischen Reformen und im Gefolge der Befreiungskriege erwogen und entsprechende Versuche unternommen

---

Westphalen und der Rhein-Provinzen, veröffentlicht im Amts-Blatt der Königlichen Regierung zu Münster Nro. 14 v. 29. März 1835, S. 77 f.

[174] Vgl. *Neuser,* Entstehung (Fn. 169), S. 250 ff.; *Huber* II, S. 270 ff.; *Ris,* Konstitutionalismus (Fn. 88), S. 67 f.; *Mehlhausen,* Kirche (Fn. 82), S. 158 ff.; ausführlich *Bredt,* Kirchenrecht, Bd. 1 (Fn. 113), S. 257 ff.

[175] Dazu *Neuser,* Revision (Fn. 107), S. 83 ff., 89 ff. mit dem Resümee (S. 83): „Bis zur Revolution 1918 wurde sie [scil.: die Kirchenordnung von 1835, H. D.] staatskirchlich-konsistorial ausgelegt. Die Synoden haben allerdings in dieser Zeit den Kampf um die Eigenständigkeit nie aufgegeben."

[176] *de Wall,* Verselbständigung (Fn. 92), S. 159. *Wehler,* Gesellschaftsgeschichte, Bd. 2 (Fn. 119), S. 463: „Modell innerkirchlicher Mitbestimmung".

[177] *Link,* Kirchliche Rechtsgeschichte (Fn. 19), § 21 Rn. 7; vom „Vorbild" sprechen auch *Rieker,* Stellung (Fn. 37), S. 369; *Ris,* Konstitutionalismus (Fn. 88), S. 69 und *Heinig,* Prekäre Ordnungen (Fn. 34), S. 26.

[178] *Neuser,* Entstehung (Fn. 169), S. 242. Desgleichen *Mehlhausen,* Kirche (Fn. 82), S. 152: „bis in die Gegenwart fortwirkende Bedeutung", S. 160: „zukunftsweisend".

worden, gelangten aber wiederholt nicht ans Ziel[179]. Kein Geringerer als Friedrich Schleiermacher, den man den „größten Theologen seit Luther" genannt hat[180], legte in den Jahren 1808 und 1815 einschlägige Reformentwürfe für eine Synodalverfassung vor, die auf allen Ebenen die tätige Mitwirkung der Gläubigen und die Selbstverwaltung der Kirche und ihrer Gemeinden intendierten[181]. Doch entsprechende Vorstöße[182] wurden rasch Opfer der Restauration: „Die synodale Erneuerung der Kirche in Preußen kam nahezu im gleichen Zuge wie die Zurückwerfung des Konstitutionalismus durch Neubetonung des ‚monarchischen Prinzips' in der Wiener Schlußakte vom Mai 1820 zum Stillstand."[183] Abgesehen vom Ausnahmefall der rheinisch-westfälischen Kirche dauerte es in Preußen seine Zeit – und die kam erst mit Bismarck[184]. Dieser verteidigte die Generalsynodalordnung mit dem Argument, die Laienbeteiligung am Kirchenregiment könne die Gleichgültigkeit der Massen gegen die Kirchen zu überwinden helfen.

---

[179] *J. F. Gerhard Goeters,* Die kirchliche Reformdiskussion, in: Goeters/Mau, Bd. I (Fn. 102), S. 83–87; *Albrecht Geck,* Die Synoden und ihre Sistierung in der Reaktionszeit. Konsistorialregiment und episkopalistische Tendenzen, ebd., S. 125–133.

[180] So *Nipperdey,* Geschichte (Fn. 1), S. 427.

[181] Dazu instruktiv *Rochus Leonhardt,* Religion und Politik im Christentum, Baden-Baden 2017, S. 250 ff. („Schleiermachers Vision einer staatsfreien Kirche"). Aus der älteren Literatur *Holstein,* Grundlagen (Fn. 159), S. 150 ff.

[182] Zu den Entwürfen näher *Schoen,* Kirchenrecht, Bd. 1 (Fn. 102), S. 80 f.; *Bredt,* Kirchenrecht, Bd. 1 (Fn. 113), S. 337 ff.

[183] *Nowak,* Geschichte (Fn. 154), S. 79. Desgleichen *Hintze,* Epochen (Fn. 64), S. 86: „Die Kirchenverfassungsbestrebungen teilten das Schicksal der staatlichen Verfassungsentwürfe." Siehe noch *Wallmann,* Kirchengeschichte (Fn. 34), S. 207: „Die preußische Reaktion nach 1815 hat im Gefolge der Unterdrückung aller politischen Verfassungspläne auch die kirchliche Verfassungsreform nicht zur Ausführung kommen lassen. [...] So ist der Versuch, nach den Freiheitskriegen eine preußische Kirchenverfassung auf der Grundlage der Presbyterial-Synodalordnung aufzurichten, im ersten Anlauf gescheitert."

[184] *Pollmann,* Kirchenregiment (Fn. 153), S. 13 f.: „Erst nach der Reichsgründung gelang es, das kirchliche Verfassungswerk zustande zu bringen, namentlich durch das Zusammenwirken von Kultusminister Falk und EOK-Präsident Herrmann, die in ihrer gemäßigt-liberalen Überzeugung übereinstimmten."

„Er wünschte mehr weltliche Mitwirkung in der Kirche und weniger kirchliche Einmischung in die Welt."[185]

Die im Jahre 1875 von Wilhelm I. einberufene außerordentliche Generalsynode in Preußen[186] hat man „die wichtigste und erfolgreichste Synode im wichtigsten und größten evangelischen Land" genannt[187]. Die von ihr beschlossene Generalsynodalordnung sah als Mitglieder 150 von den Provinzialsynoden gewählte und 30 vom König berufene Mitglieder (sowie Generalsuperintendenten und Vertreter der theologischen Fakultäten) vor; von den 150 zu wählenden Mitgliedern sollten ein Drittel Geistliche, ein Drittel Laienmitglieder der Kreis- und Provinzialsynoden sowie ein Drittel kirchlich erfahrene und verdiente Männer sein[188]. In dem Erlaß König Wilhelms I., in dem er diese Ordnung „kraft der Mir als Träger des landesherrlichen Kirchenregiment zustehenden Befugnisse" sanktionierte und verkündete, ist die Rede davon, daß das „wichtige Werk einer selbstständigen Verfassung für die evangelische Landeskirche […] hiermit in allen Entwicklungsstufen begründet" und überall „den Gemeindegliedern wesentliche Befugnisse der Theilnahme an der kirchlichen Gesetzgebung und Verwaltung über-

---

[185] *Thadden,* Kirchen (Fn. 34), S. 603.
[186] *Joachim Rogge,* Die außerordentliche Generalsynode von 1875 und die Generalsynodalordnung von 1876. Fortschritt und Grenzen kirchlicher Selbstregierung, in: Rogge/Ruhbach, Geschichte, Bd. II (Fn. 107), S. 225–233.
[187] *Ris,* Konstitutionalismus (Fn. 88), S. 204; dort S. 204 ff. näher zu den inhaltlichen Ergebnissen. Ähnlich spricht *Thadden,* Kirchen (Fn. 34), S. 603 mit Blick auf die Generalsynode von einem „krönenden Abschluß" und *Schwarzlose,* Neugestaltung (Fn. 58), S. 65 vom „Schlußstein einer korporativen Verfassung".
[188] „Generalsynodal-Ordnung für die evangelische Landeskirche der acht älteren Provinzen der Monarchie" vom 20. Januar 1876; vgl. Dokumentenanhang unter I.13, S. 191 ff. Die Zusammensetzung ist in §§ 2, 3 geregelt.

tragen" sei[189]. Sie trat ein Jahr später nach staatsgesetzlicher Bestätigung in Kraft[190]. Die Generalsynodalordnung, „dieses wichtigste Gesetzgebungswerk in der Geschichte der evangelischen Kirchenverfassung des 19. Jahrhunderts"[191], brachte den langen Prozeß des schrittweisen Aufbaus der Kirchenverfassung in Preußen – auch wegen der darin geregelten Ressortverhältnisse – zu einem gewissen Abschluß. Die Generalsynode war konzipiert als „höchstes legislatives Verfassungsorgan, das mit der Befugnis ausgestattet war, landeskirchliche Gesetze zu erlassen."[192] Während die Generalsynode gemäß § 24 nur alle sechs Jahre auf Berufung des Königs zusammentreten sollte, fungierte als permanentes Organ der siebenköpfige Generalsynodalvorstand, dem wesentliche Geschäfte zur selbständigen Erledigung bei nicht versammelter Synode oblagen und dessen Zusammenwirken mit dem Evangelischen Oberkirchenrat bei bestimmten Materien vorgesehen war[193]. Man hat insofern von einem „Schlußstein des Einbaus der Synodalverfassung in die

---

[189] „Allerhöchster Erlaß vom 20. Januar 1876., betreffend die Einführung einer Generalsynodalordnung für die Evangelische Landeskirche der acht älteren Provinzen der Monarchie" v. 20. Januar 1876; vgl. Dokumentenanhang unter I. 12, S. 189 ff.

[190] „Gesetz, betreffend die evangelische Kirchenverfassung in den acht älteren Provinzen der Monarchie" vom 3. Juni 1876; vgl. Dokumentenanhang unter I. 14, S. 197 ff. – Diese Ordnung galt nun neben den sechs östlichen Provinzen auch für Westfalen und die Rheinprovinz. Zur kirchlichen Reorganisation der 1866 erworbenen sog. neupreußischen Gebiete, deren Kirchen ihre Selbständigkeit bewahrten und nicht in die altpreußische Landeskirche eingegliedert wurden: *Schoen*, Kirchenrecht, Bd. 1 (Fn. 102), S. 101 ff. (Schleswig-Holstein), 109 ff., 120 f. (Hessen-Nassau), 139 ff. (Hannover). Noch differenzierter *Bredt*, Kirchenrecht, Bd. 1 (Fn. 113), S. 443–546.

[191] *Landau*, Art. Kirchenverfassungen (Fn. 46), S. 152.

[192] *Wallmann*, Kirchengeschichte (Fn. 34), S. 209; s. auch *Huber* IV, S. 851.

[193] Zu seiner Zusammensetzung und seinen Aufgaben vgl. §§ 21 ff., 34 ff. – Hier liegt der Grund für die zentrale Rolle von Generalsynodalvorstand und Evangelischem Oberkirchenrat in der schwierigen Phase nach der Revolution 1918 (dazu näher unten S. 83 ff., 92 ff.).

Konsistorialverfassung" gesprochen[194]. Daß sich alle damit verbundenen Hoffnungen auf umfassende kirchliche Selbstverwaltung und ein aufblühendes kirchliches Gemeindeleben erfüllt hätten, wird man wohl kaum sagen können[195], doch mag das hier ebenso auf sich beruhen wie der Versuch, die Gewichtsverteilung zwischen den synodal-presbyterialen und den konsistorial-kirchenregimentlichen Elementen einer allgemeingültigen Einschätzung zu unterziehen[196].

Die Entwicklung in Preußen war sowohl auf der Ebene der Verselbständigung kirchlicher Behörden wie auch bei der Ausbildung synodaler Strukturen kein Einzelfall, für den Bereich des Deutschen Bundes und des Kaiserreiches von 1871 aber sicher der wichtigste Fall. Schauen wir nun zum Vergleich auf das Königreich Württemberg.

2. Die Entwicklung in Württemberg

In Württemberg läßt sich der Prozeß sukzessiver institutioneller Verselbständigung der Kirchenbehörden sowie konstitutioneller Bindung des landeskirchlichen Kirchenregiments geradezu schulmäßig studieren[197]. Wie in Preußen war es hier zunächst

---

[194] *Walter Göbell,* Art. Landeskirche, -kirchentum, in: HRG II, Sp. 1396–1402 (1399).

[195] Eher skeptisch *Thadden,* Kirchen (Fn. 34), S. 604 ff.

[196] Ein weiterhin bestehendes deutliches Übergewicht der letztgenannten konstatiert etwa *Pollmann,* Kirchenregiment (Fn. 153), S. 14 (Synode „als ein Hilfsorgan der konsistorialen Behörden"); ähnlich *Wehler,* Gesellschaftsgeschichte, Bd. 3 (Fn. 149), S. 380 f., 1174.

[197] Im folgenden beschränken wir uns zunächst auf die Zeit nach 1819 und damit auf die Regentschaft des württembergischen Königs Wilhelm I. Eingehend zur davorliegenden Herrschaftsperiode von Friedrich (1754–1816, reg. 1797–1816; Herzog 1797, Kurfürst 1803, König 1806) im Überblick *Heinrich Hermelink,* Geschichte der evangelischen Kirche in Württemberg von der Reformation bis zur Gegenwart, Stuttgart u. a. 1949, S. 282 ff.; ausführlich auch *Lempp,* Synodus (Fn. 33), S. 155 ff.,

nach 1800 zu einer starken Verstaatlichung der Kirchenbehörden gekommen[198]. Schon bald aber begann sich die Tendenz zur Trennung staatsrechtlicher und kirchenregimentlicher Funktionen abzuzeichnen (dazu a). Ähnlich lange wie in Preußen dauerte es freilich, bis sich nach manch vergeblichem Anlauf im innerkirchlichen Bereich presbyterial-synodale Strukturen ausprägen konnten (b).

a) Konsistorium und Synodus

Im Unterschied zu Preußen war in Württemberg das im Zuge der napoleonischen Befreiungskriege gegebene Verfassungsversprechen nicht gebrochen worden. Nach den Verfassungen Badens und Bayerns (beide 1818) wird im Jahre 1819 die Verfassung Württembergs verkündet[199]. In ihren einschlägigen Bestimmungen tritt die Differenz zwischen der allgemeinen Staatsgewalt des Landesherrn und seiner Kompetenz als oberster Bischof der evangelischen Landeskirche, die sich in Preußen erst im Laufe der Jahre herausgeschält hatte, begrifflich-systematisch deutlich

---

168 ff., 175 ff.; zu den Veränderungen, die Wilhelm I. direkt nach seinem Amtsantritt 1816 vornahm, siehe *Lempp*, ebd., S. 178 ff.

[198] Bei *Lempp*, Synodus (Fn. 33), S. 154 ist mit Blick auf den Zeitraum von 1797 bis 1816 gar von einer „Diktaturperiode" die Rede. – Deutlich auch *Hartmut Lehmann, Die evangelische Kirche im Königreich Württemberg 1806–1918*, in: Kirche im Königreich Württemberg 1806–1918, hrsgg. vom Geschichtsverein der Diözese Rottenburg-Stuttgart und vom Verein für Württembergische Kirchengeschichte, Stuttgart 2008, S. 26–51 (27): „Binnen kurzer Frist ordnete König Friedrich das evangelische Kirchenwesen neu. […] Die evangelischen Pfarrer wurden Staatsbedienstete. Das Konsistorium wurde dem Geistlichen Departement unterstellt. Die Autonomie der evangelischen Kirche wurde konsequent abgeschafft. Zentralismus und Absolutismus waren die Leitlinien der königlichen Politik. Das evangelische Kirchenvolk wurde von oben verwaltet."

[199] Abdruck der im folgenden herangezogenen Normen im Dokumentenanhang unter II. 2, S. 209 ff.

2. Die Entwicklung in Württemberg

hervor[200]: allgemeine staatliche Kirchenhoheit und spezifisches evangelisches Kirchenregiment werden klar unterschieden[201]. So weist § 72 der Verfassung dem König einerseits ganz allgemein das „obersthoheitliche Schutz- und Aufsichtsrecht über die Kirchen" zu. Das ist nichts anderes als die Kirchenhoheit im Sinne der *iura circa sacra*, die aus seiner Stellung als souveränes Staatsoberhaupt des Landes fließt und alle christlichen Kirchen betrifft[202].

Seine andere Position als Inhaber des Kirchen-Regiments der evangelisch-lutherischen Kirche wird hingegen in § 75 thematisiert: „Das Kirchen-Regiment der evangelisch-lutherischen Kirche wird durch das Königliche Consistorium und den Synodus [...] verwaltet." Hier geht es um das *ius in sacra*. „Dieses Summepiskopat ist nicht Bestandteil der königlichen Staatsgewalt, der König übt das Kirchenregiment der evangelischen Kirche vielmehr als selbständige Funktion gewissermaßen als Annex seiner Stellung als Staatsoberhaupt aus, und zwar ohne Mitwirkung der Landstände."[203]

Das Summepiskopat bezog sich nur auf die evangelische Landeskirche. Doch hatte Württemberg nach 1803 erhebliche territoriale Gewinne mit überwiegend katholischer Bevölkerung erzielt, die „Neuwürttemberg" genannt wurden und rund ein

---

[200] *Mehlhausen*, Kirche (Fn. 82), S. 136 nennt die Regelungen treffend „umsichtig".

[201] Siehe *Hans Liermann*, Deutsches Evangelisches Kirchenrecht, Stuttgart 1933, S. 75 f.: hier werde „wenigstens in Programmsätzen, der württembergischen Kirche eine verhältnismäßig starke Autonomie und Selbständigkeit eingeräumt". Vgl. aber auch unten S. 57 ff.

[202] *Mehlhausen,* Kirche (Fn. 82), S. 136; *Lempp*, Synodus (Fn. 33), S. 184. – Der *terminus technicus* fand sogar Eingang in die Verfassung von Sachsen (1831), deren § 57 Abs. 1 lautete: „Der König übt die Staatsgewalt über die Kirchen (jus circa sacra), die Aufsicht und das Schutzrecht über dieselben [...] aus, und es sind daher namentlich auch die geistlichen Behörden aller Confessionen der Oberaufsicht des Ministeriums des Cultus untergeordnet."

[203] *Lempp*, Synodus (Fn. 33), S. 185.

Drittel der Gesamtbevölkerung ausmachten. Auch insofern mußte daher eine (staatsrechtliche, nicht: kirchenregimentliche) Regelung getroffen werden. § 78 der Verfassung legte dazu in Parallele zur evangelischen Landeskirche fest, daß die Leitung der inneren Angelegenheiten der katholischen Kirche dem Landesbischof und dem Domkapitel zusteht. Hier geht es also erneut um die *iura in sacra*. Die „in der Staats-Gewalt begriffenen Rechte über die katholische Kirche" (§ 79), also die *iura circa sacra*, übt der König wiederum durch den dort erwähnten katholischen Kirchenrat aus[204].

Für die evangelische Landeskirche galt: „Das landesherrliche Kirchenregiment ist nach der Verfassung von 1819 ein von den staatlichen Befugnissen des Königs zu unterscheidender Kreis von Machtbefugnissen. […] Die Verfassung von 1819 bedeutet hiernach den Beginn des Übergangs vom Staatskirchentum zur Staatskirchenhoheit."[205] Was sich in Preußen erst im Laufe der ersten Jahrhunderthälfte sukzessive herausschält, ist in Württem-

---

[204] Im Organisationsdekret von 1806 (Huber/Huber I, Nr. 33 [S. 72]) firmierte er noch als „Katholischer Geistlicher Rat". Das war eine dem Ministerium des Innern und den Kirchen- und Schulwesens nachgeordnete Staatsbehörde, die nur aus katholischen Mitgliedern (Präsident/Direktor sowie je zwei weltlichen und geistlichen Räten) bestand (vgl. *Georg May,* Mit Katholiken zu besetzende Professuren an der Universität Tübingen, Amsterdam 1975, S. 148 ff.) und ihre Aufgaben mit „bürokratischer Sorgfalt" (*Huber* II, S. 440) wahrnahm. Das soll heißen: die Freiräume der katholischen Kirche waren *de facto* nicht besonders groß, die Aufsichtsrechte wurden extensiv interpretiert, faktisch existierte keine scharfe Grenze zu den *iura in sacra*. Infolgedessen gab es ständig Beschwerden über die zu weitreichenden Eingriffe in die Selbstverwaltung der katholischen Kirche. Plastisch *Heinrich Brück,* Geschichte der katholischen Kirche im neunzehnten Jahrhundert, Bd. 2, 2. Aufl., Münster 1903, S. 234 ff.; den chronischen Streitpunkt bildeten die Mischehen. In Preußen führte die Eskalation entsprechender Konflikte in den 1830er Jahren zu den „Kölner Wirren"; vgl. *Nipperdey,* Geschichte (Fn. 1), S. 418 ff.; im Detail *Huber* II, S. 185 ff., insb. 226 ff., 239 ff.; knapp *Link,* Kirchliche Rechtsgeschichte (Fn. 19), § 19 Rn. 7 ff.

[205] *Lempp,* Synodus (Fn. 33), S. 184.

berg begrifflich-systematisch schon sehr viel früher verfassungsrechtlich fixiert. Vereinzelt spricht man sogar davon, daß hier „der erste verfassungsmäßige Schritt auf dem Weg zur Trennung von Staat und Kirche vollzogen" worden sein soll[206]. Letztlich macht sich mit der Unterscheidung zwischen der allgemeinen Staatsgewalt, zu der auch die umfassende *Kirchenhoheit* gehört, und dem speziellen *Kirchenregiment* der bereits erwähnte Siegeszug des Kollegialismus bemerkbar[207].

Das landesherrliche Kirchenregiment ist nun zwar von der allgemeinen Staatsgewalt begrifflich klar geschieden, die Kirche aber keineswegs zu einer autonomen, sich selbst verwaltenden Körperschaft geworden. Denn die zuständige Behörde für die evangelische Kirche war das in § 75 erwähnte Königliche Konsistorium, und dieses war über Jahrzehnte fest in die staatliche Behördenhierarchie ein- und dementsprechend dem jeweiligen Ministerium untergeordnet.

Exkurs: Vorgeschichte

Unter Konsistorien versteht man ganz allgemein diejenigen Einrichtungen der Kirchenverwaltung, die sich im Laufe der Zeit in vielen evangelischen Territorien als „typische Behörde[n] des landesherrlichen Kirchenregiments herausgeschält" hatten[208]. Üblicherweise paritätisch mit Geistlichen und Laien besetzt, bildeten sie somit seit jeher ein charakteristisches Instrument zur Ausübung des landesherrlichen Kirchenregiments. Dabei liegen die Anfänge häufig in der Ersetzung der mit der Reformation fortgefallenen kirchlichen Gerichte; insbesondere die Ehe- und Disziplinargerichtsbarkeit spielte eine große Rolle. „Das territoriale Kirchenwesen wurde im Auftrag des Landesherrn durch Konsistorien als Verwaltungsbehörden und

---

[206] So *Lempp,* Synodus (Fn. 33), S. 185.
[207] Siehe oben S. 20 ff.; vgl. nochmals *Schlaich,* Art. Kollegialismus (Fn. 69), Sp. 1813.
[208] *Martin Heckel,* Art. Reformation (II. Rechtsgeschichtlich), in: EvStL³ I, Sp. 2897–2931 (2912). Siehe auch *Landau,* Art. Kirchenverfassungen (Fn. 46), S. 150: „besonders typisches Organ der lutherischen Kirchenverfassung", *Heun,* Art. Konsistorium (Fn. 53), S. 484 ff.

Ehegerichte geleitet, die als Behörden eigener Art dem Landesherrn zugeordnet waren."[209] Während der Kreis der den Konsistorien zugewiesenen Angelegenheiten in den meisten Ländern jedenfalls in der Anfangszeit überschaubar war, kam es in Württemberg bereits mit der Großen Kirchenordnung von 1559[210] zur Ausbildung einer einzigen „kirchlichen Zentralverwaltungsbehörde [...] eigens für die Administrativaufgaben", und zwar unter dem Namen „Kirchenrat"[211]. Dieser besteht aus Theologen und weltlichen Räten sowie dem Landhofmeister als Direktor und tritt – typischer Ausweis bürokratischer Dauerpräsenz – zweimal wöchentlich zu einer Sitzung zusammen[212]. Das Konsistorium in Württemberg kann damit nicht nur auf eine besonders lange Tradition zurückblicken, sondern etablierte sich sogleich als zentralstaatliche Instanz der Kirchenverwaltung. „Während andere deutsche Territorien ihre obersten Kirchenbehörden aus dem bischöflichen Sendgericht entwickeln und sie als Konsistorium nur bei Bedarf zusammentreten lassen, wird der württembergische Kirchenrat als zentrale, ständig tagende Landesoberbehörde geschaffen, die Verwaltung ist in Württemberg von Anfang an viel intensiver."[213] Das Modell hat Nachfolger gefunden, so daß man vom „Vorbild der kirchenregimentlichen Behördenorganisation Württembergs" gesprochen hat[214]. Die lange und wechselvolle Geschichte des württem-

---

[209] *Burkhard Guntau*, Art. Kirchenleitung (J), in: EvStL⁴, Sp. 1173–1177 (1174).

[210] Zu ihr *Hermelink*, Geschichte (Fn. 197), S. 92 ff.; *Lempp*, Synodus (Fn. 33), S. 39 ff.

[211] *Heckel*, Art. Reformation (Fn. 208), Sp. 2913. *Landau*, Art. Kirchenverfassungen (Fn. 46), S. 150: „In Württemberg, wo die Landeskirche eine sehr zentralistische Struktur erhielt, gab es seit 1559 unter der Bezeichnung *Kirchenrat* ein einziges Konsistorium". Zur Herkunft aus den Visitationskommissionen *Martin Brecht*, Kirchenordnung und Kirchenzucht in Württemberg vom 16. bis zum 18. Jahrhundert, Stuttgart 1967, S. 21 ff., 32 ff.

[212] *Hermelink*, Geschichte (Fn. 197), S. 94; *Lempp*, Synodus (Fn. 33), S. 44 ff. – Der Synodus trat hingegen nur zwei Mal jährlich zusammen.

[213] *Gerhard Schäfer*, Kleine württembergische Kirchengeschichte, Stuttgart 1964, S. 58. Siehe auch *Schwarzlose*, Neugestaltung (Fn. 58), S. 21: In Württemberg „war das Konsistorium von vornherein vor allem Verwaltungsbehörde."

[214] *Willoweit*, Kirchenregiment (Fn. 44), S. 367. – Knapp dazu *Brecht*, Kirchenordnung (Fn. 211), S. 9 f.; eingehend *Sabine Arend*, Die Ent-

bergischen Kirchenrates und seines administrativen Unterbaus ist hier nicht im einzelnen zu erzählen. Bezeichnend ist die deutliche Parallele zur preußischen Entwicklung, wenn auch in Württemberg, das 1806 zum Königreich erhoben worden war, zu Beginn des 19. Jahrhunderts ganz im Sinne des Territorialismus[215] eine annähernd komplette Verstaatlichung der Kirchenbehörden einsetzt. Drei Monate nach der Erhebung des Landes zum Königreich am Neujahrstag 1806 erläßt König Friedrich (1754–1816), der Ende 1805 bereits die überkommene altständische Repräsentation der Landschaft aufgehoben hatte, ein Organisationsdekret zur Neugliederung der Staatsverwaltung[216]. Oberste Staatsbehörde ist nunmehr das aus sechs Departements bestehende Staatsministerium. Im sog. Geistlichen Departement ressortiert neben dem Katholischen Geistlichen Rat und der Studiendirektion auch das Evangelische Oberkonsistorium, das somit, „staatsrechtlich gesehen, eine rein staatliche Fachmittelbehörde im absolutistisch regierten Königreich" ist[217]. Damit wurde „die evangelische Kirche zur reinen Staatsanstalt"[218], im „staatskirchenrechtlichen *Territorialsystem* ganz und gar der staatlichen Verwaltungsordnung angepaßt und in ihren Behördenapparat eingebaut."[219] Daran ändert sich auch in der Folge ungeachtet weiterer organisatorischer Umbauten grundsätzlich nichts. Der Nachfolger, König Wilhelm I. (1781–1864), stellt zwar mit einer Verordnung vom November 1816 den Geheimen Rat, also das Kabinett der Departementminister, wieder her[220]. Doch auch hier steht das Ober-Consistorium (nicht anders als der katholische Kirchenrat, die Oberstudiendirektion und der

---

stehung des württembergischen Kirchenrats und sein Export in andere Territorien während des 16. Jahrhunderts, in: Johannes Wischmeyer (Hrsg.), Zwischen Ekklesiologie und Administration. Modelle territorialer Kirchenleitung und Religionsverwaltung im Jahrhundert der europäischen Reformationen, Göttingen 2013, S. 125–153 (135 ff.).

[215] Siehe oben S. 18 ff., 50.
[216] Huber/Huber I, Nr. 33 (S. 72).
[217] *Lempp*, Synodus (Fn. 33), S. 169; s. auch *Alfred Dehlinger*, Württembergs Staatswesen in seiner geschichtlichen Entwicklung bis heute, Bd. 1, Stuttgart 1951, S. 417, 425.
[218] *Lempp*, Synodus (Fn. 33), S. 176; dort S. 177 näher zum Kompetenzverlust der oberen Kirchenbehörden.
[219] *Hermelink*, Geschichte (Fn. 197), S. 284 (Hv. i. O., H. D.).
[220] Huber/Huber I, Nr. 62 (S. 141).

Synodus) unter der unmittelbaren Leitung des Ministeriums des Kirchen- und Schulwesens, das die Stelle des vormaligen Geistlichen Departements einnimmt.

In § 75 der Verfassung von 1819 ist neben dem Konsistorium noch der „Synodus" erwähnt. Hierbei handelt es sich um eine württembergische Besonderheit[221]. Denn wenn das Konsistorium, das lange Zeit unter der Bezeichnung Kirchenrat firmierte, um die vier (später: sechs) Generalsuperintendenten des Landes erweitert wird, heißt das Gremium Synodus[222] (bzw. früher Geheimer Konvent). „Hinter dieser Ordnung stand die in Württemberg bereits seit der Reformation vertraute Vorstellung, daß das Konsistorium die königlichen Episkopalrechte vertrete, während die zum *Synodus* hinzugezogenen Prälaten (Generalsuperintendenten) die Sprecher der Kirche selbst seien."[223] Beides sind – wie der sehr viel später etablierte Evangelische Oberkirchenrat in Preußen – landesherrliche, aber keine der allgemeinen Staatsgewalt zuzuordnenden Behörden. Auch ist ungeachtet seiner insofern vielleicht verwirrenden Bezeichnung der württembergische Synodus also „keineswegs ein synodales kirchliches Repräsentativorgan"[224], sondern Teil des hoheitlichen Kirchenregiments.

---

[221] Die ausführliche Monographie von *Lempp*, Synodus (Fn. 33), stellt im Grunde eine um den Synodus herumgebaute Gesamtgeschichte der evangelischen Landeskirche Württembergs dar; Überblick über die Tätigkeit des Synodus im 19. Jahrhundert ebd., S. 264 ff.

[222] Siehe nur *Dehlinger*, Württembergs Staatswesen (Fn. 217), S. 416. Beides war im Grundsatz so bereits in der Visitationsordnung von 1553 und in der Großen Kirchenordnung von 1559 geregelt; *Lempp*, Synodus (Fn. 33), S. 27 ff., 42 ff.; *Hermelink*, Geschichte (Fn. 197), S. 93; *Brecht*, Kirchenordnung (Fn. 211), S. 35.

[223] *Mehlhausen*, Kirche (Fn. 82), S. 171 (Hv. i. O., H. D.).

[224] *Mehlhausen*, Kirche (Fn. 82), S. 137. – Zur Verwirrung trägt bei, daß im 19. Jahrhundert der Synodus in Württemberg zeitweise als „Synode" firmierte; dazu im liebevollen Detail *Lempp*, Synodus (Fn. 33), S. 199 ff., 263 f. – Freilich ist zu beachten, daß gewisse zeitgenössische Bestrebungen durchaus dahin gingen, aus dem eher obrigkeitlichen Synodus eine kirchengenossenschaftliche Synode zu formen; *Gerhard*

2. Die Entwicklung in Württemberg

Mit der tatsächlichen Eigenständigkeit oder gar Kirchlichkeit der beiden kirchlichen Oberbehörden war es freilich in der ersten Hälfte des 19. Jahrhunderts nicht weit her. Bis zur Jahrhundertmitte fehlte es der evangelischen Kirche in Württemberg „völlig an einem eigentlich kirchlichen Organ"[225]. Konsistorium wie Synodus waren fest in die staatliche Verwaltungshierarchie eingebaut, indem sie der unmittelbaren Leitung des Innenministeriums unterstanden[226]. In diesem Sinne spricht der Kirchenhistoriker Hermelink davon, daß hier ein *„rein konsistoriales Regime"*[227] maßgebend geworden sei, um fortzufahren: „Auch da gab es kein kirchliches Organ der Verwaltung. Das Konsistorium war nichts anderes als eine Staatsbehörde. [...] Die Kirche war nichts anderes als ein innerpolitisches Verwaltungsobjekt [...], nur ein Objekt der Staatsverwaltung."[228] Man könnte wohl noch präziser sagen: ein Teil der Staatsverwaltung. Nicht nur galten die Mitglieder des Konsistoriums ebenso als Staatsbeamte wie die Pfarrer[229]; „auch

---

Schäfer, Das Ringen um neue Ordnungen der württembergischen Landeskirche in der ersten Hälfte des 19. Jahrhunderts, in: BWKG 62 (1962), S. 282–308 (290 f.).
[225] *Rieker,* Stellung (Fn. 37), S. 411.
[226] Das 1816 durch königliche Verordnung über die Organisation des Geheimen Rates (Huber/Huber I, Nr. 62 [S. 141]) etablierte Ministerium des Kirchen- und Schulwesens wurde ein Jahr später in das Innenministerium eingegliedert.
[227] *Hermelink,* Geschichte (Fn. 197), S. 391 (Hv. i. O., H. D.). *Lempp,* Synodus (Fn. 33), S. 186: man könne „mit Recht von einem ausschließlichen Konsistorialregiment" sprechen; ebd., S. 211: die drei Jahrzehnte nach 1820 seien in der „kirchengeschichtlichen Literatur unangefochten als die Epoche des ausschließlichen Konsistorialregiments bezeichnet worden".
[228] *Hermelink,* Geschichte (Fn. 197), S. 392. Ähnlich *Mehlhausen,* Kirche (Fn. 82), S. 137: es gab „keinen Ansatzpunkt zur konkreten Wahrnehmung der in § 71 garantierten kirchlichen Autonomie durch ein vom König tatsächlich unabhängiges kirchliches Gremium."
[229] *Schäfer,* Kirchengeschichte (Fn. 213), S. 125. Siehe auch *Heun,* Konsistorium (Fn. 53), S. 486: „Eine gewisse Staatsnähe äußert sich noch

II. Das landesherrliche Kirchenregiment im 19. Jahrhundert

der kirchliche Haushaltsplan wurde innerhalb des Staatshaushalts geführt"[230].

Zur Schwächung der Eigenständigkeit des Konsistoriums trug bei, daß die Oberkirchenbehörden nicht das Recht auf unmittelbaren Vortrag beim Bischof der Kirche, dem König, hatten. Vielmehr war es vollkommen dem Innenministerium, dem das Kultusministerium eingegliedert worden war, unterstellt. Dort hielt „der Innenminister als verfassungsmäßige Aufsichtsinstanz über die Oberkirchenbehörden jahrzehntelang die Leitung der evangelischen Kirche fest in der Hand"[231]. Der formell-organisatorischen Verselbständigung der Kirchenbehörden korrespondierte also weder inhaltliche Selbständigkeit noch institutionelles Eigengewicht. Denn: „Das Konsistorium, dem in den Jahrzehnten nach 1819 die eigentlich verantwortliche Verwaltung des Kirchenregiments oblag, war wohl nach dem Wortlaut der Verfassung kirchliche Oberbehörde, aber sie war mehr nach staatlichen als kirchlichen Gesichtspunkten zusammengesetzt, stand unter der Aufsicht des staatlichen Innenministers und hatte auch staatliche Aufgaben zu erledigen, so daß es in Wirklichkeit weitgehend als Staatsbehörde galt und de facto als solche betrachtet wurde."[232]

Es bedurfte erst des Sturms der 1848er Revolution und nochmals einige Jahre später der Regentschaft eines neuen Königs (Karl, 1823–1891), um diese Verhältnisse wenigstens etwas zu ändern. Das Jahr 1848 führte zur Umbildung des Kabinetts und zur Entlassung des Innenministers Schlayer. Und auch wenn

---

darin, daß die Konsistorien zwar als reine Kirchenbehörden gelten, ihre Mitglieder aber Staatsbeamte sind."

[230] *Hermle*, Kirche (Fn. 4), S. 12.

[231] *Lempp*, Synodus (Fn. 33), S. 186; ebd. S. 215: „Während vom kirchlichen Standpunkt aus gesehen der Innenminister nur eine Vermittlungsstelle zwischen dem König als evangelischem Oberstbischof und den Oberkirchenbehörden hätte sein dürfen, fungierte dieser als uneingeschränkter Vorgesetzter der Oberkirchenbehörden."

[232] *Lempp*, Synodus (Fn. 33), S. 217 f.

2. Die Entwicklung in Württemberg

dieser „hartnäckigste Gegner einer kirchlichen Repräsentation"[233] nach dem Scheitern der Revolution bereits im folgenden Jahr zurückkehrte (um dann ein Jahr darauf erneut zurückzutreten)[234], so blieb doch die im vorliegenden Zusammenhang entscheidende Maßnahme, die Schaffung eines selbständigen Ministeriums für Kirchen- und Schulwesen, unangetastet[235] – und insofern ließ sich durchaus von einer „wesentlich geänderten Einstellung zu dem Selbstverwaltungsrecht der kirchenregimentlichen Verwaltungsorgane"[236] sprechen. Eine (immer noch nicht endgültige, aber doch weitgehende) Klärung erfolgte jedoch erst zwei Jahrzehnte später, und zwar durch die „Königliche Verordnung, betreffend die Stellung des Ministeriums des Kirchen- und Schulwesens bei Angelegenheiten der evangelischen Landeskirche" vom 20. Dezember 1867[237]. Die Bedeutung dieses sehr technisch-bürokratisch anmutenden und in schwer verständlichem Kanzlei-Deutsch gehaltenen Dokumentes liegt einmal in der Anerkennung einer größeren Selbständigkeit von Konsistorium und Synodus, die nicht mehr der Weisungsbefugnis des Ministeriums unterstehen (§ 2), zum anderen in der Gewährung des unmittelbaren Zugangs zum König, also das Recht des unmittelbaren Vortrages (§ 3). Die mit diesem auf den ersten Blick wenig eindrucksvollen Dokument bewirkte Zäsur und der damit erzielte Fortschritt ist wie folgt umschrieben worden:

„Durch diese Verordnung wurde dem Staatsministerium des Kirchen- und Schulwesens der Charakter als selbständige Instanz in Kirchenangelegenheiten mit Ausnahme von Sachen der Dienstaufsicht und von gemischt kirchlich-staatlichen Gegenständen abgesprochen. Zugleich wurde sowohl dem Konsistorium als auch dem Synodus je

---

[233] Schäfer, Ringen Fn. 224), S. 304.
[234] Dazu kurz Huber III, S. 186 ff.; Lempp, Synodus (Fn. 33), S. 213 f.
[235] Lempp, Synodus (Fn. 33), S. 215.
[236] Detailliert zum vorstehenden Lempp, Synodus (Fn. 33), S. 213 ff. (Zitat: S. 215).
[237] Siehe Dokumentenanhang unter II. 5, S. 224 f. Die Verordnung bezieht sich in ihrer Präambel explizit auf § 75 der Verfassung von 1819.

60 II. Das landesherrliche Kirchenregiment im 19. Jahrhundert

das Recht zum unmittelbaren Vortrag beim König als evangelischem Landesbischof für den Fall einer vermeintlichen Verletzung einer kirchengesetzlichen Vorschrift oder eines kirchengenossenschaftlichen Interesses zugesprochen. [...] Es darf hiernach festgestellt werden, daß durch diese Verordnung grundsätzliche organisatorische Fragen, die seit einem halben Jahrhundert die Landeskirche beunruhigt und die Wirksamkeit ihrer Oberkirchenbehörden beeinträchtigt hatten, nun im Sinn einer Bereinigung eine rechtliche Regelung fanden, die sich in jeder Hinsicht segensreich ausgewirkt hat: 1. Der Synodus ist wieder selbständige Oberkirchenbehörde neben dem Konsistorium. 2. Synodus und Konsistorium sind echte Oberkirchenbehörden und unterstehen in rein kirchlichen Angelegenheiten im Gegensatz zu der jahrzehntelangen bisherigen Handhabung nicht mehr der Weisungsbefugnis des Ministeriums für das Kirchen- und Schulwesen. 3. Beiden Oberkirchenbehörden wird in wichtigen kirchlichen Fragen das Recht zum unmittelbaren Vortrag beim König als evang. Oberstbischof zugesprochen."[238]

Doch am 20. Dezember 1867 erging nicht nur dieser Verwaltungserlaß zur Ordnung des Kirchenregiments, sondern auch eine Verordnung des Königs zur Einführung einer Landessynode – womit wir beim zweiten großen Entwicklungszug des 19. Jahrhunderts wären.

b) Von den Pfarrgemeinderäten (1851) über die Diözesansynoden (1854) bis hin zur Landessynode (1867)

Bei der „Ausbildung von wirklichen kirchlichen Repräsentationskörperschaften"[239] fügt sich der Gang der Dinge in Württemberg desgleichen harmonisch in die allgemeine Entwicklung ein. Dazu gehört, daß – nicht anders als in Preußen – die Einführung der Landessynode in Württemberg im Jahre 1867[240] das

---

[238] *Lempp*, Synodus (Fn. 33), S. 216 f.; zurückhaltender in der Einschätzung *Rieker*, Stellung (Fn. 37), S. 413 f., der von einer fortdauernden Unterordnung unter die Staatsbehörde ausgeht.

[239] So die Überschrift bei *Schäfer*, Kirchengeschichte (Fn. 213), S. 143.

[240] „Königliche Verordnung, betreffend die Einführung einer Landes-Synode in der evangelischen Kirche von Württemberg" vom 20. De-

2. Die Entwicklung in Württemberg

Ergebnis eines sehr langwierigen, man könnte auch sagen: zähen Prozesses, wenn nicht Ringens gewesen ist.

Denn entsprechende Vorstöße und Anläufe hatte es bereits Jahrzehnte zuvor gegeben, die aber allesamt erfolglos geblieben waren. Die lange Liste reicht über erste Versuche, schon in der Verfassung von 1819 synodale Elemente zu verankern, über mehrfache Anträge auf Einberufung einer Generalsynode durch den Synodus bis hin zu entsprechenden Beschlüssen des Landtages in den Jahren 1821, 1826 und 1833[241]. Zehn Jahre später, 1843, arbeitet der Landtag eine Neuordnung der Kirchenkonvente, 1845 dann den Entwurf einer Presbyterial- und Synodalordnung aus[242]. 1848 wurde mit dem Rückenwind der Revolution und der Paulskirchenversammlung eine Kommission eingesetzt, die im Jahr darauf einen stark synodal geprägten „Entwurf einer neuen Ordnung für die evangelische Kirche in Württemberg" vorlegte, der aber wegen der massiven Widerstände der wiedererstarkenden konservativen Kräfte keine Aussicht auf Realisierung hatte[243]. Die weitere Entwicklung verlief evolutionär, indem zunächst Gemeinde-, dann Diözesansynoden gebildet wurden.

König Wilhelm I. (1781–1864) hatte sich immer gegen eine Landessynode ausgesprochen und im November 1854 sogar per Ministerialerlaß erklärt, „daß er zur Bildung einer Landessynode auf demokratischer Grundlage und durch Wahlen seine Zustimmung niemals geben könne"[244]. Dessen ungeachtet waren unter seiner Regentschaft im Gefolge der revolutionären

---

zember 1867; siehe Dokumentenanhang unter II. 6, S. 226 ff. Zu diesem Vorgang im Detail *Lempp*, Synodus (Fn. 33), S. 231 ff.

[241] Hierzu *Lempp*, Synodus (Fn. 33), S. 217 f.

[242] *Hermelink*, Geschichte (Fn. 197), S. 392, der fortfährt (S. 392 f.): „Aber die Entwürfe blieben im *Ministerium Schlayer* liegen."

[243] *Rieker*, Stellung (Fn. 37), S. 411 f.; *Hermelink*, Geschichte (Fn. 197), S. 393 f.

[244] *Hermelink*, Geschichte (Fn. 197), S. 394; *Lempp*, Synodus (Fn. 33), S. 231; *Schäfer*, Ringen (Fn. 224), S. 291, 304 ff.

Ereignisse 1848 im Jahre 1851 Pfarrgemeinderäte (Presbyterien) eingerichtet worden[245]. § 1 der betreffenden Verordnung bestimmte: „In jeder evangelischen Pfarrgemeinde wird aus ihren ordentlichen Geistlichen und den von ihr gewählten Kirchenältesten ein Pfarrgemeinderath (Presbyterium) gebildet, welcher [...] die Leitung der kirchlichen Angelegenheiten der Pfarrgemeinde unter der Aufsicht der Dekanate und der Oberkirchenbehörde besorgt."[246] Drei Jahre später folgte die Einrichtung von Diözesansynoden[247]. Die entsprechende Verordnung bekundet in ihrer Präambel die „Absicht, die Wirksamkeit der kirchlichen Gemeinde-Vertretung durch eine geordnete Verbindung unter den einzelnen Pfarrgemeinderäthen einer Diöcese zu befördern und zu befestigen, und den Dekanen in der kirchlichen Bezirksleitung eine wünschenswerte Unterstützung durch ein aus jenen hervorgehendes Organ zu verschaffen"[248]. Beide Gremien waren freilich mit eher geringen Befugnissen, nämlich vornehmlich mit Beratungs- und Anhörungsrechten,

---

[245] „Königliche Verordnung in Betreff der Einführung von Pfarrgemeinderäthen in der evangelischen Landeskirche" vom 25. Januar 1851; siehe Dokumentenanhang unter II. 3, S. 212 ff.

[246] Dazu der Hinweis von *Hermelink*, Geschichte (Fn. 197), S. 394, die Pfarrgemeinderäte seien nie volkstümlich geworden, sondern viele Gemeinden hätten sich dagegen gesperrt, „neben den ‚Kirchenkonventen' und den ‚Stiftungsräten' noch ein ‚fünftes Rad am Wagen' rein zur geistlichen Beaufsichtigung des kirchlichen Lebens einzuführen"; mit gleicher Stoßrichtung *Rieker,* Stellung (Fn. 37), S. 412 f. und detailliert *Lempp,* Synodus (Fn. 33), S. 218 ff.

[247] „Königliche Verordnung, in Betreff der Einführung von Diöcesansynoden in der evangelischen Landeskirche" vom 18. November 1854; siehe Dokumentenanhang unter II. 4, S. 219 ff. Dazu *Lempp,* Synodus (Fn. 33), S. 225 ff.

[248] Gemäß § 2 bestand die Diözesansynode aus „sämmtlichen ordentlichen Geistlichen und eben so vielen Kirchen-Aeltesten jeder Pfarrgemeinde"; diese wurden vom Pfarrgemeinderat gewählt. Die Aufgaben der Diözesansynode sind in § 8, die des Diözesanausschusses in § 9 und § 10 geregelt.

ausgestattet²⁴⁹. Insbesondere den Pfarrgemeinderäten fehlte die vermögensrechtliche Vertretung und die Verfügung über das Ortskirchenvermögen, so daß man sie in ihrer ursprünglichen Gestalt als „todtgeborenes Institut" bezeichnet hat²⁵⁰. Hier kam es freilich gut drei Jahrzehnte später bei den Kirchengemeinden zu einer grundlegenden Revision²⁵¹: einerseits wurde jetzt die Trennung von weltlicher und kirchlicher Gemeinde vollzogen, andererseits erweiterten sich die Kompetenzen der Kirchengemeinderäte²⁵². Insgesamt konnte freilich weiterhin von einer echten und wirkmächtigen Ergänzung der Konsistorialverfassung durch presbyteriale Elemente kaum die Rede sein²⁵³. Daran änderte auch die neue Diözesansynodalordnung aus dem Jahre 1901 prinzipiell nichts²⁵⁴.

Zur Einführung einer Landessynode kam es erst 1867 unter dem neuen König Karl (1823–1891) drei Jahre nach dessen Amtsantritt²⁵⁵. Mit Blick auf die erwähnten beiden Vorläufer

---

²⁴⁹ *Rieker,* Stellung (Fn. 37), S. 412 f.; *Hermann Ehmer,* Kleine Geschichte der evangelischen Kirche in Württemberg, Leinfelden-Echterdingen 2008, S. 118.

²⁵⁰ *[Karl] Rieker,* Die neue Kirchengemeindeverfassung in Württemberg, in: Deutsche Zeitschrift für Kirchenrecht 1 (1892), S. 193–225 (199); ebd., S. 200: die Pfarrgemeinderäte blieben „ohne Ansehen und Einfluss".

²⁵¹ Es handelt sich zum einen um das „Staatsgesetz, betreffend die Vertretung der evangelischen Kirchengemeinden und die Verwaltung ihrer Vermögensangelegenheiten" vom 14. Juni 1887 (Huber/Huber II, Nr. 470 [S. 1013]), zum anderen um das „Kirchliche Gesetz, betreffend die evangelischen Kirchengemeinden" vom 29. Juli 1888 (ebd., Nr. 471 [S. 1014]).

²⁵² Näher zu Inhalt und Bedeutung dieser Revisionen *Rieker,* Kirchengemeindeverfassung (Fn. 250), S. 207 ff., 218 ff.; *Lempp,* Synodus (Fn. 33), S. 224 ff.; *Schäfer,* Kirchengeschichte (Fn. 213), S. 143 ff.

²⁵³ *Mehlhausen,* Kirche (Fn. 82), S. 171 ff.

²⁵⁴ Dazu *Lempp,* Synodus (Fn. 33), S. 228 ff.

²⁵⁵ „Königliche Verordnung, betreffend die Einführung einer Landes-Synode in der evangelischen Kirche von Württemberg" vom 20. Dezember 1867; siehe Dokumentenanhang unter II.6, S. 226 ff. Die Landessynode ist zum ersten Mal am 18. Februar 1869 zusammen-

II. Das landesherrliche Kirchenregiment im 19. Jahrhundert

auf Gemeinde- und Diözesanebene benennt diese Verordnung von 1867 in der Präambel als ihr Ziel, „der Gemeindevertretung in der evangelischen Landeskirche, welche in unterer und mittlerer Stufe durch die Verordnungen vom 25. Januar 1851 [...] und vom 18. November 1854 [...] geregelt worden ist, auf oberster Stufe durch Einführung einer Landes-Synode den Abschluß zu geben [...]". § 1 Abs. 1 lautet: „Die Landes-Synode ist zu [sic] Vertretung der Genossen der evangelischen Landeskirche, gegenüber von dem landesherrlichen Kirchenregiment bestimmt." Vertreten waren neben einem Abgeordneten der evangelisch-theologischen Fakultät der Landesuniversität [scil.: Tübingen, H.D.] und sechs vom Landesherrn ernannten Mitgliedern vor allem 50 von den Diözesan-Synoden gewählte (die Verordnung spricht in § 2 von „erwählten") Abgeordnete, je zur Hälfte geistliche und weltliche. Die Mitglieder wurden also nicht in Urwahl, sondern nach dem sog. Filter- oder Siebsystem gewählt[256]. Den Präsidenten ernannte der König. Die wichtigste Funktion der Synode war die Mitwirkung

---

getreten, sodann wieder in den Jahren 1875 und 1878. Siehe *Hermelink*, Geschichte (Fn. 197), S. 418 f.

[256] Bei dieser Wahlmethode werden nur die Organe der Gemeinde (Kirchenräte) direkt von den Gemeindegliedern gewählt. Die Mitglieder der Kreis- oder Diözesansynoden rekrutieren sich sodann aus den Gemeindeorganen der in einem Kreis oder einer Diözese vereinigten Gemeinden; die Abgeordneten der Landessynode wiederum werden aus den Mitgliedern der Kreis- oder Diözesansynoden gewählt. Eine derartige mehrfache Filterung (Siebsystem), bei der Mitglied einer Diözesansynode nur werden konnte, wer im Gemeindeorgan vertreten, und Mitglied der Landessynode nur, wer in der Diözesansynode vertreten war, wurde auch als „organisches" Wahlsystem bezeichnet. Beim Gegenmodell, den Urwahlen, wählen alle Kirchenglieder die Mitglieder der Landessynode in direkter Wahl. Vgl. knapp *Liermann*, Kirchenrecht (Fn. 201), S. 210; zum *pro* und *contra* sowie Variationen *Nikolaus Närger*, Das Synodalwahlsystem in den deutschen evangelischen Landeskirchen im 19. und 20. Jahrhundert, Tübingen 1988, S. 121 ff. – Siehe noch unten S. 92 mit Fn. 363 und S. 115 mit Fn. 449.

bei der innerkirchlichen Rechtsetzung, die in der Verordnung in aller Deutlichkeit als „Hauptaufgabe" bezeichnet wird. § 14 besagt: „Die Hauptaufgabe der Landes-Synode besteht in der Mitwirkung zur kirchlichen Gesetzgebung in deren ganzem Umfang, so daß ohne ihre Zustimmung kirchliche Gesetze weder gegeben, noch verändert oder authentisch interpretirt noch aufgehoben werden können." Freilich verblieb – hier wie sonst auch – das Recht zur Sanktion und Verkündigung der kirchlichen Gesetze beim Landesherrn (§ 16 Abs. 2), deren Vollziehung und Handhabung beim Kirchenregiment (§ 16 Abs. 3). Noch bezeichnender für die eingeschränkte Macht der Synode war, daß nach der Verordnung von 1867 Gesetzentwürfe nicht aus deren Mitte, sondern nur vom Kirchenregiment eingebracht werden konnten (§ 16 Abs. 1). Freilich bleibt es nicht dabei. Die Landessynode erhält dieses sog. Initiativrecht, von dem sie später regen Gebrauch machen sollte, durch Art. 23 Abs. 2 der Landessynodalordnung vom 11. September 1888[257], die der Synode zudem die freie Wahl ihres Präsidenten und Vizepräsidenten gewährte[258]. Mit dieser Ordnung gelangt der innerkirchliche Umgestaltungsprozeß der württembergischen evangelischen Kirche im 19. Jahrhundert zu einem gewissen Abschluß.

3. „Kirchlicher Konstitutionalismus"?

Die Entwicklungen in Preußen und Württemberg laufen, was insbesondere die Ausprägung synodaler Strukturen angeht, weitgehend parallel. Auch die wichtigste Triebfeder der synodalen Bewegung bestand hier wie dort gleichermaßen in der Er-

---

[257] Huber/Huber II, Nr. 472 (S. 1016).
[258] Dennoch sehr verhaltene Bilanz bei *Rieker*, Stellung (Fn. 37), S. 416; ähnlich *Mehlhausen*, Kirche (Fn. 82), S. 173: „keine Änderung des traditionellen württembergischen Staatskirchenrechts".

II. Das landesherrliche Kirchenregiment im 19. Jahrhundert

langung größerer Selbständigkeit und Selbstverwaltung der Kirchen; Ziel war es, eine aktive Mitwirkung des Kirchenvolks (in der Sprache der Zeit: der „Kirchengenossen") an der Gestaltung und Leitung des Kirchenlebens zu ermöglichen[259]. Der Aufbau entsprechender Selbstverwaltungsorgane erfolgt von unten nach oben: die Basis bilden die Presbyterien[260], also die Kirchenräte in den Gemeinden; es folgen auf den jeweils höheren Ebenen Kreis- und bisweilen noch Diözesan- und Provinzialsynoden, auf der Landesebene Landes- und gegebenenfalls noch Generalsynoden. Die letztgenannten werden als Organe kirchlicher Selbstverwaltung nun vor allem an der Rechtsetzung beteiligt, die somit nicht mehr allein und ungeteilt in den Händen des summepiskopalen Landesherrn liegt[261]. Im einzelnen sind die Kompetenzen allerdings durchaus unterschiedlich gewichtet, und auch die Praxis war nicht immer einheitlich[262].

In Bezug auf diese synodale Einschränkung der Machtbefugnisse des Landesherrn in seiner Eigenschaft als Kirchenoberhaupt spricht man mit einer einprägsamen Wendung vom „kirchlichen Konstitutionalismus"[263]. Der Synodalismus erscheint somit als

---

[259] Statt vieler *Wehler*, Gesellschaftsgeschichte, Bd. 3 (Fn. 149), S. 381: „breitere Partizipation von Laien und Pfarrern in gewählten Gremien"; *Leonhardt*, Religion (Fn. 181), S. 256. So schon *Bredt*, Kirchenrecht, Bd. 1 (Fn. 113), S. 343, der die „Geistesrichtung der Zeit" im „Heranziehen der Kirchenglieder zu tätiger Mitarbeit in der Kirche" sah.

[260] Als Presbyter gelten nach testamentarischem Vorbild schlicht die (nicht immer nach Jahren) Ältesten der Gemeinde.

[261] *Smend*, Bedeutungsgeschichte (Fn. 94), S. 254; *Schlaich*, Kirchenrechtsquellen (Fn. 132), S. 324. *Wolf-Dieter Hauschild*, Art. Synode (I. Geschichtlich), in: RGG⁴ VII, Tübingen 2004, Sp. 1970–1974 (1973): „Die Beteiligung der Synoden an der kirchlichen Gesetzgebung war der bedeutsamste Aspekt jener Reformen." Siehe auch *Schwarzlose*, Neugestaltung (Fn. 58), S. 78 f.

[262] Für Preußen siehe *Schoen*, Kirchenrecht, Bd. 1 (Fn. 102), S. 435 ff.: „Der Wirkungskreis der Synodalorgane der Landeskirche".

[263] *Ris*, Konstitutionalismus (Fn. 88), insb. S. 138 ff. Die Rede vom „kirchlichen Konstitutionalismus" findet sich schon bei *Schoen*, Kir-

"Zwillingsbruder des politischen Parlamentarismus"[264]. Das hat zunächst einmal einiges an intuitiver Evidenz für sich: Denn so, wie auf der staatlichen Ebene in Gestalt der konstitutionellen Monarchie insbesondere die Gesetzgebungsgewalt des Fürsten durch die notwendige Mitwirkung der Kammern gebunden und eingeschränkt wird[265], so ist nun der Landesherr in seiner Funktion als Summepiskopus nicht mehr unbeschränkter Herrscher auf dem Felde der kirchlichen Gesetzgebung. Früh brachte das der protestantische Staats- und Kirchenrechtler Paul Schoen auf den Punkt: "Die Landessynode hat also im kirchlichen Organismus eine ähnliche Stellung wie das Parlament im staatlichen."[266]

Freilich ist diese Sichtweise nicht unwidersprochen geblieben. So merkte etwa Ulrich Scheuner an, man habe "das synodale Element weithin beharrlich als eine Art parlamentarischer ,Vertretung des Kirchenvolkes' mißverstanden"[267]. Und unter ablehnender Bezugnahme auf Schoen heißt es bei Rudolf Smend: "Die Zeiten des Verständnisses der kirchlichen Organisation nach dem Muster weltlicher konstitutionell-parlamentarischer

---

chenrecht, Bd. 1 (Fn. 102), S. 442 u. ö., der sie als geläufig behandelt. Vielzitiert die Verwendung bei *Huber* I, S. 472, und *Huber* IV, S. 837, 846.

[264] *Nowak*, Geschichte (Fn. 154), S. 79; ihm folgend *Leonhardt*, Religion (Fn. 181), S. 256.

[265] Statt aller *Dietrich Jesch,* Gesetz und Verwaltung. Eine Problemstudie zum Wandel des Gesetzmäßigkeitsprinzips (1961), 2., unveränderte Aufl., Tübingen 1968, S. 76 ff., 117 ff.; *Horst Dreier,* Hierarchische Verwaltung im demokratischen Staat, Tübingen 1991, S. 75 ff., 79 ff.

[266] *Schoen*, Kirchenrecht, Bd. 1 (Fn. 102), S. 421. Etwas ausführlicher ebd., S. 226: Der Träger des landesherrlichen Kirchenregiments herrscht „doch nicht absolut, sondern er ist in der Ausübung seiner Gewalt beschränkt durch ein zweites unabhängiges kirchliches Organ, die Landessynode, die dem Landesherrn als Träger der kirchlichen Regierungsgewalt gegenüber eine analoge Stellung hat, wie das Volksvertretung ihm gegenüber in seiner Eigenschaft als Staatsoberhaupt." Siehe noch *Schwarzlose*, Neugestaltung (Fn. 58), S. 65; *Pollmann*, Kirchenregiment (Fn. 153), S. 14 f.

[267] *Ulrich Scheuner,* Kirche und Staat in der neueren deutschen Entwicklung (1959), in: ders., Schriften (Fn. 26), S. 121–168 (135).

und kommunaler Organisation, im politischen Mißverständnis oder in der Sachfremdheit des juristischen Formalismus [...], sind vorbei."[268] Das sind keine längst vergangenen Diskussionen. Auch in jüngerer Zeit spricht man davon, es wäre ein „Mißverständnis" des kirchlichen Konstitutionalismus und der synodalen Arbeit, „wenn man Synoden „als ‚Kirchenparlament' statt als geistliche Versammlung eigenen Charakters verstehen würde"[269].

Vielleicht ließe sich das hier angesprochene – und möglicherweise wechselseitige – Mißverständnis durch zwei Präzisierungen ausräumen, indem man sich erstens die disziplinäre und zweitens die historische Einschränkung des Terminus verdeutlicht. Disziplinär bedeutet: kirchlicher Konstitutionalismus ist ein verfassungshistorischer und kirchenpolitischer Begriff, kein theologisch-kirchlicher. Es soll mit seiner Verwendung überhaupt nicht in Frage gestellt werden, daß möglicherweise „theologische Einsichten in Sinn und Struktur kirchenleitenden Handelns"[270] damit nicht zu erfassen sind. Wenn also nach Selbstbild und Selbstverständnis der evangelischen Kirche der „Wesensunterschied zwischen der Synode und dem säkularen Parlament unbeschadet äußerlicher Analogien" darin bestehen soll, daß die Synode statt „ständischer Repräsentation oder Volksherrschaft" die konziliare Gemeinschaft verwirkliche[271],

---

[268] *Smend,* Bedeutungsgeschichte (Fn. 94), S. 260.

[269] *Reinhard Brandt,* Art. Synode (II. Dogmatisch), in: RGG⁴ VII, Tübingen 2004, Sp. 1974–1975 (1974).

[270] *Joachim Mehlhausen,* Art. Konstitutionalismus, in: TRE XIX, Berlin–New York 1990, S. 535–540 (539).

[271] *Michael Germann,* Art. Synode (III. Kirchenrechtlich), in: RGG⁴ VII, Tübingen 2004, Sp. 1975–1976 (1976): diese konziliare Gemeinschaft sei die „inkommensurable Legitimationswurzel der Synode" (ebd.). Ähnlich *ders.,* Art. Wahlrecht, kirchliches (II. Evangelisch), in: RGG⁴ VIII, Tübingen 2005, Sp. 1241–1242 (1241): gewählt werde auf „die Verheißung hin, daß der Geist (in dem Gott mit seiner Kirche ist) den Geist (in dem Gott Gaben gibt) erkennt. Darin unterscheidet sich das Wahlrecht in der Kirche von säkularen Instrumenten der Delegation, der Übertragung, Ableitung oder Repräsentation von Eigenmacht. Gegen politische Repräsentationsvorstellungen ist festzuhalten: Gegen-

3. „Kirchlicher Konstitutionalismus"? 69

dann mag das so richtig sein und dann soll es damit sein Bewenden haben – auch wenn sich natürlich nicht übersehen läßt, daß sich mit dem Aufkommen der Synoden sogleich ein kirchliches Parteiwesen ausbildete[272], was die Selbstbeschreibung womöglich etwas idealisiert erscheinen läßt[273]. Doch gleichviel: Die Perspektive der vorliegenden Abhandlung richtet sich allein auf Strukturparallelen zwischen staatlichem Konstitutionalismus und kirchlichen Synodalstrukturen, die sich schwerlich mit dem Hinweis auf ein anderslautendes Selbstverständnis der Amtsträger entkräften lassen.

Für die zweite Einschränkung ist wichtig, daß der Terminus allein auf die Phase der Entwicklung der evangelischen Kirchenverfassung im 19. Jahrhundert bis zur Revolution 1918 bezogen werden soll. Und hier spricht für die Tragfähigkeit der Parallele in der allein interessierenden historischen Perspektive, daß

---

stand der durch das kirchliche Wahlrecht vermittelten Repräsentation ist das gemeinschaftliche Erkennen der Gaben im Wahlvorgang, das gemeinschaftliche kirchliche Handeln im Amtshandeln der Gewählten."
[272] Mit Blick auf Preußen *Wallmann,* Kirchengeschichte (Fn. 34), S. 210: „Mit der Synodalordnung zog das Parteienwesen in die evangelische Kirche ein. In Analogie zum politischen Parlamentarismus bildeten sich auf den Synoden sehr bald ein rechter und ein linker Flügel, zwischen beiden eine Mittelpartei. Auf dem rechten Flügel standen die ‚Konfessionellen', die sich seit der Jahrhundertmitte in der Auseinandersetzung mit der Union fester zusammengeschlossen hatten. Auf der anderen Seite die für Bekenntnisfreiheit kämpfenden Liberalen, die sich 1863 im Deutschen Protestantenverein zusammengeschlossen hatten. Zwischen beiden stellte sich eine der Union verpflichtete, aber ebenso der freien wissenschaftlichen Forschung aufgeschlossene ‚Mittelpartei.'" Siehe ferner *Holstein,* Grundlagen (Fn. 159), S. 364 ff.; *Huber* IV, S. 846 ff. („Die kirchlichen Parteien und die synodale Bewegung").
[273] Von der Härte und Unerbittlichkeit der Kontroversen zwischen diesen Kirchenparteien bieten die Auseinandersetzungen auf der altpreußischen verfassunggebenden Kirchenversammlung 1921/1922 reiches Anschauungsmaterial: siehe *Jacke,* Kirche (Fn. 1), S. 247 ff. (verschiedene Listen, Wahlergebnisse nach dem Schema Rechte–Mitte–Linke), 257 ff. (verschiedene Fraktionen), S. 265–298 (zentrale Streitpunkte: Kirchensenat, Bischofsamt, Wahlrecht, Präambel).

70 II. Das landesherrliche Kirchenregiment im 19. Jahrhundert

viele Zeitgenossen selbst diese Analogie sahen, und zwar – das ist vielleicht noch wichtiger – Freunde wie Feinde synodaler Strukturen gleichermaßen. „Das Streben nach Erweiterung der kirchlichen Autonomie konnte – je nach Standort – als konstitutionelle Bewegung in der Kirche mit den Argumenten des politischen Liberalismus gefordert und gefördert oder von den theologischen Grundsätzen der konservativen Kirchenpolitiker aus als Politisierung und Demokratisierung der Kirche scharf zurückgewiesen werden."[274] So lehnte etwa der preußische König Friedrich Wilhelm IV. die Beschlüsse der preußischen Generalsynode 1846 vor allem deswegen ab, weil sie in seinen Augen „zu viel Ähnlichkeit mit einer modernen Repräsentativverfassung" hatten[275]. Die von ihm zehn Jahre später einberufene Notabeln-Versammlung („Monbijou-Konferenz")[276] erblickte in der Errichtung von Gemeindekirchenräten „eine unheilvolle Übertragung der politischen Repräsentationsidee auf die Kirche"[277]. Das Modell der Urwahlen für die Landessynoden wurde nicht selten mit dem Hinweis verworfen, ein solches Verfahren erinnere an demokratisch-repräsentative Vorstellungen[278]. Gewissermaßen gegenläufig hat man „das zeitliche Zusammenfallen der bürgerlichen und der kirchlichen Verfassungsbestrebungen"[279] betont

---

[274] *Mehlhausen*, Kirche (Fn. 82), S. 161.
[275] *Hintze*, Epochen (Fn. 64), S. 90. Vgl. oben S. 41 ff. – Für die Parallele in Württemberg *Schäfer*, Ringen (Fn. 224), S. 291 ff.
[276] Dazu *Dietrich Meyer*, Monbijou-Konferenz (1856) und Evangelische Allianz (1857), in: Rogge/Ruhbach, Geschichte, Bd. II (Fn. 107), S. 97–109 (99 ff.).
[277] Zitat bei *Pollmann*, Kirchenregiment (Fn. 153), S. 13 Fn. 25. Allgemein *Wehler*, Gesellschaftsgeschichte, Bd. 2 (Fn. 119), S. 463: „Die Orthodoxen diskreditierten den Synodalismus als ‚kirchlichen Zwillingsbruder' des Parlamentarismus".
[278] Siehe etwa *Pollmann*, Kirchenregiment (Fn. 153), S. 15. In der frühen Weimarer Republik war in konservativen Kirchenkreisen mit Blick auf liberale Forderungen häufig von „demokratischer Nachäfferei" die Rede: *Jacke*, Kirche (Fn. 1), S. 205, 220.
[279] *Holl*, Bedeutung (Fn. 2), S. 366.

3. „Kirchlicher Konstitutionalismus"?

und von der Synodalverfassung „als Erinnerung an das verheißene Repräsentativsystem"[280] gesprochen oder ein Junktim zwischen kirchlichem und politischem Konstitutionalismus hergestellt[281]. Und schließlich ist gewiß kein Zufall, daß das Scheitern synodaler Bestrebungen in den 1820er Jahren parallel läuft zur politischen Reaktion und Restauration, insbesondere zum Ausbleiben der versprochenen Verfassung in Preußen[282]. Kurz: „Die synodale Verfassungsidee stellte eine Analogie zur politischen Verfassung dar, und das beeinflußte dann auch ihr Schicksal."[283]

Freilich bedeutet das nicht, daß in der staats- und kirchenrechtlichen Literatur Ende des 19. und zu Beginn des 20. Jahrhunderts absolute Einigkeit in der Frage geherrscht hätte, ob in den Synoden ein Gegenstück zur politischen Volksvertretung zu sehen ist[284]. Abgelehnt wird dies zumeist mit dem Argument, daß die Synode gerade zur Mitverwaltung an der Kirche bestimmt,

---

[280] *von Hase,* Kirchengeschichte (Fn. 108), S. 592. Deutlich auch *Mehlhausen,* Kirche (Fn. 82), S. 161: „Die Synodalverfassung war das erklärte Kirchenverfassungsideal der Liberalen in Theologie und Kirche."

[281] Siehe *Geck,* Synoden (Fn. 179), S. 131. – Auch für *Schlaich,* Kollegialtheorie (Fn. 69), S. 219 sind die Synoden des 19. Jahrhunderts „mehr oder weniger ein Produkt des politischen Konstitutionalismus"; ähnlich ebd., S. 267: „Übernahme des politischen Modells der Parlamente in den kirchlichen Bereich".

[282] Siehe oben S. 45 ff.

[283] *Nipperdey,* Geschichte (Fn. 1), S. 433; ebd., S. 436 (mit Blick auf die 1860er Jahre): „Der politische Verfassungskompromiß zwischen monarchischem Staat und liberalem Bürgertum greift auch auf die Kirche über." Zum Zusammenhang von politischem und kirchenpolitischem Liberalismus in der „Neuen Ära" auch *Wehler,* Gesellschaftsgeschichte, Bd. 3 (Fn. 149), S. 1173.

[284] Breiter Überblick über die verschiedenen Stimmen bei *Bredt,* Kirchenrecht, Bd. 1 (Fn. 113), S. 353 ff. – Für eine solche Analogie sprechen sich seiner Aufstellung gemäß etwa Zorn, Rieker, Schoen und Kleinert aus, dagegen Schulze, Hinschius, Stutz und Kaftan. Bredt selbst geht den Weg, in den entscheidenden kirchenverfassungsrechtlichen Bestimmungen Parallelen oder Entsprechungen aufzusuchen. Das muß hier nicht im Detail rekapituliert werden.

also nicht auf die Funktion eines kontrollierenden und korrigierenden Gegenparts des landesherrlichen Kirchenregiments beschränkt sei. Hier ließe sich einwenden, daß ein solches Mit- und Zusammenwirken auch im politischen Konstitutionalismus ein tragender Zug war, weil etwa in Freiheit und Eigentum der Bürger eingreifende Gesetze nur bei übereinstimmendem Beschluß von König und beiden Kammern zustande kamen[285]. Und in der württembergischen Landessynodalordnung von 1867 wird eine solche Rollenverteilung in § 1 Abs. 1 im Grunde deutlich zum Ausdruck gebracht, wenn es dort heißt: „Die Landes-Synode ist zu Vertretung der Genossen der evangelischen Landeskirche, gegenüber von dem landesherrlichen Kirchenregiment bestimmt."[286] Hier bildeten die in der Landessynode versammelten Kirchengenossen „im konstitutionellen Sinn ein Gegenüber zum Kirchenregiment"[287]. Doch ganz unabhängig davon ist natürlich richtig, daß es durchaus gravierende Differenzen zwischen den Kammern im konstitutionellen System und den Synoden gab, wenn man nur an die unterschiedlichen Sitzungsfrequenzen oder den Abgeordnetenstatus denkt.

Allerdings geht es hier um strukturelle Parallelität, nicht um Identität. Und diese Parallele betrifft vor allem *einen* zentralen Punkt: Im einen wie im anderen Fall ist der vormals in seinen Kompetenzen unbeschränkte Landesherr nun an Mitwirkungs- und Gestaltungsrechte eines anderen Organs gebunden – hier der Kammern, dort der Synoden. Weitere Parallelen treten hinzu, etwa die Zusammensetzung der Provinzialsynoden in Preußen nach dem Gesetz von 1873[288]. Wenn es hier neben den gewählten und geborenen Mitgliedern im Unterschied zur

---

[285] Siehe die Preußische Verfassung von 1850, Art. 62: „Die gesetzgebende Gewalt wird gemeinschaftlich durch den König und durch zwei Kammern ausgeübt. Die Uebereinstimmung des Königs und beider Kammern ist zu jedem Gesetze erforderlich."
[286] Vgl. Dokumentenanhang unter II. 6, S. 226 ff.
[287] *Mehlhausen,* Kirche (Fn. 82), S. 173.
[288] Vgl. Dokumentenanhang unter I. 10, S. 177 ff.

3. „Kirchlicher Konstitutionalismus"?

rheinisch-westfälischen Synode von 1835 auch solche gab, die eigens vom König als Summepiscopus ernannt wurden, dann liegt die Parallele zur entsprechenden Kompetenz bei der Zusammensetzung des Herrenhauses, die sich der König in der revidierten preußischen Verfassung von 1850 erstritten hatte, auf der Hand[289].

So können wir als also mit Otto Hintze resümieren, daß es sich um „keine bloß zufällige Analogie"[290] handelte. Und eingedenk der genannten Präzisierungen (verfassungshistorische Strukturparallele mit Blick auf das 19. Jahrhundert) behält das Urteil Ernst Rudolf Hubers seine volle Gültigkeit: „Der *summus episcopus* hatte in Preußen seitdem [scil. seit 1888, H.D.] nur noch eine repräsentative Funktion, die der des Staatsoberhaupts der konstitutionellen Monarchien in etwa vergleichbar war. Diese Analogie wurde dadurch verstärkt, daß seit der großen preußischen Kirchenreform von 1873 neben den das Kirchenregiment ausübenden Oberkirchenrat in der Generalsynode ein gesetzgebendes und kontrollierendes Kirchenorgan trat, das, was auch immer man theologisch gegen solche Analogien einwenden mag, kirchenpolitisch die Funktion eines Kirchenparlaments erfüllte."[291]

---

[289] Ausführlich dazu *Bredt*, Kirchenrecht, Bd. 1 (Fn. 113), S. 360 ff. – Eine weitere, hier nicht näher zu verfolgende Parallele besteht in der Idee kommunaler Selbstverwaltung; vgl. *Bredt*, ebd., S. 365 ff.; *Holstein*, Grundlagen (Fn. 159), S. 153 f. (153: „Analogie des Selbstverwaltungsgedankens"), 164.

[290] *Hintze*, Epochen (Fn. 64), S. 95: „Es ist auf kirchlichem Gebiet ähnlich gegangen wie auf dem politischen Gebiet mit der Stellung der Krone zum Parlament. Und ich halte das für keine zufällige Analogie." Auch *Schlaich*, Kirchenrechtsquellen (Fn. 132), S. 324 nennt die Synoden kirchliche Selbstverwaltungsorgane, „die in Parallele zu den zeitgenössischen Volksvertretungen, also nach weltlichem Vorbild, am Erlaß der Kirchengesetze mitwirken."

[291] *Huber* IV, S. 844. Ähnlich *Dietrich Pirson*, Art. Synode, in: HRG V, Sp. 101–106 (103 f.): „Das für die Verfassungslage im konstitutionellen Staat typische Verhältnis von Regierung und Volksvertretung fand in

Fazit: „Kirchlicher Konstitutionalismus" ist ein prägnanter und keineswegs in die Irre führender Begriff zur Beschreibung der inneren Verfassung der evangelischen Landeskirchen im späten 19. und beginnenden 20. Jahrhundert[292]. Dann aber brachte die Novemberrevolution 1918 nicht nur das Ende des konstitutionellen Systems, sondern als zwingende Folge auch das des landesherrlichen Kirchenregiments. Neue Ordnungen mußten gefunden werden.

---

der Kirchenverfassung eine Entsprechung, indem nunmehr den vom Staat eingesetzten Konsistorien Synoden gegenübergestellt wurden […]".

[292] Siehe *Landau*, Art. Kirchenverfassungen (Fn. 46), S. 151, der von einer Mischverfassung spricht, „die Elemente des Verfassungsrechts der konstitutionellen Monarchie auf die Kirchenverfassung übertrug, aber doch auch eigenständige Abweichungen vom weltlichen Modell enthielt, die man theologisch zu rechtfertigen suchte. Das so entstandene Verfassungssystem wird als *kirchlicher* Konstitutionalismus bezeichnet."

III. Der staatskirchenrechtliche Umbruch 1918/19

1. Der lange Weg zur Trennung von Staat und Kirche

Die Rekapitulation der historischen Vorgänge hat gezeigt, daß der Entwicklungsprozeß der evangelischen Kirchen im 19. Jahrhundert ein durchaus langwieriger und auch von manchen Rückschlägen und neuen Anläufen geprägter war. Er zeichnet sich allerdings insgesamt durch einen sehr klaren und eindeutigen Richtungssinn aus. Im großen und ganzen, so hat es Axel Freiherr von Campenhausen kompakt zusammengefaßt, ist „die Geschichte des 19. Jahrhunderts [...] für die evangelische Kirche die Geschichte der fortschreitenden Verselbständigung."[293] Das führt zwangsläufig zur Frage nach Relevanz und Gewicht der mit der Revolution von 1918 und deren staatskirchenrechtlichen Folgen eingetretenen Veränderungen. Wenn, wie gesehen, die Prozesse der Verselbständigung der Kirchenverwaltung und der Mitsprache von Synoden in den Vorkriegsjahrzehnten schon so weit fortgeschritten waren, mutet dann der Umbruch von 1918/19 jedenfalls staatskirchenrechtlich vielleicht weniger als gewaltige revolutionäre Neuerung an, sondern eher als das mehr oder minder zwangsläufige Ende eines einmal eingeschlagenen Weges, sozusagen als der erwartbare und absehbare Schlußpunkt einer determinierten Verlaufskurve? In gewisser Weise war ja der „Kern eigener kirchlicher Verfassungsstrukturen"[294] bereits

---

[293] *v. Campenhausen,* Staatskirchenrecht (Fn. 43), S. 35.
[294] *Heinrich de Wall,* Art. Kirchenregiment, landesherrliches, in: Axel Frhr. von Campenhausen/Ilona Riedel-Spangenberger/Reinhold Sebott (Hrsg.), Lexikon für Kirchen- und Staatskirchenrecht, Bd. 3, Paderborn u. a. 2004, Sp. 511–514 (512).

ausgebildet. Die aufgrund der Revolution und der Weimarer Reichsverfassung vollzogene Trennung mag da rückblickend als gleichsam natürliche Konsequenz erscheinen[295], zumal sie auch als Ausdruck tieferliegender und längerfristiger geistiger Entfremdungsphänomene begriffen werden kann.

So hat denn auch kein Geringerer als Martin Heckel mit der ihm eigenen Formulierungskraft davon gesprochen, daß „die Trennung von Staat und Kirche in einem tiefen, geistigen Sinn trotz aller äußeren Verklammerung ein Leitmotiv des deutschen Staatskirchenrechts im 19. Jahrhundert gewesen" sei, daß dieser „tiefere Prozeß des geistigen Auseinanderlebens […] durch die äußere organisatorische Gestalt der Kirchenhoheit etwas fassadenhaft verdeckt" worden war und sich deshalb 1918/19 „die äußere Trennung gleichsam als reife Frucht eines Jahrhunderts vom Baume der Geschichte" gelöst habe[296]. Das mag so sein, und das mag sich besonders im wissenden historischen Rückblick, der die weitere Entwicklung kennt, als nachgerade zwingend ausnehmen. Auch dürfte zutreffen, daß die geschilderten Entwicklungsprozesse und Veränderungen seit der Mitte des 19. Jahrhunderts den Umbildungsprozeß nach 1918 deutlich erleichterten[297].

---

[295] So wie vor dem Ersten Weltkrieg auch kirchlichen Kreisen der Gedanke einer sich langfristig mit geradezu historischer Notwendigkeit ergebenden Trennung von Staat und Kirche nicht fremd war; vgl. *Claus Motschmann*, Evangelische Kirche und preußischer Staat in den Anfängen der Weimarer Republik, Lübeck–Hamburg 1969, S. 35 f.

[296] *Heckel*, Entwicklung (Fn. 93), S. 31.

[297] Siehe etwa *Benn*, Entwicklungsstufen (Fn. 126), S. 19: der Fortfall des landesherrlichen Kirchenregiments sei „rechtlich nur noch als ein innerkirchlicher Vorgang verstanden" worden: „Zugleich erwies sich dabei die im 19. Jahrhundert gewonnene kirchliche Verfassungsform auch ohne den Summepiskopat als tragfähig genug, um die notwendige Neuordnung durchzuführen." Ähnlich *v. Campenhausen*, Staatskirchenrecht (Fn. 43), S. 36, wonach es den Verselbständigungstendenzen des 19. Jahrhunderts zu verdanken sei, „daß der Wegfall des landesherrlichen Kirchenregiments im Jahre 1918 keine bedeutenden Veränderungen in der evangelischen Kirche zur Folge hatte."

1. Der lange Weg zur Trennung von Staat und Kirche 77

Freilich sollte man das Ausmaß und die Tiefenwirkung der organisatorischen Verselbständigungsmaßnahmen und synodalen Gestaltungsformen auch nicht überschätzen. Heckel selbst hat an anderer Stelle betont, daß man in der gesamten konstitutionellen Epoche von einer klaren Trennung zwischen Staat und Kirche noch weit entfernt war: „Eine Trennung von Staat und evangelischer Kirche nach liberalem Maße tritt in keinem deutschen Lande ein."[298] Der Weg war also nicht nur lang, sondern das Ende war am Vorabend der Revolution bei weitem noch nicht erreicht, ja kaum in Sichtweite. Zum einen blieb der Landesherr unverändert das Oberhaupt der evangelischen Kirche. Das hatte hohe symbolische Bedeutung, umfaßte aber durchaus auch wichtige Kompetenzen. Er war es, der die Gesetze (die staatlichen wie die innerkirchlichen) „sanktionierte" und des weiteren für deren Verkündung und Vollziehung zuständig war[299]. Er konnte die Synoden schließen und vertagen. Auch blieben die Mitglieder der kirchlichen Behörden im weiten Umfange Staatsbeamte oder waren diesen praktisch gleichgestellt, so daß der staatsanstaltlich-obrigkeitliche Grundzug des Protestantismus weiterhin das Bild bestimmte. Vor allem aber ist die langfristige Grundprägung in Rechnung zu stellen, die aus der mehrhundertjährigen gemeinsamen Geschichte resultierte und zu einer festen und tiefen Verbindung von evangelischer Landeskirche und monarchischem Staatsoberhaupt führte: es war ein „symbiotisches Nahverhältnis"[300] mit dem Effekt wechselseitiger Stützung und Festigung. Ihrer ganzen Denktradition und ihrem Selbstbild gemäß blieb die evangelische Kirche so auf das engste mit dem Königtum

---

[298] *Heckel*, Entwicklung (Fn. 93), S. 31; so auch *Giese,* System (Fn. 19), S. 19: „Nirgends war die Verselbständigung der Kirche bis zum Trennungsprinzip [...] gediehen."
[299] *Schlaich*, Kirchenrechtsquellen (Fn. 132), S. 324.
[300] *Norbert Haag,* Die Folgen des Krieges. Zur Frage von Kontinuität und Wandel lutherischer Frömmigkeit in der Weimarer Republik am Beispiel Württembergs, in: BWKG 108/109 (2008/2009), S. 35–50 (36).

78   *III. Der staatskirchenrechtliche Umbruch 1918/19*

verbunden. Das Bündnis von Thron und Altar bezeichnete eben nicht nur ein institutionelles, sondern gewiß auch ein die allgemeine „Sozialmentalität"[301] betreffendes Verhältnis, dem „eine tiefe, emotionale Bindung der konservativen Mehrheit der deutschen Protestanten an die Monarchie"[302] zugrundelag. Diese innige Verbindung bringen die – immer wieder und vielleicht bis zum Überdruß zitierten, aber dennoch in gewisser Weise repräsentativen – Worte des Königlichen Hof- und Dompredigers Bruno Doehring aus einer Predigt zum Ausdruck, die er am 27. Oktober 1918, also weniger als zwei Wochen vor der Revolution, in Berlin gehalten hatte: „Das Königtum in Preußen ist uns Evangelischen tausendmal mehr als eine politische Frage, es ist uns Glaubensfrage."[303]

So kam das Ende des landesherrlichen Kirchenregiments im Grunde weniger als lange absehbares Ergebnis eines prädeterminierten Entwicklungsprozesses („reife Frucht"), sondern in Gestalt eines disruptiven Ereignisses.

2. Das jähe Ende des landesherrlichen Kirchenregiments und die neue Ordnung

Für die Zeitgenossen jedenfalls nahm das landesherrliche Kirchenregiment letztlich ein genauso jähes und unverhofftes Ende wie die Monarchien überhaupt[304]. Die Novemberrevolution

---

[301] *Wehler,* Gesellschaftsgeschichte, Bd. 3 (Fn. 149), S. 1171 (dort bezogen auf den reichsdeutschen Nationalprotestantismus).

[302] *Wallmann,* Kirchengeschichte (Fn. 34), S. 262. – Zwar nur anekdotisch, aber doch bezeichnend *Lehmann,* Kirche (Fn. 198), S. 51: „Bis zu seinem Tod im Jahre 1928 konnte mein Großvater es nicht verwinden, dass auch der von ihm geliebte württembergische König im November 1918 abdanken musste."

[303] *Bruno Doehring,* Getreu bis an den Tod. Gedanken zur Gegenwart auf Grund von Offb. Joh. 2, 10, Berlin 1918, S. 16.

[304] Zu der letztlich ganz unangefochten Annahme, daß (auch) der deutsche Protestantismus von der Novemberrevolution überrascht

2. Das jähe Ende des landesherrlichen Kirchenregiments 79

brach plötzlich und unerwartet über alle Beteiligten herein. Zur Illustration des Geschehens griff man nicht von ungefähr zu Metaphern wie „Erdbeben", „Entwurzelung", wegbrechende „Fundamente"[305] oder „Erschütterung" und „Schock"[306]. Als besonders elementar erwies sich diese Zäsur, die man als „Zeitenwende"[307] erlebte, für die evangelische Kirche. Hier war „gleichsam über Nacht die tragende Mauer des ganzen Gebäudes eingestürzt."[308] Ungeachtet aller Verselbständigungstendenzen der vorangegangenen Jahrzehnte wurde mit dem landesherrlichen Kirchenregiment „das Institut [...] beseitigt, welches den evangelischen Kirchen Schutz und Schirm gewährt hatte. Das ‚Bündnis von Thron und Altar' war dahin."[309] Ulrich Scheuner hat ganz ähnlich davon gesprochen, daß mit der Auflösung des landesherrlichen Kirchenregiments „ein Institut dahinsank, das durch Jahrhunderte den evangelischen Landeskirchen Schutz und Schirm und einen festen Rechtsboden gegeben hatte."[310] Ganz ohne Zweifel war das ein Ereignis von epochaler und „tief einschneidender Bedeutung"[311]. Verloren ging, so der Staatsrechtler Giese, die „in Deutschland durch ständiges Herkommen fest eingewurzelte Union zwischen Kirchenhaupt und Staatshaupt"; die „mit dem Staat eng verbundenen evangelischen Kir-

---

wurde, bietet einiges an Quellenmaterial *Gottfried Mehnert*, Evangelische Kirche und Politik 1917–1919, Düsseldorf 1959, S. 93 ff., 98.

[305] Aus der Überfülle der Belege nur *Jacke*, Kirche (Fn. 1), S. 44 (mit Nachweisen in Fn. 23), 151 (mit Nachweisen in Fn. 1 ff.).

[306] *Günter Wollstein*, Evangelische Kirche und Weimarer Republik. Erschütterung – Besinnung – Deformation, in: Richard Ziegert (Hrsg.), Die Kirchen und die Weimarer Republik, Neukirchen-Vluyn 1994, S. 7–22 (7, 15).

[307] *Heinig*, Prekäre Ordnungen (Fn. 34), S. 34.

[308] So zeitgenössisch *Schwarzlose*, Neugestaltung (Fn. 58), S. 79.

[309] *v. Campenhausen*, Staatskirchenrecht (Fn. 43), S. 37.

[310] *Scheuner*, Kirche und Staat (Fn. 267), S. 140.

[311] *Giese*, System (Fn. 19), S. 20. Siehe auch *Kurt Nowak*, Evangelische Kirche und Weimarer Republik (1981), 2. unveränd. Aufl., Göttingen 1988, S. 38: „Traditionsbruch".

chen [...] verloren mit dem Fortfall der deutschen Landesfürsten das persönliche Kirchenhaupt, ihren mit dem monarchischen Staatshaupt personaliter unierten summus episcopus. Für sie mußte der Wechsel der Staatsform von der Monarchie zur Republik ein Ereignis von kirchenverfassungsrechtlich tief einschneidender Bedeutung bilden."[312] Der Kirchenrechtler Hans Liermann hob dabei vor allem den Umstand hervor, daß es sich um keine gewollte oder gar herbeigesehnte, sondern aufgezwungene Veränderung handelte: „Die Revolution im Staate revolutionierte im Jahre 1918 auch die evangelische Kirche. Jedoch war es *keine Revolution von innen heraus*. Die Staatsumwälzung wirkte vielmehr von außen, allerdings auf das intensivste, auf die Kirche ein. Sie nahm ihr den Landesherrn als obersten Bischof, einen Grundpfeiler ihres Verfassungsbaues, der ihn seit dem 16. Jahrhundert getragen hatte. Daher hing fast überall in den deutschen Landen die gesamte evangelische Kirchenverfassung seit dem Sturze der Monarchie tatsächlich in der Luft."[313] Ein halbes Jahrhundert später resümiert ein Historiker ganz ähnlich: „Denn mit dem Sturz der Dynastien war auch das landesherrliche Kirchenregiment weggefallen, das nahezu vier Jahrhunderte lang die Grundlage des Staatskirchentums gebildet hatte. [...] [Es] verlor der Protestantismus mit dem Wegfall des Summepiskopats die entscheidende institutionelle Stütze, welche den Fortbestand der konsistorial-bürokratischen Kirchenverfassung verbürgt und [...] die verwaltungsmäßige Einheit der Landeskirche gesichert hatte. [...] Die Abdankung des Monarchen hatte all den Kirchenbehörden, Einrichtungen und Amtsträgern gleichsam den Boden entzogen, welche ihre rechtlichen Befugnisse und ihre Führungsautorität nur aus der Ernennung durch den früheren Summus Episcopus ableiten konnten."[314] Hans-Ulrich Wehlers große Gesellschaftsgeschichte steht all diesen Einschätzungen nicht nach, wenn es dort für die

---

[312] Beide Zitate: *Giese*, System (Fn. 19), S. 20.

[313] *Liermann*, Kirchenrecht (Fn. 201), S. 176.

[314] *Jacke*, Kirche (Fn. 1), S. 151.

2. Das jähe Ende des landesherrlichen Kirchenregiments 81

Weimarer Phase unter der Überschrift „Der Protestantismus zwischen nostalgischem Monarchismus und völkischem Nationalismus" einleitend heißt: „Der deutsche Protestantismus sah sich 1918/19 mit einer bis dahin schlechterdings unvorstellbaren Zäsur konfrontiert."[315]

Entsprechend dramatisch, ja teilweise tumultuarisch gestalteten sich die konkreten historischen Ereignisse in jenen wild bewegten Monaten seit der Novemberrevolution auch im Verhältnis von Staat und Kirche und gerade bei der Bewältigung des plötzlichen Fortfalls des landesherrlichen Kirchenregiments[316]. Das gilt jedenfalls für diejenigen Länder, in denen man für eine Übergangszeit Formen eines „republikanischen Staatskirchentums"[317] zu institutionalisieren suchte, allen voran Preußen (dazu sogleich unter a). In Württemberg ging es hingegen absolut geordnet zu (b).

Dabei soll und kann es im folgenden nicht um die Frage gehen, ob die zu schildernden Maßnahmen, die zumeist vor Erlaß der Weimarer Reichsverfassung im August 1919 (die dann ein gültiges Rechtsregime für Reich und Länder etablierte) ergingen, rechtmäßig waren oder nicht – und woher ein solcher Rechtsmaßstab eigentlich zu nehmen wäre. Es mag durchaus sein, daß nach kirchlichem Selbstverständnis wie auch gemäß (damals

---

[315] *Hans-Ulrich Wehler*, Deutsche Gesellschaftsgeschichte, Bd. 4: Vom Beginn des Ersten Weltkriegs bis zur Gründung der beiden deutschen Staaten 1914–1949, München 2003, S. 436.

[316] Geraffter Überblick bei *Liermann*, Kirchenrecht (Fn. 201), S. 177 ff.

[317] *Link*, Kirchliche Rechtsgeschichte (Fn. 19), § 26 Rn. 2; begriffsprägend war wohl *Liermann*, Kirchenrecht (Fn. 201), S. 178. – Freilich ist das kein Widerspruch in sich, wie die Ausgestaltung des Kirchenregiments in den Stadtstaaten Hamburg, Bremen und Lübeck (dazu eingehend *Rieker*, Stellung [Fn. 37]), S. 442 ff. [Hamburg], 446 ff. [Bremen], 449 ff. [Lübeck]) zeigt, wo es zwar – begrifflich zwingend – kein landesherrliches, wohl aber ein senatorisches Kirchenregiment gab. Monarchische Strukturen sind also nicht unbedingt vorausgesetzt, ein Landeskirchentum ist auch in republikanischen Stadtstaaten möglich (nachdrücklich *Giese*, System [Fn. 19], S. 19, 21).

vorherrschender) staatskirchenrechtlicher Ansicht das Kirchenregiment nach dem Fortfall des *summus episcopus* nur der Kirche selbst anheimgefallen sein könnte und diese allein die Neuordnung durch einen autonomen Akt zu besorgen hatte, weil die Organisation der Kirche, insbesondere die Ausgestaltung „des Kirchenregiments als der höchsten kirchlichen Leitungsgewalt", unstreitig zu den innerkirchlichen Angelegenheiten zählte[318]. Aber zum einen ist es ganz generell nicht die Aufgabe rechtshistorischer Betrachtung, im nachhinein streitige Rechtsfragen der Vergangenheit einer „richtigen" Entscheidung zuzuführen[319]. Zum anderen ist für unseren Fall zu bedenken, daß vielleicht gerade wegen des revolutionären Umsturzes die alten Grundsätze nicht einfach fortgeführt werden konnten, sondern stattdessen – für eine Übergangszeit – ganz andere Lösungen gefunden werden mußten. In diese Richtung ging die Argumentation derjenigen, die insbesondere die in Preußen ergriffenen Regierungsmaßnahmen unterstützten oder jedenfalls nicht für unrechtmäßig hielten, unter ihnen Juristen und Theologen[320]. Im folgenden geht

---

[318] Stark unterstrichen von *Huber* V, S. 874 ff., insb. 875; dort auch das im Text folgende Zitat. Hubers Schilderungen der Vorkommnisse wimmeln nur so von rechtlichen Bewertungen und entsprechenden „Urteilen". Eine kleine Auswahl (das folgende S. 877): „Dieser staatliche Eingriff in die innerkirchlichen Angelegenheiten war sowohl mit dem überlieferten Staatskirchenrecht als auch mit dem von der Regierung proklamierten Trennungsgrundsatz schlechthin unvereinbar"; Minister „gerierten sich damit als Inhaber von Amtsbefugnissen des *summus episcopus*"; „Einmischung in die Befugnisse der Kirchenleitung"; „usurpierte Machtstellung"; „Übergriff, der der Maxime der ‚Trennung von Staat und Kirche' gröblich widersprach"; „unvereinbar mit dem allgemeinen Grundsatz des überlieferten Staatskirchenrechts". S. 878: „Akt außerhalb jeder Staatsmacht"; „nach staatlichem wie nach kirchlichem Recht nichtig"; „krasser Anachronismus". – Weniger dezidiert, aber in der Tendenz ähnlich: *Link*, Kirchliche Rechtsgeschichte (Fn. 19), § 26 Rn. 2.
[319] *Willoweit/Schlinker*, Verfassungsgeschichte (Fn. 45), § 1 Rn. 6.
[320] Nachweise bei *Adelheid Bullinger*, Das Ende des Landesherrlichen Kirchenregiments und die Neugestaltung der evangelischen Kirche, in: ZevKR 19 (1974), S. 73–105 (75 ff.); *Jacke,* Kirche (Fn. 1), S. 172,

2. Das jähe Ende des landesherrlichen Kirchenregiments 83

es also im wesentlichen um die Darstellung der Vorgänge unter Verzicht auf deren rechtliche Bewertung.

a) Revolutionäre Turbulenzen in Preußen

Beginnen wir mit den eher turbulenten Übergängen. In einigen Ländern kam es zu „revolutionäre(n) Ersatzformen für das landesherrliche Kirchenregiment"[321] mit entsprechend massiven Konflikten zwischen Staat und Kirche[322]. Als prototypisch können die Vorgänge in Preußen gelten[323]. Wie überall, so bestand auch hier die zentrale Frage darin, wie das durch den Fortfall des Landesherrn als Oberhaupt der evangelischen Landeskirche entstandene Vakuum zu füllen war. Denn nach der alten Rechtslage lag das Kirchenregiment allein in seiner Hand und war demgemäß nur er befugt, eine Generalsynode einzuberufen[324]. Wie den Gra-

---

175 ff.; siehe auch *Dietrich Kuessner*, Der schwierige Übergang von der Monarchie zur Republik in der Braunschweigischen Landeskirche, in: Blätter für württembergische Kirchengeschichte (BWKG) 108/109 (2008/09), S. 241–247 (242 f.). – Es gab eben mehr als nur die eine (Rechts-)Position, die Huber energisch vertritt.

[321] *Huber* V, S. 874.

[322] Die folgende Darstellung konzentriert sich auf zunächst auf Preußen; zu Braunschweig und Bremen siehe die wenigen ergänzenden Hinweise unten S. 101 f. Zu weiteren Ländern knapp *Huber* V, S. 877 ff.; Dokumente bei Huber/Huber IV, S. 47 ff. (Württemberg, Baden, Hessen, Oldenburg, Sachsen-Altenburg, Anhalt und Lübeck).

[323] Hier und im folgenden beschränken wir uns auf die mit Abstand größte Kirche der altpreußischen Union. Zum Übergang in den neuen preußischen Provinzen (Hannover, Schleswig-Holstein, Hessen) vgl. *J[ohannes] Schneider*, Kirchliche Zeitlage, in: Kirchliches Jahrbuch 47 (1920), S. 302–420 (371 ff.); *Johann Victor Bredt*, Neues evangelisches Kirchenrecht für Preußen, Bd. 2: Die Rechtslage nach 1918, Berlin 1922, S. 50 ff.

[324] Da es den Landesherrn als obersten Bischof nicht mehr gab, hatten in einigen Ländern die Kirchen das Heft des Handelns selbst in die Hand genommen. Das Oberkonsistorium in Hessen erklärte etwa ohne Widerspruch von staatlicher Seite, „daß es die summepiscopalen Rechte einstweilen bis zur endgültigen Regelung im Einvernehmen mit dem Sy-

ben überspringen? Zwar stellten sich die preußischen Kirchenbehörden auf den Standpunkt, daß das landesherrliche Kirchenregiment durch die Revolution erloschen sei und, da es bereits vordem von den staatlichen Hoheitsrechten getrennt gewesen war, nunmehr der Kirche zufallen müsse, konkret: dem Oberkirchenrat und dem General-Synodalvorstand[325]. „Sie wagten jedoch nicht, das Kirchenregiment durch eine kirchliche Notmaßnahme in die eigene Hand zu nehmen"[326] – wie das in anderen Ländern, etwa in Hessen, durchaus praktiziert worden war[327].

aa) Pastor Wessel und Adolph Hoffmann

In die entstandene Lücke stieß die Politik, genauer gesagt: die neue republikanische Regierungsgewalt[328]. In Preußen war am

---

nodalausschuß wahrnehmen werde" (*Liermann,* Kirchenrecht [Fn. 201], S. 179). Siehe auch den Hinweis bei *Link,* Staat und Kirche (Fn. 19), S. 101; hier war der Übergang der kirchenregimentlichen Befugnisse auf die Kirchenleitungen oder Synoden also kraft autonomer Entscheidung der Kirchen erfolgt. In Preußen aber zögerte die Kirchenführung.

[325] Siehe *Bredt,* Kirchenrecht, Bd. 2 (Fn. 323), S. 22 f.; *Jacke,* Kirche (Fn. 1), S. 159, 171 ff.; *Jonathan R. C. Wright,* Ernst Troeltsch als parlamentarischer Unterstaatssekretär im preußischen Ministerium für Wissenschaft, Kunst und Volksbildung. Seine kirchenpolitische Auseinandersetzung mit den Beamten, in: Troeltsch-Studien, Bd. 3: Protestantismus und Neuzeit, hrsgg. von Horst Renz und Friedrich Wilhelm Graf, Gütersloh 1984, S. 175–203 (187). – Als zeitgenössische Stimme siehe noch *Schwarzlose,* Neugestaltung (Fn. 58), S. 80 ff.

[326] *Huber* V, S. 876. Siehe auch *Jacke,* Kirche (Fn. 1), S. 177 mit Anm. 161 (S. 397 f.).

[327] Siehe Fn. 324. *Bredt,* Kirchenrecht, Bd. 2 (Fn. 323), S. 26 berichtet von der kleinen reformierten Landeskirche in Lippe, daß man dort einen aus Mitgliedern des Konsistoriums und des Landes-Synodalvorstandes bestehenden „Landeskirchenrat" eingesetzt und diesem das Kirchenregiment übertragen habe, der vom später zusammengetretenen Landtag dann auch anerkannt worden sei.

[328] Zum folgenden näher *Bredt,* Kirchenrecht, Bd. 2 (Fn. 323), S. 15 ff.; *Mehnert,* Evangelische Kirche (Fn. 304), S. 109 ff.; *Jacke,* Kirche (Fn. 1), S. 59 ff.

2. Das jähe Ende des landesherrlichen Kirchenregiments 85

12. November 1918 durch den Vollzugsrat der Berliner Arbeiter- und Soldatenräte die vorläufige preußische Regierung eingesetzt worden, die paritätisch aus Mitgliedern von SPD und USPD bestand; jedem Ministerium standen also zwei Minister vor. Im Falle des früheren Kultusministeriums, das jetzt Ministerium für Wissenschaft, Kunst und Volksbildung hieß, waren das Konrad Haenisch (SPD) und Adolph Hoffmann (USPD). Eine der einschlägigen Maßnahmen des neuen Ministeriums bestand darin, einen „Regierungsvertreter für die evangelischen kirchlichen Behörden" in Preußen zu bestimmen[329]. Es handelte sich dabei um den Pfarrer Dr. Ludwig Wessel (Vater von Horst Wessel) aus Berlin, den man zugleich zum nebenamtlichen Mitglied des Evangelischen Oberkirchenrates ernannte. Zu dessen umfangreichen Befugnissen sollten gemäß dem ministerialen Schreiben gehören: Gegenzeichnung sämtlicher Beschlüsse des Evangelischen Oberkirchenrats, die erst dadurch Gültigkeit erlangen; die Teilnahme an allen Sitzungen der obersten Kirchenbehörden sowie die Übernahme des Vorsitzes in diesen Sitzungen, wenn sie ihm im Regierungsinteresse geboten erschien; schließlich das Recht, jederzeit mit den Mitgliedern der Kirchenbehörden Rücksprache zu halten und Besprechungen durchzuführen. Mit dieser Übertragung innerkirchlicher Funktionen gerierte sich das von Haenisch und Hoffmann geleitete Kultusministerium faktisch „als Inhaber von Amtsbefugnissen des *summus episcopus*"[330] – eine beinahe grotesk anmutende, auf jeden Fall aber höchst bemerkenswerte Konstellation[331], wenn man bedenkt, daß die sozialistische Linke seit jeher für eine

---

[329] Schreiben des Ministeriums an den EOK v. 5. Dezember 1918, abgedruckt bei Huber/Huber IV, Nr. 26 (S. 43). Siehe dazu und den Protesten dagegen etwa *Motschmann*, Evangelische Kirche (Fn. 295), S. 30 ff.
[330] *Huber* V, S. 877.
[331] Als „Stück aus dem Tollhaus" charakterisiert von *Karl-Heinrich Lütcke*, Neuanfang nach 1918 in Preußen. Konflikte und Entwicklungen, in: BWKG 108/109 (2008/2009), S. 249–264 (256).

Trennung von Staat und Kirche eingetreten war. Doch erwies sich dieser Schritt angesichts heftigen Protestes aus Kirchenkreisen als praktisch nicht realisierbar. Rasch war „der Spuk zu Ende"[332]. Wessel bat am 11. Januar 1919 um Entbindung von seinen Aufgaben[333]. Minister Haenisch entsprach der Bitte[334], so daß der „Fall Pastor Wessel" letztlich eine fast schon tragikomisch anmutende Episode blieb[335].

Von den beiden Kultusministern war besonders umstritten Adolf Hoffmann von der USPD, Autor der vor dem Ersten Weltkrieg in zahlreichen Auflagen verbreiteten kirchenkritischen Schrift „Die zehn Gebote und die besitzende Klasse"[336]. Er verfolgte nun mit großem Eifer seine Agenda einer rigorosen Trennung von Staat und Kirche[337], die er ohne Zuwarten auf den Gesetzgeber auf dem Erlaß- und Verordnungswege ins Werk zu setzen trachtete[338]. Auf besonders heftigen und breiten

---

[332] *Lütcke*, Neuanfang (Fn. 331), S. 257.

[333] Abdruck des Schreibens bei Huber/Huber IV, Nr. 29 (S. 46 f.).

[334] Schreiben vom 13. Januar 1919, abgedruckt bei Huber/Huber IV, Nr. 30 (S. 47). Vgl. *Motschmann*, Evangelische Kirche (Fn. 295), S. 52.

[335] *Jacke*, Kirche (Fn. 1), S. 42: „Damit verschwand Wessel ebenso schnell von der kirchenpolitischen Bühne, wie er sie betreten hatte. In sein Amt als Mitglied des Oberkirchenrates war er nicht eingeführt worden, und von seinen weitreichenden Vollmachten hatte er keinen Gebrauch gemacht."

[336] Zuerst erschienen 1891. Er wurde daher auch der „Zehn-Gebote-Hoffmann" genannt.

[337] Hoffmann wurde und wird gern verketzert. Differenziert und instruktiv zu seinen Positionen hingegen *Jacke*, Kirche (Fn. 1), S. 44 ff.; *Kristian Klaus Kronhagel*, Religionsunterricht und Reformpädagogik, Münster u. a. 2004, S. 36 ff.

[338] *Susanne Miller*, Die Bürde der Macht. Die deutsche Sozialdemokratie 1918–1920, Düsseldorf 1978, S. 215 ff. – Hoffmanns Erlaß über die Aufhebung der geistlichen Ortsschulaufsicht vom 27. November 1918 wurde im Januar 1919 vom preußischen Ministerpräsidenten und im Februar 1919 nochmals von Minister Haenisch für nicht rechtswirksam erklärt, weil er ohne Zustimmung der Regierung ergangen war (Huber/Huber IV, Nr. 43 ff. [S. 61 f.]). Vgl. *Bredt*, Kirchenrecht, Bd. 2 (Fn. 323), S. 19.

2. Das jähe Ende des landesherrlichen Kirchenregiments 87

Widerstand stieß seine Absicht, den Kirchen ab dem 1. April 1919 sämtliche staatlichen Zuschüsse zu streichen[339]. Diese und andere teils realisierte, teils geplante Maßnahmen zur Trennung von Staat und Kirche lösten einen wahren Sturm der Entrüstung aus. Scharfe kirchliche Protestnoten richteten sich an die Öffentlichkeit wie an die Regierung. In von allen Kanzeln verlesenen Hirtenschreiben katholischer Bischöfe wurde die beabsichtigte Trennung von Kirche und Staat als „ein Frevel gegen Gott den Herrn" und „ein bitteres Unrecht gegen die Kirche und die Gläubigen" bezeichnet[340]. Auf protestantischer Seite gab es u. a. eine gemeinschaftliche Ansprache des Evangelischen Oberkirchenrats, des Generalsynodal-Vorstandes und der Vertrauensmänner der altpreußischen Landeskirche an die Gemeinden, in der „förmlich und feierlich Widerspruch gegen solche Maßnahmen" erhoben wurde[341].

Ungeachtet des Umstandes, daß insbesondere der „Erlaß über den Religionszwang in der Schule"[342] in den letzten Dezembertagen durch sog. Abmilderungserlasse modifiziert bzw. suspendiert worden war[343], „brach sich die Empörung evangelischer und katholischer Christen […] am frostklaren Neujahrstag 1919 in einer Protestdemonstration vor dem

---

[339] Hiergegen opponierte vor allem das eigene Haus in Gestalt der Geistlichen Abteilung des Ministeriums auf verschiedenen Wegen und mit unterschiedlichen Mitteln; siehe *Wright,* Troeltsch (Fn. 325), S. 182 ff.

[340] Huber/Huber IV, Nr. 15, 16 (S. 25 ff., 27 ff., Zitat: S. 28).

[341] Huber/Huber IV, Nr. 12 (S. 22 ff.).

[342] Vom 29. November 1918, abgedruckt bei Huber/Huber IV, Nr. 48 (S. 63 ff.). Besonders dieser Erlaß rief breiten Protest und Entrüstung hervor; vgl. die einzelnen Dokumente bei Huber/Huber IV, Nr. 49 ff. (S. 66 ff.). – Notabene: Dieser Erlaß trug zwar die Unterschrift von Konrad Haenisch, der aber vor allem dem starken Druck von Adolph Hoffmann nachgegeben hatte, wie Haenisch in einem Schreiben an diesen vom 31. Dezember 1918 beklagte (abgedruckt bei Huber/Huber IV, Nr. 54 [S. 70 ff.]).

[343] Es handelt sich um die beiden Abmilderungserlasse vom 18. und 28. Dezember 1918: Huber/Huber IV, Nr. 52, 53 (S. 69 f.).

Kultusministerium Bahn."³⁴⁴ Kurz darauf verließ Hoffmann die Regierung³⁴⁵. Auch wenn er im Laufe seiner kurzen Amtszeit (vom 12. November 1918 bis zum 3. Januar 1919) seine Ziele – sieht man von dem Gesetz über den erleichterten Kirchenaustritt ab³⁴⁶ – letztlich nicht durchzusetzen vermochte, so hatte er doch „in dieser entscheidenden Zeit so viel Porzellan zerschlagen, daß die Beziehungen der Kirche auch zur SPD und damit dem gesamten Weimarer Staat nachhaltig gestört blieben."³⁴⁷ Es hatten seine „grundstürzenden Pläne schon genügt, den schärfsten Widerspruch der katholischen Kirche, der evangelischen Landeskirchen und der allenthalben entstehenden volkskirchlichen Bünde zu wecken."³⁴⁸ Im Endeffekt stärkte er den Widerstand auch in solchen Kreisen, die bis dahin den Fragen von Staat und Kirche eher gleichgültig gegenüberstanden hatten³⁴⁹.

---

³⁴⁴ *Nowak,* Kirche (Fn. 311), S. 25.
³⁴⁵ Genau genommen trat er nach dem gescheiterten Spartakus-Aufstand zusammen mit allen anderen Regierungsmitgliedern der USPD aus der Regierung aus.
³⁴⁶ Preußisches Gesetz, betreffend die Erleichterung des Austritts aus der Kirche und aus den jüdischen Synagogengemeinden v. 13. Dezember 1918, abgedruckt in: Huber/Huber IV, Nr. 41 (S. 57 f.).
³⁴⁷ *Wolf-Dieter Hauschild*, Volkskirche und Demokratie. Evangelisches Kirchenverständnis und demokratisches Prinzip im 20. Jahrhundert, in: Dieter Oberndörfer/Karl Schmitt (Hrsg.), Kirche und Demokratie, Paderborn 1983, S. 33–49 (38); s. auch *Motschmann,* Evangelische Kirche (Fn. 295), S. 27 ff. – *Ursula Büttner,* Weimar – Die überforderte Republik 1918–1933, Stuttgart 2008, S. 270 nennt die Wirkung der Anordnungen Hoffmanns „verheerend"; *Miller,* Bürde (Fn. 338), S. 217 spricht von seiner Amtszeit als „einem kompletten Fiasko".
³⁴⁸ *Giese,* System (Fn. 19), S. 23 f.
³⁴⁹ *Bredt,* Kirchenrecht, Bd. 2 (Fn. 323), S. 21: „Adolf Hoffmanns Angriffe festigten den Bestand der Kirche in ungeahnter Weise." Desgleichen *Wehler,* Gesellschaftsgeschichte, Bd. 4 (Fn. 315), S. 439: „Hoffmann blieb zwar nur sechs Wochen im Amt, doch diese kurzlebige Erfahrung erwies sich im Grunde als politische Wohltat für die Protestanten, denn sie löste eine Tiefenmobilisierung unter ihnen aus […]."

2. Das jähe Ende des landesherrlichen Kirchenregiments 89

bb) Die Heiligen Drei Könige

Wenngleich Adolph Hoffmanns Auftritt letztlich ein Intermezzo blieb, harrte die strukturelle Frage der Ausübung der kirchenregimentlichen Befugnisse unverändert einer Antwort. Die provisorische Regierung zeigte zunächst „keine Neigung, selbst von den kirchlichen landesherrlichen Rechten Gebrauch zu machen"[350]. Vielmehr stimmte man der Auffassung der evangelischen Kirchenbehörden zu, wonach das ehemals dem König zustehende Kirchenregiment nicht entfallen, sondern nach evangelischen Grundsätzen an die Kirche zurückgefallen sei, so daß deren Instanzen als berechtigt zur Wahrnehmung der vakanten kirchenregimentlichen Funktion anzusehen waren[351]. Doch dann kam es zu einer unerwarteten Wendung, und der preußische Staat erteilte die Antwort ganz auf seiner bisherigen Linie einer interimistischen Übertragung der einschlägigen Kompetenzen auf die republikanische Regierung. Die am 26. Januar 1919 gewählte (und bis zur Wahl des ersten preußischen Landtages im Februar 1921 amtierende) preußische Landesversammlung beschloß nämlich im März 1919 das „Gesetz zur vorläufigen Ordnung der Staatsgewalt in Preußen"[352], in dem die Aufgaben des Kirchenregiments drei preußischen Staatsministern evangelischen Glaubens übertragen wurden. Dem Gesetz war eine kontrovers und überraschend verlaufene Debatte in der Landesversammlung vorausgegangen[353], die schließlich nach mehreren Anläufen mit den Stimmen von DDP, DVP, DNVP und Zentrum (und gegen die der Sozialdemokratie) zu dem besagten

---

[350] *Wright,* Troeltsch (Fn. 325), S. 187.
[351] Zu dieser Rechtsauffassung der evangelischen Kirche *Bredt,* Kirchenrecht, Bd. 2 (Fn. 323), S. 23; *Motschmann,* Evangelische Kirche (Fn. 295), S. 37 ff.; *Jacke,* Kirche (Fn. 1), S. 171 f.
[352] Es datierte vom 20. März 1919; siehe Dokumentenanhang unter I. 15, S. 201.
[353] Knapp *Wright,* Troeltsch (Fn. 325), S. 188. Im Detail *Bredt,* Kirchenrecht, Bd. 2 (Fn. 323), S. 23 ff.; *Motschmann,* Evangelische Kirche (Fn. 295), S. 55 ff.; *Jacke,* Kirche (Fn. 1), S. 171 ff.

Ergebnis führte. In § 5 des Gesetzes hieß es: "Die Rechte des Königs als Träger des landesherrlichen Kirchenregiments [...] gehen bis zum Erlaß der künftigen Verfassung auf drei von der Staatsregierung zu bestimmende Staatsminister evangelischen Glaubens über."[354] Im März 1919 waren das: Finanzminister Albert Südekum, Innenminister Wolfgang Heine und Minister der öffentlichen Arbeiten Rudolf Oeser[355]. Offenbar wurden diese drei Staatsminister *in evangelicis* im Volksmund mit hintersinnigem Humor die "Heiligen Drei Könige"[356] genannt. In der Sache war Preußen hier im übrigen dem Beispiel Sachsens gefolgt[357]. Evangelischer Oberkirchenrat und Generalsynodalvorstand opponierten ebenso anhaltend wie vergeblich gegen diese Regelung[358]. Die Verfassung des Freistaates Preußen vom

---

[354] Vollständiger Abdruck des Gesetzes bei Fabian Wittreck (Hrsg.), Die Weimarer Landesverfassungen. Die Verfassungsurkunden der deutschen Freistaaten 1918–1933, Tübingen 2004, S. 464 ff. – *Giese*, System (Fn. 19), S. 25 f., spricht mit Blick auf § 5 von einer "merkwürdig reaktionäre(n) Rechtsgestaltung" und einem "äußerst bedenklichen, [...] kaum begreiflichen Anachronismus".

[355] *Huber/Huber* IV, S. 35.

[356] Erwähnt vom Abg. Kunert [USPD] in der 59. Sitzung des Plenums v. 17. Juli 1919, in: Verhandlungen, Bd. 328 (Fn. 9), S. 1658 ff. (1660 [B]). Siehe auch *Motschmann*, Evangelische Kirche (Fn. 295), S. 58; *Jacke*, Kirche (Fn. 1), S. 178.

[357] Wobei es in Sachsen eine ältere verfassungsrechtliche Grundlage gab, nämlich §§ 41 Abs. 3, 57 Abs. 2 der Verfassung Sachsens vom 4. September 1831. § 41 Abs. 3 lautete: "Auf den Vorstand des Ministerii des Cultus, welcher stets der evangelischen Confession zugethan seyn muß, in Gemeinschaft mit wenigstens zwei andern Mitgliedern des Gesammt-Ministerii derselben Confession, geht der bisherige Auftrag in Evangelicis über. Zu seinem Wirkungskreise gehören die §. 57. bezeichneten Angelegenheiten aller Confessionen." § 57 Abs. 2: "Die Anordnungen im Betreff der innern kirchlichen Angelegenheiten bleiben der besondern Kirchenverfassung einer jeden Confession überlassen. Insbesondere wird die landesherrliche Kirchengewalt (jus episcopale) über die evangelischen Glaubensgenossen, so lange der König einer andern Confession zugethan ist, von der §. 41. bezeichneten Ministerialbehörde ferner in der zeitherigen Maße ausgeübt."

[358] Siehe die Protestschreiben von Oberkirchenrat und General-

2. Das jähe Ende des landesherrlichen Kirchenregiments

30. November 1920 aber hielt an der Konstruktion sogar für eine weitere Übergangszeit fest, indem deren Art. 82 Abs. 2 bestimmte: „Die Rechte, die dem König als Träger des landesherrlichen Kirchenregiments zustanden, werden von drei durch das Staatsministerium zu bestimmenden Ministern evangelischen Glaubens ausgeübt, solange nicht die evangelischen Kirchen diese Rechte durch staatsgesetzlich bestätigte Kirchengesetze auf kirchliche Organe übertragen haben."[359] Die Regelung mag überraschen, weil zu *diesem* Zeitpunkt – wie wir sogleich sehen werden[360] – die kirchenregimentlichen Rechte des preußischen Königs bereits auf den neu gebildeten Landeskirchenausschuß übertragen worden waren. Doch betraf das eben nur die altpreußische Kirche der Union und damit die sog. acht älteren Provinzen (Preußen, Brandenburg, Pommern, Posen, Schlesien, Sachsen, Westfalen und die Rheinprovinz). Die Regelung des Art. 82 richtete sich hingegen primär auf die kleineren (neu-) preußischen Landeskirchen, in denen der Übertragungsprozeß im November 1920 noch nicht so weit fortgeschritten war[361].

---

synodalvorstand bei Huber/Huber IV, Nr. 23, 24 (S. 38 ff.). Aus der Literatur *Motschmann,* Evangelische Kirche (Fn. 295), S. 58 ff.; *Jacke,* Kirche (Fn. 1), S. 174 ff.; *Wright,* Troeltsch (Fn. 325), S. 188, 193 ff. – Zeitgenössisch *Schwarzlose,* Neugestaltung (Fn. 58), S. 84 ff., 93 f.; *Schneider,* Zeitlage (Fn. 323), S. 356 ff.

[359] Vgl. Dokumentenanhang unter I.16, S. 202. Vollständiger Abdruck der Verfassung des Freistaats Preußen vom 30. November 1920 bei Wittreck, Landesverfassungen (Fn. 354), S. 466 ff.

[360] Siehe unten S. 97 ff.

[361] *Huber/Huber* IV, S. 35. – Die entsprechenden Kirchengesetze in den sog. neuen Provinzen Preußens (Hannover, Schleswig-Holstein, Hessen) datierten einheitlich vom 31. Dezember 1920, betrafen teils verfassunggebende bzw. außerordentliche Kirchenversammlungen oder Kirchentage, teils die Ausübung des Kirchenregiments; sie wurden durch das „Gesetz über die Neuregelung der Verfassungen der evangelischen Landeskirchen der neuen Provinzen Preußens" vom 18. April 1921 „soweit erforderlich, staatsgesetzlich bestätigt" (Preußische Gesetzsammlung Nr. 39, S. 385; Abdruck der Kirchengesetze ebd., S. 386 ff.; vgl. Huber/Huber IV, Nr. 279 [S. 543 f.]). Ein Jahr später folgten noch drei

cc) Der schwierige Übergang

Doch wie wurde dieser Übergang nun in der altpreußischen Kirche bewältigt, wie ging die Übertragung der Kompetenzen auf sie und ihre Organe vonstatten? Der Prozeß war außerordentlich kompliziert und windungsreich, denn es stellten sich strittige Fragen zuhauf[362]. Wer war der legitime Erbe des landesherrlichen Kirchenregiments – jedenfalls für eine Übergangszeit zunächst der Staat oder sogleich und unverzüglich die evangelische Kirche? Wer sollte die neue Kirchenordnung erlassen – die alte, zuletzt 1915 versammelte Generalsynode, oder eine neu zu wählende verfassunggebende Kirchenversammlung? Wer war zur Einberufung der Synode oder dieser Kirchenversammlung befugt: der Evangelische Oberkirchenrat, die drei Staatsminister *in evangelicis*, der Generalsynodalvorstand, die Staatsregierung oder gar die Landesversammlung? Wenn eine Neuwahl der Kirchenversammlung vorgesehen war, sollten dann auch die Frauen aktives und passives Wahlrecht erhalten? Sollte es Urwahlen[363] geben oder Wahlen nach dem sog. Sieb- oder Filtersystem?

---

vom 27. Mai 1922 datierende Staatsgesetze, die die Ausübung des Kirchenregimentes in der evangelisch-reformierten Kirche der Provinz Hannover, der evangelischen Landeskirche des Konsistorialbezirkes Wiesbaden und der evangelischen Landeskirche Frankfurt am Main betrafen: Preußische Gesetzsammlung Nr. 22, S. 121, 122, 124.

[362] Siehe nur *Bredt*, Kirchenrecht, Bd. 2 (Fn. 323), S. 27 ff.; *Jacke*, Kirche (Fn. 1), S. 158 ff., 190 ff.

[363] Die Frage der Urwahlen, also insbesondere der Wahl einer verfassunggebenden Kirchenversammlung in direkt-unmittelbarer Weise durch das gesamte Kirchenvolk (und nicht in mittelbar-gestufter Weise, etwa der Wahl der Kirchenversammlung durch die Kirchengemeinderäte oder durch höherstufige synodale Körperschaften in Form des sog. Sieboder Filtersystems) war auch innerhalb der evangelischen Kirche stark umstritten. Vgl. oben S. 64 mit Fn. 363 und unten S. 115 mit Fn. 449; ferner S. 94 ff.

Exkurs: Die Troeltsch-Initiative

Ernst Troeltsch, liberaler protestantischer Theologe und eminenter Kulturphilosoph, seit 1915 Inhaber des eigens für ihn in der Philosophischen Fakultät errichteten Lehrstuhls für „Religions-, Sozial- und Geschichts-Philosophie und christliche Religionsgeschichte" an der Berliner Universität, Mitglied der DDP und 1919 deren Spitzenkandidat bei den Wahlen zur verfassunggebenden Preußischen Nationalversammlung, war im März 1919, also zwei Monate nach Hoffmanns Ausscheiden, zum Parlamentarischen Unterstaatssekretär im (früheren Kultusministerium und nunmehrigen) Preußischen Ministerium für Wissenschaft, Kunst und Volksbildung ernannt worden[364]. Man hat ihn als „maßgebenden Kopf der staatlichen Kirchenpolitik in der Anfangsphase der Weimarer Republik" bezeichnet[365]. Jedenfalls spielte er „eine führende Rolle bei den Verhandlungen über eine neue Verfassung der evangelischen Kirche der Altpreußischen Union"[366]. Troeltsch war nach Kräften bemüht, die Kirchen zu einem eigenständigen Schritt in Richtung Autonomie zu bewegen; sie sollten sich aus eigenem Recht eine neue Kirchenleitung geben. Hierzu wird eine vielsagende Episode berichtet[367]. Danach forderte Troeltsch den deutschnationalen Abgeordneten in der preußischen Landesversamm-

---

[364] Er bekleidete das Amt bis zum Juli 1920. Zu dieser Zeit und den nicht geringen Schwierigkeiten und Gegenkräften, denen Troeltsch sich im bürokratischen Getriebe des Ministeriums ausgesetzt sah, eingehend *Wright*, Troeltsch (Fn. 325), S. 178 ff., 190 ff., 195 ff.; s. auch *Hartmut Ruddies,* Soziale Demokratie und freier Protestantismus. Ernst Troeltsch in den Anfängen der Weimarer Republik, in: Troeltsch-Studien, Bd. 3 (Fn. 325), S. 145–175 (167 ff.).

[365] *Jacke,* Kirche (Fn. 1), S. 180.

[366] *Wright,* Troeltsch (Fn. 325), S. 181. Er wurde sogar „Vater der neuen preußischen Kirchengesetze" genannt (*Johann Hinrich Claussen,* Nachwort, in: Ernst Troeltsch, Die Fehlgeburt einer Republik. Spektator in Berlin 1918 bis 1922, zusammengestellt und mit einem Nachwort versehen von Johann Hinrich Claussen, Frankfurt/M. 1994, S. 303–322 [314]).

[367] Zum folgenden *Mehnert,* Evangelische Kirche (Fn. 304), S. 159 ff.; Bezugnahme darauf auch bei *Wright,* Troeltsch (Fn. 325), S. 187 f., und *Ruddies,* Demokratie (Fn. 364), S. 168 f. – Freilich existiert als Quelle für den Vorgang offenkundig nur die mündliche Auskunft des Kirchenrates Ritter, was die historische Belastbarkeit der Darstellung natürlich stark mindert. Die anekdotische Evidenz aber bleibt.

lung, Karl Bernhard Ritter, auf, zum Provinzialkonsistorium nach Kassel (Hessen-Nassau) zu fahren: „Er sollte das Konsistorium dazu bewegen, die Synode einzuberufen, damit sie an die Stelle des Summus Episkopus eine eigene kirchliche Spitze setze. Troeltschs Absicht war es, durch die Kasseler Aktion eine ‚Initialzündung auszulösen', die die Übernahme der bisherigen Summepiskopatsrechte in die Hände der Kirche in Gang bringen sollte. Der Konsistorialbezirk Kassel schien ihm deshalb am besten als Ausgangspunkt geeignet, weil er die wenigsten kirchlichen Spannungen aufwiese. Er ließ Ritter wissen, daß die preußische Regierung nichts gegen ein solches Vorgehen der preußischen Kirchen einwenden werde. Dieser fuhr nach vorheriger Ankündigung nach Kassel und trug dort Troeltschs Pläne vor. Der Generalsuperintendent Müller jedoch war nicht geneigt, sich derart hervorzuwagen und äußerte, daß der Hase die Ohren anlege und sich ducke, wenn es gefährlich sei. Ritter reiste unverrichteter Dinge wieder ab [...]."[368] Dieser Vorstoß Troeltschs war somit gescheitert.

Angesichts der angedeuteten Problemfülle überrascht es nicht, daß die Art und Weise eines Neuanfanges bzw. Überganges sowohl in evangelischen Kirchenkreisen als auch in den Regierungsbehörden heftig diskutiert wurden. Das Interesse konzentrierte sich dabei in ganz besonderer Weise auf die Frage der Urwahlen. Auf sie drängte vor allem die Regierung, deren Hauptmotiv darin lag, auf die Ausbildung demokratischer Strukturen bei der inneren Neuordnung der evangelischen Kirche hinzuwirken[369]. Doch auch im Evangelischen Oberkirchenrat sprach sich zunächst eine Mehrheit für Urwahlen aus[370].

---

[368] *Mehnert*, Evangelische Kirche (Fn. 304), S. 160. Mehnerts Vermutung, Troeltsch habe Kassel wegen der geringen kirchlichen Spannungen ausgesucht, erscheint fraglich. Plausibler dürfte die Annahme sein, daß Troeltschs Wahl auf ein Konsistorium in einer der Provinzen fiel, die nach 1866 zu Preußen gelangt waren („Neupreußen"); denn die dortigen Konsistorien waren nicht dem EOK unterstellt, sondern direkt dem Preußischen Kultusministerium (*Motschmann*, Evangelische Kirche [Fn. 295], S. 21; *Jacke*, Kirche [Fn. 1], S. 176), in dem Troeltsch als Unterstaatssekretär wirkte.

[369] *Bullinger*, Ende (Fn. 320), S. 77 ff. – Wobei etwa beispielsweise Ernst Troeltsch ganz frei von der verbreiteten Illusion war, das System der Urwahlen würde die liberalen und fortschrittlichen Kräfte in der evan-

2. Das jähe Ende des landesherrlichen Kirchenregiments 95

Das nun einsetzende lange und intensive Ringen, bei dem die Fronten beileibe nicht schlicht zwischen der Regierung auf der einen und der evangelischen Kirche auf der anderen Seite verliefen, ist an dieser Stelle nicht in allen Einzelheiten zu rekapitulieren[371]. Die wichtigsten Etappen bis zur schließlich endgültigen Einigung waren: Vorlage eines ersten Entwurfs durch einen beim Evangelischen Oberkirchenrat gebildeten, aus knapp 50 Personen bestehenden Vertrauensrat (genauer durch dessen Unterausschuß für Verfassungsfragen)[372], der sich für Urwahlen zu einer verfassunggebenden Kirchenversammlung aussprach; Proteste hiergegen aus konservativen Kirchenkreisen sowie den Provinzialsynoden Rheinland und Westfalen (März 1919)[373]; Kompromißvorschlag des Evangelischen Oberkirchenrats: Verzicht auf Urwahlen, aber Wahl der verfassunggebenden Kirchenversammlung durch neugebildete Gemeinderäte (Mai 1919); Vorlage dieses Entwurfs beim Kultusministerium und Zurückweisung durch Minister Haenisch, der

---

gelischen Kirche stärken und die orthodox-konservativen schwächen (s. *Wright*, Troeltsch [Fn. 325], S. 199). Wenn Urwahlen stattfanden, war oft das Gegenteil der Fall; so errang bei der Urwahl zur Landessynode in Württemberg am 1. Juni 1919 die kirchliche Rechte die Hälfte der Sitze, die Linke lediglich ein Sechstel; bei den Wahlen in Baden im September war das Bild nicht anders (*Motschmann*, Evangelische Kirche [Fn. 295], S. 94; *Jacke*, Kirche [Fn. 1], S. 192).

[370] *Bredt*, Kirchenrecht, Bd. 2 (Fn. 323), S. 33; *Motschmann*, Evangelische Kirche (Fn. 295), S. 61 f.; *Jacke*, Kirche (Fn. 1), S. 183 f., 187 f.

[371] Sehr gründlich und detailliert *Jacke*, Kirche (Fn. 1), S. 151 ff., 194 ff.; knapper *Bredt*, Kirchenrecht, Bd. 2 (Fn. 323), S. 37 ff.; *Motschmann*, Evangelische Kirche (Fn. 295), S. 84 ff., 91 ff.

[372] Zu diesem Vertrauensrat, der vom November 1918 bis zum Mai 1919 wirkte, eingehend *Jacke*, Kirche (Fn. 1), S. 47 ff., 158 ff., 185 ff.; s. auch *Bredt*, Kirchenrecht, Bd. 2 (Fn. 323), S. 27 ff. (zu den Urwahlen S. 33, 37); *Motschmann*, Evangelische Kirche (Fn. 295), S. 43 ff. – Geschäftsführer des Vertrauensrates war Otto Dibelius, seinerzeit Gemeindepfarrer.

[373] Die beiden Provinzialsynoden sprachen sich energisch dagegen aus (siehe *Motschmann*, Evangelische Kirche [Fn. 295], S. 70 ff., 79 ff.; *Jacke*, Kirche [Fn. 1], S. 183 ff., 185 ff.).

für Urwahlen plädierte (Juli 1919)[374]; Festhalten an dem Entwurf durch den Evangelischen Oberkirchenrat und Vorlage desselben an die Generalsynode (September 1919)[375]; Schreiben des Evangelischen Oberkirchenrats an die drei Minister *in evangelicis* mit Bekundung der Absicht, die Generalsynode einzuberufen und die unveränderten Gesetze dort vorzulegen (Oktober 1919); Verweigerung der Zustimmung zur Einberufung der Generalsynode durch die drei Minister (November 1919)[376]; neuerliche Verhandlungen und schließlich Erzielung eines Einverständnisses über das Procedere[377].

Der letztlich gefundene Kompromiß umfaßte drei wesentliche Punkte. Erstens wurden die kirchlichen Gemeindevertretungen aufgrund von allgemeinen, unmittelbaren und geheimen Wahlen gebildet, während die Wahl der Kirchenversammlung indirekt durch die solcherart gewählten Gemeindevertretungen (aber nicht erst durch die Provinzialsynoden) erfolgte. Die Verabschiedung der neuen Kirchenverfassung sollte zweitens Aufgabe der neu gewählten Kirchenversammlung und nicht der alten Generalsynode sein. Drittens schließlich sollte das

---

[374] Das Schreiben ist wohl von Ernst Troeltsch verfaßt worden: *Jacke,* Kirche (Fn. 1), S. 199.

[375] Daß dies ohne weitere Rückfrage oder Rücksprache mit den staatlichen Instanzen geschah, war „ein demonstrativer Akt kirchlicher Selbständigkeit" und zugleich „eine offene Zurücksetzung der Episkopalminister" (*Jacke,* Kirche [Fn. 1], S. 201).

[376] Abdruck des Schreibens vom 13. November 1920 bei Huber/ Huber IV, Nr. 273 (S. 538); Text sowie Reaktionen darauf bei *Schneider,* Zeitlage (Fn. 323), S. 364 ff. Ausführlich zu Hintergründen und Motiven für diese insofern außergewöhnliche Handlung, als sich die drei Episkopalminister ansonsten dezidiert um Zurückhaltung bemüht hatten, bei *Jacke,* Kirche (Fn. 1), S. 201 ff.; dort S. 215 ff. eingehend zu den scharfen Protesten konservativer Kirchenkreise gegen diese Entscheidung.

[377] Eingehende Schilderung bei *Jacke,* Kirche (Fn. 1), S. 228 ff.; bei den entscheidenden und offenbar in wechselseitigem Respekt geführten Gesprächen im Januar und Februar 1920 kamen erstmals Repräsentanten des Oberkirchenrats und des Generalsynodalvorstandes mit den drei Ministern *in evangelicis* und dem Kultusminister zusammen (ebd., S. 231).

2. Das jähe Ende des landesherrlichen Kirchenregiments

landesherrliche Kirchenregiment der drei Staatsminister nicht schon – wie von kirchlicher Seite beabsichtigt – mit dem Inkrafttreten der entsprechenden Kirchengesetze erlöschen, sondern erst mit dem Zusammentritt der verfassunggebenden Kirchenversammlung. Auf der Grundlage dieser Verständigung gaben die drei Staatsminister *in evangelicis* (zu diesem Zeitpunkt noch immer die Minister Südekum, Heine und Oeser) den Weg für die weiteren innerkirchlichen Schritte frei. Ihr Schreiben vom 6. März 1920 an den Evangelischen Oberkirchenrat lautete[378]:

„Nachdem die in unserem Schreiben vom 13. November 1919 gegen die alsbaldige Einberufung einer außerordentlichen Generalsynode hervorgehobenen Bedenken durch die kommissarischen Besprechungen mit den Vertretern des Evangelischen Ober-Kirchenrats und des Generalsynodalvorstandes behoben sind, bevollmächtigen wir den Evangelischen Ober-Kirchenrat, die Generalsynode der evangelischen Landeskirche der älteren Provinzen *in unserem Auftrage* zu einer außerordentlichen Versammlung einzuberufen."

dd) Die neue Ordnung

So geschah es. Der Oberkirchenrat berief die außerordentliche siebente Preußische Generalsynode ein, die vom 10.–24. April 1920 in Berlin tagte[379]. Am letzten Sitzungstag wurden die vom Oberkirchenrat vorgelegten Gesetzentwürfe, die sich strikt an die mit den drei Ministern *in evangelicis* vereinbarte Kompromißlinie hielten, mit der erforderlichen Zweidrittelmehrheit angenommen, womit der Weg für die Schaffung einer neuen Kirchenverfassung geebnet war[380]. Auf der Grundlage der gefaßten Beschlüsse konnten einen Monat später die folgenden

---

[378] Zitiert nach *Bredt*, Kirchenrecht, Bd. 2 (Fn. 323), S. 43 Fn. 1 (Hv. i. O., H. D.).
[379] Näher *Bredt*, Kirchenrecht, Bd. 2 (Fn. 323), S. 43 ff.
[380] Siehe *Schneider*, Zeitlage (Fn. 323), S. 368 ff. – Die Annahme der Vorlagen konnte wegen des Widerstandes aus konservativen Kreisen keineswegs als pure Selbstverständlichkeit und reine Formalie gelten, sondern bedurfte intensiver Überzeugungsarbeit: *Jacke*, Kirche (Fn. 1),

drei Kirchengesetze veröffentlicht werden[381]: Ein kirchliches Gemeindewahlgesetz, demzufolge die Mitglieder der kirchlichen Körperschaften aus allgemeinen, unmittelbaren und geheimen Wahlen hervorgehen, bei denen alle mindestens 24 Jahre alten männlichen und weiblichen Mitglieder der Kirchengemeinde wahlberechtigt sind und der Modus der Verhältniswahl gilt[382]. Zweitens ein Kirchengesetz zur Einberufung einer außerordentlichen Kirchenversammlung, deren knapp 200 Mitglieder (neben den ohnehin vertretenen Generalsuperintendenten und Präsidenten der Provinzialsynoden sowie den Vertretern der evangelisch-theologischen Fakultäten) von den Vertretern der Kirchengemeinden gewählt wurden und von denen nur ein Drittel Geistliche sein durften[383]. Drittens schließlich ein das Kirchenregiment betreffendes Gesetz, dessen § 1 Satz 1 bestimmte: „Die Rechte des Königs als Trägers des landesherrlichen Kirchenregiments werden von dem Zusammentritte der verfassunggebenden Kirchenversammlung an bis zum Inkrafttreten der von dieser Versammlung zu erlassenden Verfassung von einem Evangelischen Landeskirchenausschuß ausgeübt, der aus dem Evangelischen Oberkirchenrat und dem Generalsynodalvorstand besteht."[384] Alle drei vom gleichen Tage, dem

---

S. 239 ff. (dort auch zum Ablauf der Synode und den zumeist eher hinter den Kulissen fortgeführten innerkirchlichen Konflikten).

[381] Ausführlich zu ihrem Inhalt *Bredt*, Kirchenrecht, Bd. 2 (Fn. 323), S. 47 ff.; dort auch die Erläuterung, daß die Beschlüsse der Generalsynode erst noch den Provinzialsynoden Westfalens und der Rheinprovinz vorzulegen waren, weil sie im Falle eines Einspruchs *beider* nicht in Kraft treten konnten. Da aber nur die Rheinische Provinzialsynode, nicht aber diejenige Westfalens gegen die Beschlüsse votierte, erwuchsen sie in Gesetzeskraft.

[382] Kirchliches Gemeindewahlgesetz (Preußische Gesetzsammlung 1920, Nr. 37, S. 402).

[383] Kirchengesetz, betreffend eine außerordentliche Kirchenversammlung zur Feststellung der künftigen Verfassung für die evangelische Landeskirche der älteren Provinzen Preußens (Preußische Gesetzsammlung 1920, Nr. 37, S. 408).

[384] Kirchengesetz, betreffend die Ausübung des Kirchenregiments

19. Juni 1920, datierenden Kirchengesetze waren unterzeichnet von den drei „mit der vorläufigen Wahrnehmung des landesherrlichen Kirchenregiments beauftragten Staatsministern" (also den Ministern *in evangelicis*, zu diesem Zeitpunkt die Minister Fischbeck, Oeser und Severing) sowie dem Präsidenten des Evangelischen Oberkirchenrats, Möller. Doch war der Überleitungsprozeß damit noch nicht ganz abgeschlossen. Denn jene Kirchengesetze bedurften nach der damals praktisch unbestrittenen Auffassung – wie vordem im konstitutionellen System auch – noch der Bestätigung durch ein Staatsgesetz[385]. Dieser Schritt erfolgte durch das von der verfassunggebenden Preußischen Landesversammlung beschlossene Gesetz vom 8. Juli 1920[386], für das Ernst Troeltsch die Einbringungsrede gehalten hatte und das gegen die Stimmen der Sozialdemokratie angenommen wurde[387]. Nachdem dann zunächst die Neuwahl der kirchlichen Gemeindekörperschaften stattgefunden hatte und diese wiederum die Mitglieder der verfassunggebenden Kirchenversammlung gewählt hatten, konnte die Konstituante am 24. September 1921 im Auditorium Maximum der Berliner Universität zusammentreten[388]. Der von ihr eingesetzte Verfassungs-

---

in der evangelischen Landeskirche der älteren preußischen Provinzen (Preußische Gesetzsammlung 1920, Nr. 37, S. 414); vgl. Huber/Huber IV, Nr. 277 (S. 541 f.).

[385] Zu diesem Erfordernis gemäß der seinerzeit herrschenden Auffassung etwa *Giese,* System (Fn. 19), S. 53 f., 55 ff.; *Bredt,* Kirchenrecht, Bd. 2 (Fn. 323), S. 205 ff., 209 ff.

[386] Preußische Gesetzsammlung 1920, Nr. 37, S. 401. Der Wortlaut auch bei *Bredt,* Kirchenrecht, Bd. 2 (Fn. 323), S. 49; Huber/Huber IV, Nr. 278 (S. 542 f.). – Dieses Gesetz trägt allein die Unterschrift von drei Ministern der Regierung (Haenisch, am Zehnhoff, Severing), die für das Gesamt-Staatsministerium zeichnen; es handelt sich hierbei also *nicht* um die drei mit der Ausübung des landesherrlichen Kirchenregiments beauftragten Minister (das waren zu diesem Zeitpunkt die Minister Oeser, Severing und Fischbeck).

[387] Siehe *Motschmann,* Evangelische Kirche (Fn. 295), S. 111; *Ruddies,* Demokratie (Fn. 364), S. 171 mit Fn. 128.

[388] Dazu und zum Verlauf detailliert *Bredt,* Kirchenrecht, Bd. 2

ausschuß erarbeitete nach langen und kontroversen Verhandlungen einen Entwurf für die kirchliche Neuordnung[389], so daß die verfassunggebende Kirchenversammlung ein Jahr später ihre Arbeit abschließen konnte.

Die altpreußische Landeskirche, die ungefähr zwei Drittel des deutschen Protestantismus umfaßte, konstituierte sich im September 1922 unter dem Namen „Evangelische Kirche der altpreußischen Union"[390]. Auch wenn die Synoden hier im Vergleich zur Vorkriegszeit gestärkt wurden, blieb die Bedeutung von Oberkirchenrat und Konsistorien doch normativ wie faktisch gewahrt, so daß die neue Ordnung eher einen Umbau und weniger einen kompletten Neubau darstellte. Es handelte sich um „eine auf praktisch-pragmatische Erfordernisse abgestellte Reorganisation der überkommenen Verfassungsstrukturen"[391]. Erst jetzt, drei Jahre nach der Revolution, stand die protestantische Kirche in Preußen auf eigenen Füßen, war ihre „Entlassung [...] in die Selbständigkeit"[392] endgültig abgeschlossen. Es sollte nur gut zehn weitere Jahre dauern, bis es mit der Machtübernahme des Nationalsozialismus zu einer neuerlichen Umwälzung der politischen Verhältnisse kam, die dieses Mal von der übergroßen Mehrheit der Protestanten zumindest anfangs freudig begrüßt wurde[393].

(Fn. 323), S. 60 ff.; insbesondere zur Zusammensetzung der Kirchenversammlung *Jacke,* Kirche (Fn. 1), S. 247 ff.

[389] Dazu und zur Vorgeschichte *Jacke,* Kirche (Fn. 1), S. 251 ff., 257 ff.

[390] „Verfassungsurkunde für die Evangelische Kirche der altpreußischen Union" vom 29. September 1922, abgedruckt bei Huber/Huber IV, Nr. 280 (S. 545 ff.).

[391] Vgl. *Jacke,* Kirche (Fn. 1), S. 298 ff. (Zitat: S. 299). Gleiche Einschätzung bei *Liermann,* Kirchenrecht (Fn. 201), S. 206 ff.; *Huber/Huber* IV, S. 545: Verknüpfung synodaler und konsistorialer Elemente; *Lütcke,* Neuanfang (Fn. 331), 262: trotz Bildung eines (zu großen und unbeweglichen) Kirchensenates hatte weiterhin der EOK das „Heft in der Hand".

[392] *Nowak,* Geschichte (Fn. 154), S. 217.

[393] Siehe *Nowak,* Geschichte (Fn. 154), S. 243 ff. („Im Sog der ‚nationalen' Revolution"); *Jeand'Heur,* Begriff (Fn. 43), S. 464 f.; sehr instruktiv auch *Wehler,* Gesellschaftsgeschichte, Bd. 4 (Fn. 315), S. 795 ff.

Exkurs: Schlaglicht auf andere Länder

Nicht allein in Preußen ging das Ende des landesherrlichen Kirchenregiments mit heftigen Turbulenzen im Verhältnis von Staat und Kirche einher. Noch stürmischer war es unmittelbar nach der Novemberrevolution im Freistaat *Braunschweig* zugegangen[394]. Dort hatte der Herzog zwar die Regierungsgewalt „ordnungsgemäß" an den Arbeiter- und Soldatenrat übergeben, es aber „versäumt, die ihm zustehende Kirchengewalt vor der Abdankung in die Hände des Konsistoriums oder des Synodalausschusses zu legen."[395] Hier goß nun die neugewählte Landesversammlung die weitgehende Übernahme des Kirchenregiments offen und gut sichtbar in Normen der neuen Verfassung[396]. Die vorläufige Kirchengewalt wurde einem Landeskirchenrat übertragen, dem u.a. vier evangelische Mitglieder der Landesversammlung angehören mußten (§ 21 Abs. 1); die bestehende Landessynode wurde aufgelöst (§ 22 Abs. 1 Satz 1); der staatlicher-

---

(798: „Unter Protestanten grassierte zu dieser Zeit die Illusion vom neuen christlichen Obrigkeitsstaat [...]"). Eingehend *Günther van Norden*, Die Stellung der evangelischen Kirche zum Nationalsozialismus 1932/33, in: Gotthard Jasper (Hrsg.), Von Weimar zu Hitler 1930–1933, Köln–Berlin 1968, S. 377–402 (384 ff., 390 ff.); dort S. 393 f. ein Auszug aus der Osterbotschaft des Evangelischen Oberkirchenrats vom 16. April 1933, die typisch für viele weitere Loyalitätserklärungen ist: „Die Osterbotschaft von dem auferstandenen Christus ergeht in Deutschland in diesem Jahre an ein Volk, zu dem Gott durch eine große Wende gesprochen hat. Mit allen evangelischen Glaubensgenossen wissen wir uns eins in der Freude über den Aufbruch der tiefsten Kräfte unserer Nation zu vaterländischem Bewußtsein, echter Volksgemeinschaft und religiöser Erneuerung."

[394] Siehe *Bullinger*, Ende (Fn. 320), S. 83 ff.; plastisch auch die Sachverhaltsschilderung in RGZ 103, 91 (92 ff.).

[395] *Kuessner*, Übergang (Fn. 320), S. 242; dort S. 242 ff. näheres zu den Hintergründen. Eingehend *Dietrich Kuessner*, Braunschweiger Novemberrevolution – Mythos und Wirklichkeit, in: Dietrich Kuessner/Maik Ohnezeit/Wulf Otte, Von der Monarchie zur Demokratie. Anmerkungen zur Novemberrevolution 1918/19 in Braunschweig und im Reich, Wendeburg 2008, S. 11–78 sowie *ders.*, Die braunschweigische Landeskirche und die Novemberrevolution, ebd., S. 143–188. Zu den außergewöhnlich turbulenten Ereignissen knapp *Huber* V, S. 1053 f., 1109 ff.

[396] Gesetz zur Änderung der Landschaftsordnung vom 12. Oktober 1832 vom 20. Juni 1919 (GVBl. S. 199), abgedruckt in: Wittreck, Landesverfassungen (Fn. 354), S. 148 ff.

seits angeordneten Neuwahl der Synode gab man präzise Regeln vor (§ 22 Abs. 1 Sätze 5 und 6)[397]. Die Kirchengesetze mußten dem Rat der Volksbeauftragten vorgelegt und durften erst dann verkündet und ausgeführt werden, wenn dieser innerhalb von zwei Wochen keinen Einspruch erhob (§ 24 Abs. 1 Satz 2). Da die naturgemäß aufbrechenden und anhaltenden Konflikte zwischen Landesregierung und Landesversammlung auf der einen, Landessynode und Landeskirchenrat auf der anderen Seite nicht auf gütliche Weise beigelegt werden konnten, erklärte das Reichsgericht in seiner Entscheidung vom 26. Oktober 1921 (nur) die problematischen Wahlregelungen zur Synode für unvereinbar mit dem in Art. 137 Abs. 3 WRV garantierten Selbstverwaltungsrecht der Kirchen und hob sie auf[398].

Im *Stadtstaat Bremen* nahm nach der Revolution zunächst eine Senatskommission die kirchlichen Angelegenheiten wahr, und auch bei der folgenden Ausarbeitung der neuen bremischen Kirchenverfassung war deren Mitwirkung bedeutsam[399]. Freilich entsprang diese Kooperation nicht einer kirchenfeindlichen Tendenz; vielmehr versuchte der Senat, einen geordneten Übergang der Rechte in die Hände der Kirche zu organisieren[400].

---

[397] Wahlberechtigt waren danach alle männlichen und weiblichen Kirchenmitglieder, die das 20. Lebensjahr vollendet hatten; die Stimmen zählten gleich. Die Wahl war geheim und unmittelbar und erfolgte nach den Grundsätzen der Verhältniswahl.

[398] RGZ 103, 91 (94). – Nur diese Normen waren angefochten worden. Die Entscheidung erging im Verfahren der abstrakten Normenkontrolle des Art. 13 Abs. 2 WRV, Antragsteller war der Reichsinnenminister (dazu näher *Dreier*, Staatsrecht [Fn. 3], S. 59 ff. [83 ff.]; speziell zum Braunschweiger Fall ebd., S. 87 f.). Der Beschluß wurde intensiv und zustimmend diskutiert. Siehe etwa *Johann Victor Bredt*, Das Reichsgericht und der braunschweigische Kirchenverfassungsstreit, in: AöR n. F. 3 (1922), S. 348–359; unter dem gleichen Titel *Wilhelm Kahl*, in: AöR n. F. 4 (1922), S. 115–132, der vor allem die Darstellung der Entwicklung in Preußen durch Bredt angreift, die Entscheidung selbst aber ausdrücklich begrüßt (S. 116 ff.).

[399] Siehe *Huber* V, S. 878.

[400] Genauer zu den Vorgängen *Hans Georg Bergemann*, Staat und Kirche in Bremen, in: ZevKR 9 (1962/63), S. 228–259 (240 ff.); *Christoph Link*, Freiheit und Ordnung in der Kirche. Fünfundsiebzig Jahre Bremische Kirchenverfassung, in: ZevKR 41 (1996), S. 1–18 (11 ff.).

Schließlich wird aus *Anhalt* berichtet, daß dort der republikanische „Staatsrat" die kirchenregimentlichen Befugnisse für die evangelische Kirche übernahm, „obwohl er aus einem Katholiken, einem Israeliten und zwei Dissidenten bestand"[401].

Zusammenfassend bleibt festzuhalten, daß es in Preußen sowie in weiteren Ländern der neuen Republik einiges an staatskirchenrechtlichen Wirren und politischen Turbulenzen bei der Beendigung des landesherrlichen Kirchenregiments und dessen Übergang in die Selbstverwaltung der evangelischen Kirche zu verzeichnen gab[402].

b) Evolutionärer Übergang in Württemberg

Ganz anders lagen die Dinge hingegen in Württemberg. Auch wenn hier das Ende des landesherrlichen Kirchenregiments so plötzlich kam wie überall, verlief doch alles ganz wohlgeordnet, „ohne Aufgeregtheit"[403] und in ruhigen Bahnen. „Der Übergang vom alten zum neuen Kirchenwesen vollzog sich ohne gewaltsame Umwälzung."[404] Explizit hat man vom „für die Württembergische Landeskirche so typischen, praktisch problemlosen Übergang von der Monarchie zur Demokratie" gesprochen[405]. Wie kam das, wie war eine solche Entwicklung möglich?

---

[401] *Liermann*, Kirchenrecht (Fn. 201), S. 177.

[402] Zu einigen weiteren wie Sachsen, Sachsen-Altenburg, Hamburg und Lübeck knapp Huber V, S. 878.

[403] *Hermle*, Kirche (Fn. 4), S. 12.

[404] *Dehlinger*, Württembergs Staatswesen (Fn. 217), S. 433. – Baden folgte dem württembergischen „Vorbild" (*Huber/Huber* IV, S. 48). Hier hatte Großherzog Friedrich II. mit einem „Provisorischen Gesetz, die evangelische Kirchenregierung in Baden betreffend" vom 20. November 1918 das Kirchenregiment auf den Oberkirchenrat übertragen (Huber/Huber IV, Nr. 32 [S. 51]). Vgl. *Jörg Winter*, Die Verfassungsentwicklung der Evangelischen Landeskirche in Baden nach dem Ersten Weltkrieg, in: BWKG 108/109 (2008/2009), S. 181–200 (181 ff.).

[405] *Siegfried Hermle*, Der Umbruch von 1918/9. Beobachtungen zu den Akteuren und zur Wahl der Landeskirchenversammlung, in: BWKG

aa) Vom Vorzug der Vorsorge

Die Erklärung lautet in aller Kürze: weil Württemberg schon vor langer Zeit mit dem Umstand konfrontiert worden war, daß es über keinen evangelischen Landesherrn mehr verfügte, und sich das durch und durch evangelische Land gegen unliebsame Folgen dieser Sachlage zu wappnen wußte. Denn als im 18. Jahrhundert mit Herzog Karl Alexander (1684–1737) ein zum katholischen Glauben übergetretener Sproß einer Seitenlinie die Herrschaft antrat[406], war die nicht unbegründete Furcht vor einer Rekatholisierung des Landes groß. Deswegen versicherten sich die Stände dieses Kerngebietes deutschen Luthertums mit den sog. Religionsreversalien[407] gegen eine Veränderung des

---

108/109 (2008/09), S. 115–134 (115). – Nach *Huber* V, S. 879 ging die württembergische Kirche ihren Weg „[b]esonders selbstbewußt".

[406] Karl Alexander (in der Literatur immer Karl, in den Dokumenten Carl geschrieben, H. D.) war ein in vielen Schlachten überaus erfolgreicher Feldherr und eine europäische Berühmtheit; vgl. *Joachim Brüser*, Herzog Karl Alexander von Württemberg und die Landschaft (1733 bis 1737), Stuttgart 2010, S. 16 ff., 26 ff. – Der Konfessionswechsel 1712 erfolgte während seines Dienstes am kaiserlichen Hof in Wien, wo er zu diesem Zeitpunkt im Range eines kaiserlichen Generals gestanden hatte (*Brüser*, ebd., S. 21 ff.; *Matthias Schnettger*, „... keine andere, als die Evangelische Religion, in Unserm Herzogthum eingeführet, noch geduldet werden darff". Das lutherische Herzogtum Württemberg und seine katholischen Landesherrn [1733–1797], in: Johannes Paulmann/Matthias Schnettger/Thomas Weller [Hrsg.], Unversöhnte Verschiedenheit. Verfahren zur Bewältigung religiös-konfessioneller Differenz in der europäischen Neuzeit, Göttingen 2016, S. 65–89 [69 f.]).

[407] Eine zeitgenössische Definition des heute eher ungebräuchlichen Ausdrucks „Reversalien" findet sich bei *Johann Adams Freyherrn von Ickstatt*, Rettung der Landes-Hoheit gegen den Mißbrauch derer Capitulationen, Landes-Verträge und Reversalien ..., Frankfurt/M. [ca. 1765], S. 5: „Reversalien können überhaupt beschrieben werden, es seyen Urkunden, wodurch jemand eine Verbindlichkeit, welche er wegen einer bereits geschehenen, oder gegenwärtigen, oder zukünfftigen Sache übernommen hat, von neuem bekräfftigt, und wiederhohlter [sic] verspricht, derselbigen nachzukommen." – Im DUDEN. Fremdwörterbuch, 5. Aufl., Mannheim u. a. 1990, S. 682 wird „Reversalie" wie folgt erläutert:

Glaubensstandes des Landes. In jenen Dokumenten[408] erkennt der Herzog nicht allein die evangelische Religion als unveränderbare Staatsreligion an, er verzichtet auch auf die Ausübung der landesbischöflichen Rechte als Oberhaupt der Landeskirche. Die kompakteste Beschreibung des Regelungsgehaltes der Erklärungen verdanken wir Robert von Mohl, der den Inhalt wie folgt zusammenfaßt: „Diese Reversalien bestimmten [...], daß der Herzog an dem Religions- und Kirchenzustande des Landes nichts ändern, die protestantische Confession als die einzig erlaubte erhalten, für sich selbst nur einen Privat-Gottesdienst in Anspruch nehmen, von den Kirchengütern nichts für die Zwecke anderer Confessionen verwenden, endlich die Ausübung des ganzen Kirchenregimentes dem Geheimenrathe unbedingt überlassen, auch die Behörden, wo es nöthig, mit den Ständen über Kirchensachen in Verbindung treten lassen wolle. Nur die Ernennung der Geistlichen aus einer vorgelegten Liste von drei Candidaten blieb dem Herzoge vorbehalten."[409]

Exkurs: Die Religionsreversalien 1729–1734

Die Genese dieser außergewöhnlichen Dokumente und deren nähere Ausgestaltung lohnt eine vertiefte Betrachtung. Es handelt sich zugleich um ein Lehrstück über die Macht der Stände, die in Württemberg die sog. "Landschaft" bildeten – mit der Besonderheit, daß hier

---

„offizielle Versicherung eines Staates, seine Verträge mit anderen Staaten einzuhalten u. den bestehenden Zustand nicht einseitig zu ändern."

[408] *Hermann Mosapp*, Die württembergischen Religions-Reversalien. Sammlung der Originalurkunden samt einer Abhandlung über die Geschichte und zeitgemäße Neuregelung der Religionsreversalien, Tübingen 1894 (Mosapp wird im folgenden kursiv gesetzt, wenn es um den Autor der Abhandlung, und recte, wenn es um den Herausgeber der Dokumente geht). – Mosapp listet ingesamt neun Dokumente auf, die in ihrer Gesamtheit die Religionsreversalien ausmachen, darunter auch die Bestätigungen der Nachfolger Karl Alexanders. Wir beschränken uns hier auf diejenigen Erklärungen und Versicherungen, die dieser selbst in den Jahren zwischen 1729 bis 1734 abgegeben hat.

[409] Robert Mohl, Das Staatsrecht des Königreiches Württemberg, Zweiter Theil, Tübingen 1831, S. 499.

der Adel fehlte, so daß Prälaten und Bürger dominierten. Zwar war eine Rekatholisierung des gesamten Landes schon wegen der einschlägigen Regelungen des Westfälischen Friedens von 1648, insbesondere der sog. Normaljahrsregelung, ausgeschlossen[410]. Ob jedoch die Einführung eines sog. Simultaneums, also die Zulassung einer weiteren Konfession neben der bestehenden und ohne deren Beeinträchtigung, ebenfalls ganz unmöglich war, schien nicht ganz so sicher. So versuchten die Stände im Vorfelde des sich ankündigenden Thronwechsels alles, um die absolute Dominanz des lutherischen Glaubens vor jeder Schmälerung zu bewahren[411]. Gegenläufig unternimmt noch zu Lebzeiten seines Vorgängers, Herzog Eberhard Ludwigs (1676–1733), der Thronprätendent Karl Alexander erste Aktivitäten. Da er über die ihm nicht günstige Stimmung im Land im Bilde ist, erteilt er 1729[412] seinem Geschäftsführer in Stuttgart aus eigener Initiative Instruktionen, wie dieser sich im Falle des Ablebens des Herzogs zu verhalten und welche Erklärungen er der Landschaft gegenüber abzugeben habe[413]. Die Botschaft lautet: er sei ungeachtet seines 1712 erfolgten Übertritts zum katholischen Glauben entschlossen, die Regierung anzutreten – versichere aber zugleich, „die Evangelische Religion Augspurgischer Confession nicht im mindesten zu turbiren, sondern alle Religions- und Friedens-Schlüsse heilig observiren, keine Veränderung und Neuerungen vornehmen oder gestatten" zu wollen[414]. Drei Jahre später und ein Jahr, nachdem der einzige Sohn Eberhard Ludwigs kinderlos verstorben war, womit die Erbfolge endgültig feststand, bekräftigte der nunmehrige wirkliche Erbprinz Karl Alexander seine Erklärung gegenüber der Landschaft in einer ersten „Assekuration der evangelischen Landesreligion" vom

---

[410] Dazu knapp *Dreier,* Staat ohne Gott (Fn. 29), S. 72 ff.

[411] Hierzu gehörte auch der rasch gescheiterte Versuch, den (evangelischen) jüngeren Bruder Karl Alexanders als „Alternative zu dem katholischen Prätendenten auszuloten" (*Brüser,* Herzog [Fn. 406], S. 92; dazu noch *Mosapp,* Religions-Reversalien [Fn. 408], S. 58 f.).

[412] Der frühe Zeitpunkt erklärt sich daraus, daß schon seinerzeit „mit der Wahrscheinlichkeit des baldigen Absterbens des an Tuberkulose leidenden Erbprinzen Friedrich Ludwig gerechnet werden mußte" (*Lempp,* Synodus [Fn. 33], S. 115).

[413] Herzog Karl Alexanders Instruktion an seinen Agenten vom 28. November 1729, abgedruckt bei Mosapp, Religions-Reversalien (Fn. 408), S. 3–4.

[414] Mosapp, Religions-Reversalien (Fn. 408), S. 4.

16. Dezember 1732[415]. In diesem in barockem Detailreichtum ausgeschmückten Dokument, mit dem er seinen zukünftigen Untertanen vor allem deren Sorgen wegen seines Konfessionswechsels nehmen will, erklärt er, den Landtagsabschied von 1565 und den Prager Vertrag von 1599 ebenso unverbrüchlich halten zu wollen wie die evangelische Religionsverfassung des Landes, Amtsstellen nur mit Evangelischen zu besetzen und auch kein Simultaneum einzuführen. Die Huldigung eines neuen Regenten durch Prälaten und Landschaft solle erst erfolgen, wenn dieser sich zu allen diesen Punkten „förmlich reversiret" habe, was er mit der Unterschrift unter das Dokument tut[416].

Noch immer zu Lebzeiten von Herzog Eberhard Ludwig legt er im Februar 1733 eine „zweite Assekuration der evangelischen Landesreligion"[417] ab, die „von den Landständen entworfen und vom amtierenden Herzog genehmigt worden war"[418]. Die 15 aufgelisteten Punkte wiederholen vieles aus der ersten Versicherung, enthalten aber auch einige neue Aspekte: so wird die ungehinderte Ausübung der kirchlichen Gerichtsbarkeit garantiert sowie die Besetzung des Geheimen Rates ausschließlich mit Evangelischen ausdrücklich zugesichert. Als dann Eberhard Ludwig überraschend bereits im Oktober 1733 verstirbt und der Thronnachfolger umgehend nach Stuttgart reist, wünscht die unverändert mißtrauische Landschaft, das „Druckmittel" der Erbhuldigung nutzend[419], ein weiteres Mal die Bestätigung der Reversalien. Gegenüber dem Entwurf, den ihnen der Herzog *in spe* Anfang Januar 1734 zugesandt hatte, verlangte man neuerliche Konzessionen, so daß erst Ende Januar 1734 „das Reversinstrument, mit dem Datum des ersten Entwurfs, 17. Dez. 1733, in einer Pergamenturkunde mit angehängtem herzogl. Siegel der Landschaft übergeben"[420] wurde. In diesem elf engbedruckte Seiten umfassenden Dokument[421] bestätigt er unter Verweis auf die früheren und schon von seinen Vorgängern abgegebenen Erklärungen noch einmal feierlich den Bestand der evangelischen Religion für sich und seine Nachkommen: „Es soll hinsichtlich des Kirchen- und Religions-

---

[415] Mosapp, Religions-Reversalien (Fn. 408), S. 4–10.
[416] Ebd., S. 10.
[417] Mosapp, Religions-Reversalien (Fn. 408), S. 10–16.
[418] *Lempp,* Synodus (Fn. 33), S. 116.
[419] *Brüser,* Herzog (Fn. 406), S. 92 ff.
[420] *Mosapp,* Religions-Reversalien (Fn. 408), S. 41–113 (64); siehe auch *Lempp,* Synodus (Fn. 33), S. 116; *Brüser,* Herzog (Fn. 406), S. 166.
[421] Mosapp, Religions-Reversalien (Fn. 408), S. 16–27.

wesens gar nichts geändert [...] werden, namentlich daß alle und jede Beamtungen nur mit evangelischen Landeskindern zu besetzen sind; in allen Kirchen und Schulen des Landes soll nur die evangelisch-lutherische Religion gelehrt, es sollen keine katholischen Kirchen, Kapellen, Altäre, Bilder u.s.w. neu erbaut und aufgerichtet, [...] auch nirgends das *Simultaneum Catholicum* oder der allergeringste Akt eines katholischen Gottesdienstes außer dem Herzoglichen Privatgottesdienst ausgeübt werden; [...] den Gemeinden dürfen keine Anhänger einer fremden Religion, wenn sie auch sonst unverwerflich wären, aufgedrungen werden"[422]. Somit wurden die herzoglichen Zugeständnisse nochmals spezifiziert und erweitert. „Erst nachdem Karl Alexander den Revers unterzeichnet und der Landschaft übergeben hatte, konnte die Landeshuldigung erfolgen."[423] Das geschah am 27. Januar 1734 in Stuttgart, am 1. Februar in Tübingen[424] – und nachgängig in jedem Amtsbezirk des Herzogtums vertreten durch den dortigen Oberamtmann oder Vogt und die Amtsversammlung. Die Landschaft bestand in den folgenden Jahrzehnten stets darauf, daß die jeweiligen katholischen Nachfolger des Herzogs dessen Versicherungen bestätigten[425]. Zugestanden blieb ihm der „private" Hofgottesdienst, dessen nähere Ausgestaltung und konkrete Ausübung (Umfang, Teilnehmer, Glockengeläut etc.) zu seinen Lebzeiten und darüber hinaus einen steten Quell von Konflikten bildete[426].

[422] So die Zusammenfassung von *Mosapp,* Religions-Reversalien (Fn. 408), S. 65.

[423] *Schnettger*, Evangelische Religion (Fn. 406), S. 70; dort S. 68 ff. eine komprimierte Darstellung der Vorgänge.

[424] *Brüser,* Herzog (Fn. 406), S. 94, 166 f.

[425] Die entsprechenden Dokumente bei Mosapp, Religions-Reversalien (Fn. 408), S. 29–39. – Zur weiteren Befestigung seiner Erklärungen hatte Karl Alexander 1734 dem Corpus Evangelicorum des Regensburger (ewigen) Reichstages gegenüber eine entsprechende Versicherung abgegeben. Das Corpus veranlaßte „auf Wunsch der württembergischen Landstände" (*Brüser,* Herzog [Fn. 406], S. 167) die Einsetzung von Garantiemächten zur Sicherung der Einhaltung der Reversalien; es waren dies die drei „‚nordischen Mächte': der König von Preußen (als Kurfürst von Brandenburg), der König von England (als Kurfürst von Hannover) und der König von Dänemark (als Herzog von Holstein)": *Mosapp,* Religions-Reversalien (Fn. 408), S. 66.

[426] Vgl. *Brüser,* Herzog (Fn. 406), S. 174 f.; *Schnettger*, Evangelische Religion (Fn. 406), S. 72 ff.; knapp *Mosapp,* Religions-Reversalien (Fn. 408), S. 67.

Trotz ihrer Detailfreude hatte keine der drei „Assekurationen" eine Bestimmung darüber enthalten, wer anstelle des katholischen Herzogs das Kirchenregiment in der evangelischen Landeskirche ausüben sollte. Deshalb erging „auf Drängen der Landschaft hin"[427] am 27. März 1734 die letzte der württembergischen Religionsreversalien Herzog Karl Alexanders in Gestalt seiner „Verordnung betreffend die unabhängige Verfügung des Geheimenrats in Religions- und Kirchenangelegenheiten"[428]. Hierin wurde dem Geheimen Rat in kanzleimäßig verschachtelten Wendungen aufgegeben, alle entsprechenden Angelegenheiten selbständig zu entscheiden. „Damit war dem Geheimen Ratskollegium rechtmäßig der Dauerauftrag zur Ausübung des landesherrlichen Kirchenregiments übertragen"[429].

So kommt es, daß in den folgenden Jahrzehnten bis zum Jahre 1797 die württembergischen Herzöge zwar katholisch waren, das Kirchenregiment über die evangelische Kirche aber durch das württembergische Geheimratskollegium, den sog. Geheimen Rat, ausgeübt wurde. Auf diese Vorkehrung rekurriert später die Verfassung des Königreichs Württemberg von 1819, wenn es dort in § 76 heißt: „Sollte in künftigen Zeiten sich der Fall ereignen, daß der König einer andern, als der evangelischen Confession, zugethan wäre, so treten alsdann in Hinsicht auf dessen Episcopal-Rechte die dahin gehörigen Bestimmungen der früheren Religions-Reversalien ein."[430]

bb) Die „Evangelische Kirchenregierung"

Zu dieser Bestimmung gab es dann Ende des 19. Jahrhunderts sozusagen ein *update*[431]. Denn mittlerweile hatten sich die ver-

---

[427] *Brüser,* Herzog (Fn. 406), S. 167.
[428] Siehe Dokumentenanhang unter II.1, S. 207f.; Abdruck auch bei Mosapp, Religions-Reversalien (Fn. 408), S. 27f.
[429] *Lempp,* Synodus (Fn. 33), S. 116.
[430] Siehe Dokumentenanhang unter II.2, S. 209ff. – Ähnliche Vorkehrungen gab es etwa in der Verfassung Kurhessens von 1831 (§ 134) oder im Landesverfassungsgesetz für das Königreich Hannover von 1840 (§ 67).
[431] Zu den verschiedenen Reformüberlegungen in den Jahren un-

fassungsrechtlichen Rahmenbedingungen ebenso geändert wie die innerkirchlichen. Ein bloßer Rückverweis auf die Ausübung des Kirchenregiments durch den Geheimen Rat, wie 1734 vorgesehen, ging schon 1819 ins Leere (oder in die Irre), weil dieser wegen der in § 27 Abs. 2 der Verfassung von 1819 garantierten Gleichberechtigung der christlichen Konfessionen theoretisch zur Gänze aus Katholiken bestehen konnte, die dann das Kirchenregiment über die evangelische Landeskirche ausgeübt hätten[432]. Ohnehin hatte der Geheime Rat aufgrund der Bildung eines Staatsministeriums im Jahre 1876 seinen Charakter geändert und war von einer leitenden und vollziehenden zu einer lediglich beratenden Behörde geworden. Außerdem bestand innerkirchlich mittlerweile die Landessynode, die an der kirchlichen Gesetzgebung und Kirchenleitung beteiligt war. Eine gewisse Dringlichkeit für die Novellierung resultierte schließlich aus dem konkreten dynastischen Hintergrund: zeichnete sich doch der Umstand ab, daß der württembergische König Wilhelm II. (1848–1921) ohne männlichen Erben bleiben und die Königswürde infolgedessen erneut an die katholische Seitenlinie des Herrscherhauses fallen würde[433]. Diese Möglichkeit antizipierend, bestimmte das nach längeren Vorüberlegungen, verschiedenen Initiativen und intensiven Beratungen[434] im Jahre

---

mittelbar vor Erlaß des sogleich zu schildernden Gesetzes illustrativ *Mosapp*, Religions-Reversalien (Fn. 408), S. 84 ff.

[432] Der Punkt wurde schon bei den Beratungen zur Verfassung von 1819 moniert, eine andere und deutlichere Fassung vom König aber mit Hinweis auf die Unwahrscheinlichkeit der Konstellation, daß es keinen evangelischen Herrscher geben werde, abgelehnt. Vgl. *Mosapp*, Religions-Reversalien (Fn. 408), S. 78; *Siegfried Hermle*, Die Evangelische Kirchenregierung in Württemberg. Hintergrund, Entstehung und Wirksamkeit des Gesetzes von 1898, in: BWKG 91 (1991), S. 189–241 (195 ff.).

[433] Detailliert zur seinerzeitigen Situation der dynastischen Erbfolge im Königshaus: *Mosapp*, Religions-Reversalien (Fn. 408), S. 79 f.

[434] Den langen Weg bis zur Verabschiedung des Gesetzes zeichnet präzise nach *Hermle*, Kirchenregierung (Fn. 432), S. 198 ff. (Impulse und Initiativen), 205 ff. (Gesetzentwurf 1894), 211 ff. (Verhandlungen in der Abgeordnetenkammer), 218 ff. (Tagung der außerordentlichen Synode);

1898 verabschiedete „Kirchliche Gesetz, betreffend die Ausübung der landesherrlichen Kirchenregimentsrechte im Fall der Zugehörigkeit des Königs zu einer andern als der evangelischen Konfession"[435], daß dann die Ausübung der landesherrlichen Kirchenregimentsrechte in der evangelischen Landeskirche auf ein Kollegium namens „Evangelische Kirchenregierung" übergehen sollte (Art. 1 Abs. 1). Diese bestand gemäß Art. 1 Abs. 2 „aus zwei dieser Kirche angehörigen ordentlichen Mitgliedern des Geheimenraths, dem Präsidenten des Evangelischen Konsistoriums, dem Präsidenten der evangelischen Landessynode und einem Generalsuperintendenten."[436] Gemäß Art. 5 des Gesetzes umfaßten die Aufgaben der Evangelischen Kirchenregierung sämtliche innerkirchlichen Angelegenheiten, welche „zur Entschließung des evangelischen Landesherrn" stehen; sie sollte diese „selbständig ohne Anbringen an den König" ausüben[437]. Mit diesen gesetzlichen Regelungen war „Vorsorge für

---

Diskussion alternativer Regelungen im Vorfeld des Gesetzes bei *Mosapp*, Religions-Reversalien (Fn. 408), S. 99 ff.

[435] Vgl. Dokumentenanhang unter II.7, S. 234 ff. Zu Genese und Regelungen dieses Gesetzes eingehend *Hermle*, Kirchenregierung (Fn. 432), S. 198–224.

[436] Dazu *Hermle*, Kirche (Fn. 4), S. 13: „Durch diese Zusammensetzung der Kirchenregierung und die Bestimmung, dass das Gremium bei Anwesenheit von drei Mitgliedern arbeitsfähig sein sollte [scil. Art. 2 Abs. 1 des Gesetzes, H. D.], war zum einen eine Mehrheit für die kirchliche Seite gewährleistet und zudem gesichert, dass gegebenenfalls auch ohne die Minister die Arbeit aufgenommen werden konnte."

[437] 1912 kam es zu einer lediglich die personelle Zusammensetzung der Kirchenregierung betreffenden Revision des Gesetzes, mit der man Konsequenzen aus der Abschaffung des Geheimen Rates zog (*Hermle*, Kirchenregierung [Fn. 432], S. 225 ff.; vgl. Huber/Huber III, Nr. 288 [S. 577 Fn. 7, S. 578 Fn. 9]). Die sechs Jahre später erlassene „Königliche Verordnung, betreffend die Evangelische Kirchenregierung" vom 31. Oktober 1918 (Huber/Huber III, Nr. 230 [S. 580]) war eine Vollzugsverordnung zu Art. 5 Abs. 6 und Art. 7 Abs. 2 des Gesetzes von 1898, mit der die Abgrenzung der Zuständigkeiten von Konsistorium und Kirchenregierung vorgenommen wurde (*Hermle*, Kirchenregierung [Fn. 432], S. 229 ff.).

112   *III. Der staatskirchenrechtliche Umbruch 1918/19*

den zu erwartenden Fall getroffen, daß künftig die katholische Linie des Hauses Württemberg den König stellen werde."[438]

cc) Der reibungslose Übergang

Doch dieser Fall trat nicht ein. Denn der württembergische König Wilhelm II. regierte bei bester Gesundheit weitere 20 Jahre. Stattdessen fand mit der Novemberrevolution 1918 ein anderes, ganz unerwartetes historisches Ereignis statt. Es birgt zugleich die Antwort auf die Frage, was denn die hier eingehend erläuterten kirchenpolitisch-dynastischen Sicherheitsvorkehrungen aus dem 19. Jahrhundert eigentlich mit dem Umsturz am Ende des Ersten Weltkrieges zu tun haben. Die Antwort lautet: intentional praktisch nichts, funktional aber sehr viel. Denn ein geistesgegenwärtiger Konsistorialpräsident und ein nicht beratungsresistenter König reagierten auf die sich überschlagenden Ereignisse Ende Oktober/Anfang November 1918 in entschlossener Weise[439]. Sie erkannten nämlich, daß jene eigentlich nur für einen Konfessionswechsel des Landesherrn getroffenen Vorkehrungen sich als durchaus brauchbar erweisen könnten für die Reaktion auf einen Umsturz der Staatsform als solcher, also der Ablösung der Monarchie durch eine Republik. Ging es doch im einen wie im anderen Fall darum, den Ausfall des evangelischen Landesherrn durch die Übertragung des Kirchenregiments auf kirchliche Organe zu kompensieren. So hatten es schon die Religionsreversalien bestimmt, dahin ging die einschlägige Bestimmung der Verfassung von 1819, so lauteten die Vorkehrungen des Gesetzes von 1898. Die strukturelle Konstellation war nicht neu, doch nun war Eile geboten. Also „berief Konsistorialpräsident Hermann von Zeller am 9. November eine außerordentliche Sitzung des Konsistoriums

---

[438] *Hermle*, Kirchenregierung (Fn. 432), S. 224.
[439] Zu den Vorgängen im einzelnen: *Hermle*, Kirchenregierung (Fn. 432), S. 230 ff.; *ders.*, Umbruch (Fn. 405), S. 116; *Lempp*, Synodus (Fn. 33), S. 242 ff.

2. Das jähe Ende des landesherrlichen Kirchenregiments

ein, in der beschlossen wurde, ‚beim König die alsbaldige Erlassung eines kirchlichen Notgesetzes zu beantragen, durch das die Anwendung des Reversaliengesetzes auch für den Fall vorgesehen wurde, wenn der König aus andern als den im Reversaliengesetz genannten Gründen nicht in der Lage sei, die Kirchenregimentsrechte auszuüben'. Noch am selben Tag wurde ein entsprechender Gesetzesentwurf vom eilig zusammengetretenen Synodalausschuss und vom Ministerium beraten, dem König vorgelegt und von diesem sofort unterzeichnet. Dieses binnen weniger Stunden konzipierte, genehmigte und verkündete Gesetz verfügte zudem, dass [...] die Kirchenregierung alsbald einberufen werden solle."[440]

Der zentrale und einzige Artikel dieses Gesetzes („Vorläufiges kirchliches Gesetz, betreffend die Ausübung der landesherrlichen Kirchenregimentsrechte in der evangelischen Landeskirche Württembergs vom 9. November 1918")[441] besagte: „Die Bestimmungen des kirchlichen Gesetzes, betreffend die Ausübung der landesherrlichen Regimentsrechte im Falle der Zugehörigkeit des Königs zu einer anderen als der evangelischen Konfession vom 28. März 1898 [...], finden entsprechende Anwendung, wenn aus sonstigen Gründen die Kirchenregimentsrechte in der evangelischen Landeskirche Württembergs durch den Landesherrn nicht ausgeübt werden können."

In der unverfänglichen Wendung von den „sonstigen Gründen" verbarg sich die Reaktion auf die politische Revolution und deren Auswirkungen auf das Institut des landesherrlichen Kirchenregiments. Die dramatischen Vorgänge lassen sich vielleicht am besten so zusammenfassen: Offenkundig gingen in

---

[440] *Hermle*, Umbruch (Fn. 405), S. 116. Knappe Schilderung bei *Huber*/*Huber* III, S. 576.

[441] Siehe Dokumentenanhang unter II. 9, S. 240. – Als „vorläufig" war es zu bezeichnen, weil es nicht von der Synode, sondern nur vom Synodalausschuß beraten worden war (*Hermle*, Kirche [Fn. 4], S. 13 f.). Dieses Gesetz wurde später von der im Januar 1919 einberufenen (achten) Landessynode bestätigt. *Lempp*, Synodus (Fn. 33), S. 246.

Württemberg lange Tradition, weitsichtige Vorsorge und geistesgegenwärtiges Handeln eine glückliche Koinzidenz ein. Dadurch blieb das Land von Irrungen und Wirrungen wie in Preußen verschont. Es scheint daher kaum übertrieben, wenn man mit Blick auf die tatkräftig und beherzt ergriffenen Maßnahmen von einem „Glücksfall und Meisterstück" spricht[442]. Auf jeden Fall war innerhalb weniger Stunden durch „eine konzertierte Aktion von König Wilhelm II., der königlichen Staatsregierung und dem Königlichen Konsistorium sowie der Landessynode der Weg der Landeskirche von der Monarchie zur Demokratie gebahnt. Unsicherheiten über die Ausübung der Kirchenregimentsrechte bei einem Wegfall des Summepiskopus waren in Württemberg daher nicht gegeben."[443] Der Übergang fand konfliktfrei und auf solider Rechtsgrundlage statt.

dd) Die neue Ordnung

Dank der klaren Vorstrukturierung konnte die Neuordnung rasch und zielstrebig erfolgen. Zwar nahmen an der konstituierenden Sitzung am 28. November nur die drei kirchlichen Vertreter teil, weil die beiden einzigen evangelischen Mitglieder der Übergangsregierung die Mitarbeit abgelehnt hatten[444]. Nachdem aber mit dieser einvernehmlich geklärt war, daß § 3 des Gesetzes

---

[442] *Jürgen Kampmann*, Die württembergische Landeskirche und ihre Verfassung, in: BWKG 108/109 (2008/09), S. 157–180 (163). Siehe auch *Lempp*, Synodus (Fn. 33), S. 243: „gesetzgeberische Rekordleistung". – *Schneider*, Zeitlage (Fn. 323), S. 388: „So erfreute sich die württembergische Landeskirche der Tatsache der Lückenlosigkeit des Kirchenregiments und des sofortigen Bestandes einer kirchlichen Regierung bei der Änderung der Staatsverfassung."

[443] *Hermle*, Umbruch (Fn. 405), S. 116. – Die Übergabe des Kirchenregiments erfolgte somit deutlich früher als der am 30. November 1918 erklärte offizielle Thronverzicht (zu dem in Württemberg vergleichsweise gemäßigt verlaufenden politischen Umbruch im November 1918 siehe *Huber* V, S. 1037 ff.).

[444] Dazu und zum folgenden *Hermle*, Kirchenregierung (Fn. 432), S. 233 f.; *ders.*, Kirche (Fn. 4), S. 14; *Lempp*, Synodus (Fn. 33), S. 244 ff.

2. Das jähe Ende des landesherrlichen Kirchenregiments 115

von 1898, demgemäß bei der Wahl von Ersatzmännern eine Vorschlagsliste dem König vorzulegen war, keine Anwendung mehr finden solle und zwei weitere nicht der Regierung angehörende Personen gewählt waren, konnte die fünfköpfige Kirchenregierung[445] am 10. Dezember die Arbeit aufnehmen[446]. Am 12. Dezember 1918 wandte sich die neue Oberkirchenbehörde Württembergs mit einer Erklärung an das Kirchenvolk[447]. Man sprach dem König Dank aus, beteuerte die Bereitschaft, auch unter der neuen Staatsordnung dem Volkswohl dienen zu wollen, und äußerte die Überzeugung, daß das deutsche Volk für die „gewaltige Aufgabe seines Neuaufbaus […] die Lebenskräfte des Evangeliums" brauche. Die Bekanntmachung schloß mit den Worten: „In diesem Sinne sollen und wollen wir alle, Geistliche und Gemeindegenossen, unsere Pflicht erfüllen als Christen und als Staatsbürger."

Wie ging es weiter? Am 1. Juni 1919 fand nach entsprechenden Beschlüssen der neuen Kirchenregierung und der alten Landessynode[448] die Wahl zur Landeskirchenversammlung statt, und zwar im Wege der Urwahl aller mindestens 25jährigen kirchenangehörigen Männer und Frauen[449]. Diese verabschiedete sodann

---

[445] *Huber* V, S. 879 zählt die einzelnen Mitglieder auf (Kurzbiographien zu ihnen bei *Huber/Huber* IV, S. 48) und fährt fort: „Drei in hervorragenden kirchlichen Ämtern stehende Theologen und zwei Laien, von denen der eine als Präsident der Landessynode der vornehmste Repräsentant der Gesamtheit des evangelischen Kirchenvolks Württembergs war, bildeten damit das neue kirchenleitende Organ."

[446] Sie war „voll arbeitsfähig" (*Hermle*, Umbruch [Fn. 405], S. 116).

[447] Bekanntmachung der Oberkirchenbehörde Württembergs vom 12. Dezember 1918; siehe Dokumentenanhang unter II. 10, S. 241; dort auch die folgenden Zitate.

[448] Siehe *Lempp*, Synodus (Fn. 33), S. 245 ff.; *Schneider*, Zeitlage (Fn. 323), S. 388.

[449] *Ehmer*, Geschichte (Fn. 249), S. 135. Die Urwahl kannte man noch in den Verfassungen anderer Landeskirchen dieser Zeit (vgl. die Aufstellung bei *Närger*, Synodalwahlsystem [Fn. 256], S. 125 f.), aber nur in Württemberg wurde sie auch nach dem Zweiten Weltkrieg und bis zum heutigen Tag beibehalten (*Närger*, ebd., S. 218 ff., 239 ff.). Zu Details der

die am 24. Juni 1920 verkündete neue Kirchenverfassung[450], die freilich erst am 1. April 1924 in Kraft treten konnte. Grund für die Verzögerung war, daß die neue Kirchenverfassung der Bestätigung durch ein staatliches Gesetz bedurfte, das am 3. März 1924 erging und so endgültig den Weg für eine vollständige Selbstorganisation der Kirche ebnete[451]. Die neue Kirchenverfassung überführte das königliche Konsistorium in einen „evangelischen Oberkirchenrat" (mit dem Kirchenpräsidenten an der Spitze und den „Prälaten", also den Generalsuperintendenten, als geborenen Mitgliedern), konzipierte den Landeskirchentag als Vertretungsorgan der „Gesamtheit der evangelischen Kirchengenossen" und setzte einen auf Lebenszeit gewählten „Kirchenpräsidenten" an die Spitze der Organisation[452]. Insgesamt handelte es sich, ähnlich wie in Preußen, eher um eine modifizierte Fortführung des alten Systems, weniger um eine komplette Neuschöpfung[453].

Wahl 1919 und zur Zusammensetzung der Landeskirchenversammlung *Hermle*, Umbruch (Fn. 405), S. 123 ff.; die Wahlbeteiligung lag bei beachtlichen 42 % und war auf dem Land deutlich höher als in den Städten (ebd., S. 127 f.). Vgl. noch *Hermle*, Kirche (Fn. 4), S. 18.

[450] Vgl. im Dokumentenanhang unter II. 11, S. 242 ff. – Lebendige Darstellung der Debatten eines Zeitzeugen *Hans Voelter*, Die Revolution von 1918 und ihre Auswirkung auf die württembergische evangelische Landeskirche, in: BWKG 62 (1962), S. 309–343 (315 ff.).

[451] Vgl. im Dokumentenanhang unter II. 12, S. 245 ff. – Zu den inhaltlichen Bestimmungen *Lempp*, Synodus (Fn. 33), S. 248 ff.; *Ehmer*, Geschichte (Fn. 249), S. 136 f.; *Hermle*, Kirche (Fn. 4), S. 26.

[452] Zu den Normen vgl. Dokumentenanhang II. 11, S. 242 ff. Näher zu den Organen *Paul Schoen*, Die Kirchenregierung nach den neuen evangelischen Kirchenverfassungen, Berlin 1922, S. 7 ff., 14 f., 22 ff.; *Lempp*, Synodus (Fn. 33), S. 251 ff. – Knapp *Hermle*, Umbruch (Fn. 405), S. 117; *Schneider*, Zeitlage (Fn. 323), S. 390 f.; zum Gang der Beratungen eingehend *Voelter*, Revolution (Fn. 450), S. 321 ff.

[453] *Hermle*, Kirchenregierung (Fn. 432), S. 236 ff. betont besonders die Ähnlichkeit des neuen Landeskirchenausschusses mit der im Gesetz von 1898 konzipierten Evangelischen Kirchenregierung. – Ohnehin herrscht auch bei den meisten anderen evangelischen Kirchenverfassungen der Zeit nach dem Ersten Weltkrieg Kontinuität vor: *Landau*, Art. Kirchen-

Dies mag zur Schilderung der gewissermaßen äußeren Ereignisse nach der Revolution genügen. Doch ragt hinter all diesen einzelnen und oft kleinteiligen Schritten hin zu einer Neuordnung der innerkirchlichen Verhältnisse noch eine ganz andere und sehr viel grundsätzlichere Frage hervor: Was bedeutete der Übergang eigentlich für das *prinzipielle* Verhältnis der evangelischen Kirchen zur Weimarer Republik, gewissermaßen für dessen Tiefendimension?

3. Kirche ohne König – Verlusterfahrung oder Freiheitsgewinn?

Fragen wir zunächst, wie es um das „kirchenpolitische Selbstverständnis des Protestantismus"[454] im Angesicht der neuen republikanisch-demokratischen Ordnung bestellt war. Galt der Entfall des landesherrlichen Kirchenregiments eher als willkommene Chance für innerkirchliche Autonomie und Selbstverwaltung, die man freudig ergriff, oder spürte man einen Schock, herrschte das Gefühl von Verlust, Enttäuschung und Zurückweisung vor?

a) Das Ende als Trauma?

Die letztgenannte Sichtweise einer geradezu traumatischen Verlusterfahrung erfreut sich in der einschlägigen Literatur weiter Verbreitung und findet prominente Vertreter. Rudolf Smend zählte die evangelische Kirche „in gewissem Maße zu den Besiegten von 1918"[455]. In die gleiche Richtung geht die Einschätzung von Martin Heckel: „Die großen Kirchen, zumal die

---

verfassungen (Fn. 46), S. 153 f. – Andere Einschätzung für Württemberg bei *Lempp,* Synodus (Fn. 33), S. 255: „starke[r] Wandel", „tiefgreifende kirchliche Neuordnung".

[454] *Jacke,* Kirche (Fn. 1), S. 305.

[455] *Rudolf Smend,* Staat und Kirche nach dem Bonner Grundgesetz, in: ZevKR 1 (1951), S. 4–14 (7).

evangelische, empfanden sich nach anderthalb Jahrtausenden ‚Konstantinischer Verbundenheit' jetzt durch die Republik verstoßen und in ihren Verdiensten um Staat, Kultur und Sittlichkeit schnöde herabgewürdigt."[456] Die Trennung von Staat und Kirche wurde als „massiver Einflußverlust" erfahren[457]. Der Theologe und Kirchenhistoriker Wolfgang Hauschild greift zu dem Bild, die evangelische Kirche habe sich „gleichsam als sitzengebliebene Magd einer vertriebenen monarchischen Obrigkeit gegenüber einem selbstbewußten Volk" gefühlt[458]. Ähnlich heißt es bei einem staatskirchenrechtlichen Autor, der Protestantismus habe „der Umwälzung und der sich bildenden Republik in seiner großen Mehrheit innerlich fremd, mehr noch: ablehnend" gegenübergestanden[459]: „Infolge ihrer ausgeprägten Anlehnung an die Monarchie fühlte sich die evangelische Kirche durch die staatskirchenrechtlichen Regelungen der Weimarer Reichsverfassung gewissermaßen in ihrer eigenen Rechtssphäre, ihrem Verwaltungsaufbau, vor allem jedoch in ihrer positiven Einstellung zur ehemaligen Obrigkeit verletzt"[460]. Desgleichen spricht der protestantische Theologe Trutz Rendtorff von inneren Vorbehalten und offener Ablehnung[461]. Ein Zeitzeuge resümiert rückblickend:

---

[456] *Heckel*, Religionskonflikt (Fn. 7), S. 121.

[457] *Klaus Tanner*, Protestantische Demokratiekritik in der Weimarer Republik, in: Ziegert, Kirchen (Fn. 306), S. 23–36 (26).

[458] *Hauschild*, Volkskirche (Fn. 347), S. 44; zuvor hatte er allerdings auch davon gesprochen, daß „in den kirchenleitenden Kreisen eine durchaus konstruktiv-positive Einstellung zur neuen Republik" erwachsen sei (ebd., S. 40); noch eine Seite früher heißt es wiederum, „daß die evangelische Kirche die Demokratisierung als tiefe Existenzbedrohung erlebte" (S. 39); ähnlich die Rede von der „Krise im Verhältnis zur Demokratie nach 1918" (S. 37).

[459] *Jeand'Heur*, Begriff (Fn. 43), S. 462.

[460] *Jeand'Heur*, Begriff (Fn. 43), S. 463.

[461] *Trutz Rendtorff*, Eine kirchliche Lektion in Sachen Demokratie, in: ZEE 20 (1985), S. 365–370 (365): „Der geistliche und moralische Vertrauensvorschuß, den der Staat im deutschen Protestantismus lange Zeit genossen hatte, wurde nach 1918 [...] von einem tiefen Mißtrauen verdrängt; die parlamentarische Mehrheitsdemokratie und ihre

„In weiten kirchlichen Kreisen bestand eben nach 1918 ungebrochen eine Sehnsucht, zu einer Geborgenheit der Kirche im Staat zurückzukehren. Aus jahrhundertlanger Gewöhnung war ein tiefes Bedürfnis nach staatskirchlicher Intimität latent vorhanden geblieben. Da man kein Verhältnis zum Weimarer Staat gefunden hatte, brach es mit Vehemenz in der neuen Situation von 1933 auf."[462] Der Theologe Georg Hoffmann schreibt: „die innere Bindung an den *alten* Staat führte zur Ablehnung oder doch zur Reserve gegen den *neuen* Staat und seine Träger."[463] Stellungnahmen evangelischer Kirchenleitungen aus der unmittelbaren Nachkriegszeit sind „erfüllt von der Sorge um den Bestand der Kirche und des christlichen Geistes im Volke und von der Trauer und Klage über das Ende des Kaiserreiches"[464]. Diese Sicht der Dinge läßt sich vielleicht bildhaft so ausdrücken: man fühlte sich plötzlich unbehaust[465]. Wortmächtig hat Friedrich Wilhelm Graf diese Bewußtseinslage beschrieben:

„Für das hier vorherrschende Gefühl einer ganz tiefen, bis in fundamentale Bewußtseinsschichten erschütternden Verunsicherung

---

Verfassungsinstitutionen stießen bei vielen Repräsentanten und theologischen Wortführern auf eine weitgehende Reserve, die von inneren Vorbehalten bis zu offener Ablehnung reichte."

[462] *Voelter,* Revolution (Fn. 450), S. 324. – In diesem Sinne spricht *Leonhardt,* Religion (Fn. 181), S. 312 „von nostalgischer Vergangenheitsverklärung in Verbindung mit Unsicherheit und Orientierungslosigkeit angesichts einer offen-ungesicherten Zukunft".

[463] *Georg Hoffmann,* Das Nachwirken deutscher staatskirchlicher Tradition im evangelischen Kirchenbewußtsein nach 1918, in: Georg Kretschmar/Bernhard Lohse (Hrsg.), Ecclesia und Res Publica, Göttingen 1961, S. 125–141 (130) Hv. i. O., H. D.; ähnlich ebd., S. 141: „Die gefühlsmäßige Bindung an die Monarchie, an den alten Staat, mit der Verbindung von Thron und Altar trug dazu bei, daß der Weimarer Staat innerlich abgelehnt wurde und damit ein Distanzgefühl der Kirche dem Staate gegenüber überhaupt aufkam."

[464] *Mehnert,* Evangelische Kirche (Fn. 304), S. 103 (mit zahlreichen Beispielen S. 103 ff.).

[465] Ähnlich *Leonhardt,* Religion (Fn. 181), S. 313: „Gefühl einer Heimatlosigkeit im neuen Staat".

finden sich sowohl bei prominenten Repräsentanten des politischen Protestantismus als auch bei höheren Kirchenvertretern und in der Pfarrerschaft zahlreiche Belege. Orientierungslosigkeit, Verzweiflung, nihilistische Ohnmachtserfahrungen einer inflationären Entwertung aller bisher geltenden ‚Kulturwerte', Statusängste und hohe Ekelschranken gegenüber der als dekadent verachteten demokratischen Massen- und Parteienherrschaft verdichteten sich zu einem antirepublikanischen Syndrom, das vielfältigen Tendenzen der Realitätsverweigerung Vorschub leistete, es jedenfalls kaum erlaubte, sich auf die neuen Verhältnisse konstruktiv einzulassen."466

b) Das Ende als Chance?

Nun kann allerdings ein schmerzhafter Einschnitt zugleich ein im Grunde überfälliger und sogar heilsamer sein, so wie das Ende einer alten Beziehungsstruktur neue Gestaltungsräume eröffnet. Man kann sich ja ein neues Haus bauen – oder das alte umbauen, denn dieses Bild trifft es angesichts der bestehenden Verbindungslinien zwischen alter und neuer Zeit vielleicht besser. Doch ganz unabhängig davon, wie weit die Verselbständigung der Kirche im 19. Jahrhundert bereits konzeptionell entfaltet, normativ verankert und praktisch umgesetzt war: Ließ sich der Verlust des landesherrlichen Kirchenregiments nicht verschmerzen oder kompensieren? Oder noch stärker: Stand dem Verlust nicht ein immenser Freiheitsgewinn gegenüber? Bot sich hier dem Protestantismus nicht die „historische Chance, in weitgehender Autonomie und ohne den Druck unmittelbarer staatlich-politischer Herrschaftsinteressen eine Reform der landeskirchlichen Verfassung durchzuführen"467? Immerhin bedeutete ja das Ende der Monarchie in Deutschland „das Ende des landesherrlichen Kirchenregiments bei Fortbestand

---

466 *Friedrich Wilhelm Graf*, Einleitung: Protestantische Universitätstheologie in der Weimarer Republik, in: ders., Der heilige Zeitgeist, Tübingen 2011, S. 1–110 (7).
467 *Jacke*, Kirche (Fn. 1), S. 152.

3. Kirche ohne König – Verlusterfahrung oder Freiheitsgewinn? 121

der Landeskirchen"[468]. Und diese knüpften nun in vielfältiger Weise an die im Laufe des 19. Jahrhunderts ausgebildeten und sukzessive verselbständigten Organisationsstrukturen[469] an und konnten so von ihrem in der Weimarer Reichsverfassung garantierten Selbstbestimmungsrecht in weitgehender Autonomie Gebrauch machen[470]. „Allenthalben wurde der Wegfall des landesherrlichen Kirchenregiments dadurch ausgeglichen, daß die Konsistorien, die nun zu rein kirchlichen Behörden wurden, die gestärkten presbyterial-synodalen Organe und die stark aufgewerteten, z. T. mit dem Bischofstitel versehenen leitenden Geistlichen die mit dem Wegfall des landesherrlichen Kirchenregiments frei werdenden Kompetenzen unter sich aufteilten und kollegiale Kirchenorgane bildeten."[471]

Gerade mit Blick auf die in Art. 137 Abs. 1 WRV abgeschaffte Staatskirche und das in Absatz 3 garantierte Selbstverwaltungsrecht und die damit gewonnene neue Freiheit hatte Friedrich Naumann, Theologe und führender DDP-Politiker, bei den Beratungen des einschlägigen Artikels in der Weimarer Nationalversammlung von einem „Freudentage" für die evangelischen Christen gesprochen, ohne die Probleme zu verhehlen, die sich bei der Bewältigung dieser ungewohnten Aufgabe stellen. Aus seiner beeindruckenden Rede verdient insbesondere die folgende Passage Erwähnung.

„Die Absicht der Loslösung und des Freiwerdens ist so deutlich in diesem Gesetze, daß, wer überhaupt im geistigen Zusammenhang

---

[468] *Ohst*, Art. Kirchenverfassung (Fn. 97), Sp. 1331. – Die Fortexistenz der 28 Landeskirchen stand, nachdem Bestrebungen zur Gründung einer protestantischen Reichskirche sich schnell zerschlagen hatten, im Grunde außer Frage; Vorstellungen, daß nun die Gemeinde die eigentliche Kirche bilden und auch als Trägerin des Kirchenregiments anzusehen sein sollte, blieben minoritär (dazu knapp *Bullinger*, Ende [Fn. 320], S. 86 f.).
[469] Siehe dazu oben S. 25 ff., 49 ff.
[470] Zu den konkreten Schwierigkeiten des Übergangs oben S. 78 ff.
[471] *Ohst*, Art. Kirchenverfassung (Fn. 97), Sp. 1331.

mit der protestantischen Religion lebt, der weiß, welche unbedingte Änderung des Gefühls- und Gedankeninhalts in dem liegt, was jetzt hier beschlossen werden soll. Es war nämlich auf Grund jenes alten reichsrechtlichen Satzes: ‚cuius regio ejus [sic] religio' die Religion zu einer Art Untertaneneigenschaft gemacht worden, und es gehörte zum Staatsbürger des alten Territorialstaates eine gewisse religiöse konfessionelle Haltung; es wurde die Leitung der kirchlichen Dinge der Staatsobrigkeit zugewiesen; die Kirche der fürstlichen Konsistorien wurde bezahlt und bevormundet vom fürstlichen Staate. Dadurch kam gerade einer der Hauptgrundsätze des *Protestantismus* nicht zur Lebendigkeit, nämlich der vom *allgemeinen Priestertum der Gläubigen*. [...] Das, was von jetzt an die neue Periode charakterisieren wird, ist, daß dieser Elementargrundsatz des evangelischen Glaubens die geschichtliche Möglichkeit erhält, sich auszuleben. Jetzt endlich wird den Evangelischen gesagt: ihr webt selbst das Gewand eurer Glaubensgemeinschaft! Eine Kirche, die viel politischen Charakter durch ihren Zusammenhang mit dem polizeilichen Staate bekam, die eine obrigkeitliche Kirche geworden war, [...] steht jetzt vor der Entwicklungsfrage, ob sie kraft eigener Prinzipien und biblischer Traditionen nun eigenen Rechts, unabhängig und frei vom Staate werden kann. Für viele evangelische Christen ist der Tag, an dem dieser Art. 134 beschlossen wird, einer der Freudentage ihres Daseins."[472]

Auch in der speziell der Lage in Württemberg gewidmeten Literatur stehen keineswegs durchweg Symptome des Verlustes, der Resignation und Verbitterung im Vordergrund, wie es die oben zitierte Einschätzung von Martin Heckel und anderen suggeriert. Vielleicht ist das Bild doch etwas zu ein-

---

[472] Verhandlungen der Nationalversammlung, Bd. 328 (Fn. 9), 59. Sitzung des Plenums v. 17. Juli 1919, S. 1651 (C), Hv. i. O., H. D. – Bei dem genannten Art. 134 der Verfassung handelt es sich um den späteren Art. 137. – Auch *Meurer*, Kirchenfrage (Fn. 18), Sp. 383 kommentierte die Neuregelung euphorisch, wobei er allerdings vermutlich stärker seine katholische Kirche im Auge hatte: „Zu begrüßen ist die kirchliche Autonomie [...]. Die Auswirkung dieses Grundsatzes ist von größter Bedeutung: Das bisherige Kirchenhoheitssystem bricht damit zusammen. Niemand wird ihm eine Träne nachweinen; die Kirche aber wird aufatmen und die mit der Trennung notwendig werdenden Unbequemlichkeiten leichter ertragen."

3. Kirche ohne König – Verlusterfahrung oder Freiheitsgewinn? 123

seitig gezeichnet, wenn vor allem die Aspekte des Unterganges der überkommenen und liebgewonnenen Ordnung und einer daraus resultierenden Ablehnung der neuen Republik betont werden[473]. Beides gab es sicher, aber sicher auch anderes[474], vielleicht wiederum besonders in Württemberg. Jedenfalls liest man in einem jüngeren Beitrag in den „Blättern für württembergische Kirchengeschichte", die 1918 eröffneten neuen Perspektiven seien durchaus nicht nur „unter Aspekten des Verlustes, des Niedergangs und gar der Hoffnungslosigkeit gesehen worden"[475]. In gewissem Umfang jedenfalls folgte dem politischen Umbruch durchaus auch ein kirchlicher Aufbruch[476]. So spricht etwa der evangelische Theologe Georg Hoffmann davon, daß die wenigen Jahre der Weimarer Republik ausgereicht hätten, „um im evangelischen Kirchenbewußtsein ein Gefühl für die Selbständigkeit der Kirche auch in den äußeren Angelegenheiten groß werden zu lassen" und sich „das Geh- und Stehvermögen der evangelischen Kirchen nach Fortfall der staatlichen Verfassungskrücken" bewährt habe[477].

---

[473] Vgl. etwa die durchaus positiver gestimmten Stellungnahmen, die *Voelter*, Revolution (Fn. 450), S. 341 f. anführt und die auf konstruktive Kooperation mit dem neuen Staat hoffen.

[474] Siehe etwa den (freilich sehr allgemein gehaltenen) Hinweis bei *Link*, Kirchliche Rechtsgeschichte (Fn. 19), § 26 Rn. 4: „Aber auch dort [scil.: im evangelischen Deutschland, H. D.] prägten nicht nur Resignation und Antirepublikanismus das Bild. Kirchenleitungen und kirchliche Gruppen riefen zu loyaler Mitarbeit beim Neuaufbau von Staat und Gesellschaft auf."

[475] *Kampmann*, Landeskirche (Fn. 442), S. 162 (unter Hinweis auf Otto Dibelius).

[476] In Anlehnung an den Titel des Themenheftes der „Blätter für württembergische Kirchengeschichte" 108/109 (2008/2009): „Politischer Umbruch, kirchlicher Aufbruch? Zur Positionierung der Evangelischen Landeskirchen in der frühen Weimarer Republik".

[477] *Hoffmann*, Nachwirken (Fn. 463), S. 126. So lautet sein „Fazit der Entwicklung: die Kritik am neuen Staat, bedingt oder beeinflußt durch die Anhänglichkeit an den alten Staat, förderte das Bewußtsein für die

c) Protestantismus in der Weimarer Republik

Nachgerade als Symbol für diese positive Sicht der (kirchenpolitischen) Veränderungen darf wohl Otto Dibelius gelten[478]. Dem seinerzeitigen kurmärkischen Generalsuperintendenten gelang mit seiner fanalhaft betitelten Programmschrift „Das Jahrhundert der Kirche"[479] ein veritabler Bestseller[480]. In diesem Buch wurde in „bisweilen fast hymnischer Form ein Lobpreis auf die neuerrungene Freiheit der Kirche angestimmt"[481], um aber zugleich unmißverständlich festzuhalten, daß die „Stimmung in der Kirche ganz überwiegend republikfeindlich ist" und sie „dem neuen Staat sehr reserviert" gegenüberstehe[482] – eine Reserve, die der Autor zweifelsohne teilte.

Diese ganz unterschiedliche Positionierung: der „emphatischen Begeisterung"[483] für die Freiheit der Kirche auf der einen, Ablehnung der freiheitlich-demokratischen Staatsidee auf der anderen Seite macht bereits unmißverständlich deutlich, daß die Emphase für die neue Freiheit der Kirche keineswegs parallel lief mit einer Emphase für die neue freiheitliche und demokratische

---

Unabhängigkeit der Kirche und setzte dem hergebrachten Verständnis der Staatskirchenhoheit ein Ende." (S. 136).

[478] Eingehend zu ihm und seinen Positionen *Roland Kurz,* Nationalprotestantisches Denken in der Weimarer Republik. Voraussetzungen und Ausprägungen des Protestantismus nach dem Ersten Weltkrieg in seiner Begegnung mit Volk und Nation, Gütersloh 2007, S. 314–407; zur Weimarer Zeit *Hartmut Fritz,* Otto Dibelius. Ein Kirchenmann zwischen Monarchie und Diktatur, Göttingen 1998, S. 23 ff., 145 ff., 313 ff.

[479] *Otto Dibelius,* Das Jahrhundert der Kirche. Geschichte, Betrachtung, Umschau und Ziele (1926), 2. Aufl., Berlin 1927. Zu Inhalt, Rezeption und Kritik des Buches eingehend *Fritz,* Dibelius (Fn. 478), S. 187 ff., 221 ff.; konzises Kurzreferat der zentralen Thesen bei *Leonhardt,* Religion (Fn. 181), S. 319 ff.

[480] Siehe *Nowak,* Geschichte (Fn. 154), S. 218. Das Buch erlebte in zwei Jahren sechs Auflagen; *Fritz,* Dibelius (Fn. 478), S. 187.

[481] *Hoffmann,* Nachwirken (Fn. 463), S. 135. Siehe auch *Fritz,* Dibelius (Fn. 478), S. 188 („enthusiastische Deutung"), 189 („Jubelton").

[482] *Dibelius,* Jahrhundert (Fn. 479), S. 76.

[483] *Leonhardt,* Religion (Fn. 181), S. 319.

3. Kirche ohne König – Verlusterfahrung oder Freiheitsgewinn? 125

Staatsordnung. Das Verhältnis des Protestantismus zum neuen Staat war kein positives, im Gegenteil: zu einer wirklich bejahenden Annahme der Weimarer Republik durch die evangelische Kirche ist es nicht gekommen. Hingegen dominierten Skepsis, Distanz und Ablehnung, wenn nicht gar aktive Bekämpfung[484]. Im August 1919 konstatierte Ernst Troeltsch in einem seiner Spektator-Briefe, die protestantische Kirche Preußens stehe im Begriff, „zur konservativen Gegenburg gegen den Staat der Revolution zu werden."[485] Klaus Tanner hat die wesentlichen politischen Mentalitäten und Präferenzen im Protestantismus der Weimarer Jahre prägnant gekennzeichnet:

„Die neue Verfassung von 1919 galt bei der Mehrheit der Protestanten als Dokument ‚westlich-liberalen' Denkens, als Diktat im Geiste der Sieger von Versailles. […] Aus protestantischer Perspektive war die neue Republik auch deshalb schwer akzeptabel, weil die alten innenpolitischen Gegner, Katholizismus und Sozialdemokratie, nach 1919 mit an den Schalthebeln der Macht saßen. […] In der Ablehnung der neuen politischen Ordnung gab es in den zwanziger Jahren einen breiten Konsens. […] Die protestantische Pfarrerschaft stand der neuen republikanischen Ordnung weitgehend ablehnend gegenüber."[486]

---

[484] Vertiefend hierzu und zum folgenden: *Klaus Tanner*, Die fromme Verstaatlichung des Gewissens, Göttingen 1989, S. 59 ff., 79 ff.; *Helmut Geck*, Zwischen Distanz und Loyalität – Der deutsche Protestantismus und die Weimarer Republik, in: Brakelmann u. a., Weg (Fn. 11), S. 140–153; *Martin H. Jung*, Der Protestantismus in Deutschland von 1870 bis 1945, Leipzig 2002, S. 124 ff.; *Harry Oelke*, Gesamtschau: Protestantismus und Weimarer Republik, in: Siegfried Hermle/Harry Oelke (Hrsg.), Kirchliche Zeitgeschichte_evangelisch, Bd. 1: Protestantismus und Weimarer Republik (1918–1932), Leipzig 2019, S. 9–32.
[485] *Ernst Troeltsch*, Artikel vom 10. August 1919 („Der Enthüllungssturm"), in: Troeltsch, Fehlgeburt (Fn. 366), S. 73–75 (75).
[486] *Tanner*, Protestantische Demokratiekritik (Fn. 457), S. 26 f.; auf der gleichen Linie *Oelke*, Gesamtschau (Fn. 484), S. 12 ff. – Das hatte insofern durchaus tieferliegende Gründe, als es traditionelle „gravierende Defizite an Reflexion der demokratischen Wert- und Ordnungsvorstellungen im Bereich des deutschen Protestantismus" gab und Demokratie als Staatsform bis weit ins 20. Jahrhundert hinein „Stiefkind der protestantischen Theologie Deutschlands" war: *Rudolf von Thadden*,

Das war von Beginn an so, und auch im Laufe der Jahre änderte sich an dem verbreiteten „Unbehagen an der Republik"[487] nichts grundsätzliches, abgesehen vielleicht von der Mitte der 1920er Jahre, die man als „Phase respektabler Besinnung" und „eines Kurses kooperativer Loyalität zwischen Staat und evangelischer Kirche" umschrieben hat, die aber schon „1929/30 ein plötzliches Ende" fand[488]. Als ein wesentlicher Indikator für die ablehnende Grundhaltung darf die parteipolitische Präferenz gelten, die in weiten protestantischen Kreisen eindeutig in Richtung der nationalkonservativen DNVP ging, mit der zusammen man nicht selten eine „Aktionseinheit"[489] bildete. Ungeachtet der offiziellen Linie der evangelischen Kirchenleitungen, sich grundsätzlich politisch neutral zu verhalten, erschien diese Partei, die in der Weimarer Nationalversammlung gegen die neue Verfassung gestimmt hatte, dem Protestantismus in seiner Breite als natürliche politische Heimstatt[490]. Die DDP hingegen fand Unterstützung lediglich bei einem kleinen Kreis dezidiert liberaler Protestanten wie Ernst Troeltsch oder Adolf von Harnack[491], während die

---

Protestantismus und Demokratie, in: Troeltsch-Studien, Bd. 3 (Fn. 325), S. 103–119 (103, 105).

[487] *Nowak*, Kirche (Fn. 311), S. 85 ff.

[488] Beide Zitate: *Oelke*, Gesamtschau (Fn. 484), S. 11. – Zu einigen zarten Konsolidierungstrieben Mitte der 1920er Jahre *Wollstein*, Evangelische Kirche (Fn. 306), S. 16 ff. – Charakteristischerweise fiel die beim Königsberger Kirchentag 1927 abgegebene „Vaterländische Kundgebung" ambivalent, die bekundete Staatsloyalität gebremst aus; vgl. *Daniel Bormuth, Die Deutschen Evangelischen Kirchentage in der Weimarer Republik*, Stuttgart 2007, S. 229 ff., 240 ff.

[489] *Jacke*, Kirche (Fn. 1), S. 212. Die Nähe zur DNVP betont auch *Büttner*, Republik (Fn. 347), S. 271 f.

[490] Näher *Nowak*, Kirche (Fn. 311), S. 28 ff., 101 ff.; knapp *Wehler*, Gesellschaftsgeschichte, Bd. 4 (Fn. 315), S. 437 f.: DNVP als politische Treuhänderin des Protestantismus. Ihm zufolge unterstützten ca. 80 Prozent der insgesamt 18.000 Pfarrer die DNVP. Zur Demokratieunfähigkeit der Pfarrer noch *Nowak*, Kirche (Fn. 311), S. 210 ff.

[491] Siehe *Nowak*, Kirche (Fn. 311), S. 97 ff.; *Oelke*, Gesamtschau (Fn. 484), S. 13. Von Dibelius wurde diese Partei bei den Wahlen zur

3. Kirche ohne König – Verlusterfahrung oder Freiheitsgewinn? 127

SPD auf fast einhellige Ablehnung stieß[492]. So optierte die Wahlpropaganda in der evangelischen Presse bei den Reichstagswahlen 1920 ganz eindeutig zugunsten der Rechtsparteien[493]. Selbstverständlich gab es auch linke Kräfte, wie sie sich etwa in der (freilich ihrerseits diffusen) Volkskirchenbewegung sammelten, und auch eine „theologische Unterstützung für das neue demokratische System"[494] läßt sich vereinzelt ausmachen, etwa bei Vertretern einer liberalen Theologie wie Martin Rade, Otto Baumgarten und Ernst Troeltsch[495]. Doch blieben das Minderheitspositionen ohne größere Bedeutung für die Kirchen und vor allem ohne Resonanz in den Kirchenleitungen[496]. Es dominierte eindeutig der „antirevolutionäre Affekt"[497] des demokratiefernen Nationalprotestantismus.

Neben den parteipolitischen Affinitäten darf als nicht minder aufschlußreich gelten, wie sich die protestantische Kirche bei herausragenden Ereignissen und in politischen Kernfragen verhielt. Hier läßt sich mit Hans-Ulrich Wehler ein veritables Sündenregister aufmachen:

„Im offiziösen ‚Kirchlichen Jahrbuch' erging sich der langjährige Herausgeber [...] gleich nach dem Umbruch in Tiraden gegen den ‚tollen Pöbel', gegen den Sozialismus als ‚Ethik der Minderwertigen', gegen den Acht-Stunden-Tag als den ‚wahnwitzigsten der volkswirtschaftlichen Irrtümer'. Als die Leiche der Kaiserin Auguste Victoria

---

Nationalversammlung eindeutig abgelehnt (vgl. *Fritz*, Dibelius [Fn. 478], S. 52 ff., 56).

[492] Dazu *Nowak*, Kirche (Fn. 311), S. 29 ff., 88 ff.
[493] *Nowak*, Kirche (Fn. 311), S. 105 ff.
[494] *Christoph Schwöbel*, Gottes Stimme und die Demokratie. Theologische Unterstützung für das neue demokratische System, in: Ziegert, Kirchen (Fn. 306), S. 37–68 (37).
[495] Zu den beiden erstgenannten *Schwöbel*, Gottes Stimme (Fn. 494), S. 42 ff., 53 ff.; zu Troeltsch aus der Überfülle der Literatur *Graf*, Einleitung (Fn. 466), S. 32 ff.; *v. Scheliha*, Ethik (Fn. 1), S. 157 ff.
[496] *Graf*, Einleitung (Fn. 466), S. 8.
[497] *Wolfgang Huber*, Gerechtigkeit und Recht. Grundlinien christlicher Rechtsethik, 2. durchgesehene Auflage, Gütersloh 1999, S. 433.

im April 1921 nach Potsdam überführt wurde, ordnete der preußische Evangelische Oberkirchenrat in allen Orten am Reiseweg das feierliche Glockengeläut an. Kein Wort fand er dagegen zum Mord an Erzberger. Zum Mord an Rathenau schwieg sich das ‚Kirchliche Jahrbuch' aus. Kein Beileid konnte sich die Kirchenleitung zum Tod von Reichspräsident Ebert abringen. […] Gegen die Fürstenenteignung leistete die Kirche auf allen Ebenen verbissenen Widerstand, […] während sie sich im Lager der antiparlamentarischen ‚nationalen Opposition' gegen den reparationspolitischen Young-Plan offenbar angemessen plaziert fand."[498]

So ist insgesamt zu konstatieren, daß man zwar einerseits die neue kirchenverfassungsrechtliche Freiheit durchaus zu schätzen gewußt oder gelernt hat, ohne aber seinen staatspolitischen Frieden mit Republik, Demokratie und Parlamentarismus zu schließen. Diese Ambivalenz wurde besonders schlüssig auf den Punkt gebracht von Helmut Simon, dem engagierten Protestanten und streitbaren Richter des Bundesverfassungsgerichts[499]. Er unterscheidet überzeugend zwischen kirchenpolitischen und staatspolitischen Aspekten, wie das folgende längere Zitat verdeutlicht:

„Eigentlich wäre zu erwarten gewesen, daß sich der Protestantismus mit einem solchen System [scil.: dem der Selbstverwaltungsgarantie gemäß der Weimarer Reichsverfassung, H. D.] alsbald angefreundet hätte. Denn eine Kirche, deren Situation von Anfang an durch das Nebeneinander mehrerer Konfessionen und den Kampf um Gleichberechtigung gekennzeichnet war, muß doch offen sein für

---

[498] *Wehler*, Gesellschaftsgeschichte, Bd. 4 (Fn. 315), S. 437. Ähnlich *Büttner*, Republik (Fn. 347), S. 273.

[499] Simon war 1977 und 1989 Präsident des Evangelischen Kirchentages und in vielen kirchlichen Gremien aktiv, dazu ein begehrter Redner in evangelischen Akademien; von 1970 bis 1987 amtierte er als Richter des Ersten Senats des Bundesverfassungsgerichts. Zu Werdegang und Persönlichkeit instruktiv *Oliver Lepsius/Anselm Doering-Manteuffel*, Die Richterpersönlichkeiten und ihre protestantische Sozialisation, in: Anselm Doering-Manteuffel/Bernd Greiner/Oliver Lepsius (Hrsg.), Der Brokdorf-Beschluss des Bundesverfassungsgerichts 1985, Tübingen 2015, S. 167–224 (177 ff.).

3. Kirche ohne König – Verlusterfahrung oder Freiheitsgewinn? 129

Toleranz, Parität und staatliche Neutralität als Grundlage der staatskirchenrechtlichen Ordnung. Eine am Verkündigungsauftrag orientierte Kirche des Wortes und der Diakonie findet doch, was sie braucht, in einem Gemeinwesen, für das Glaubens-, Meinungs-, Versammlungs- und Vereinigungsfreiheit konstitutiv sind und das Spielraum für soziale Liebestätigkeit läßt. Eine Kirche, die sich von päpstlicher Suprematie freikämpfen mußte, das Priestertum aller Gläubigen lehrt, den zur Freiheit berufenen, Gott unmittelbar verantwortlichen mündigen Menschen entdeckt und synodale Kirchenverfassungen entwickelt, kann ihr Verhältnis zu einem demokratisch verfaßten Staat, der um der religiösen Freiheit des Einzelnen willen religionslos wird, doch kaum anders als positiv bestimmen. Die Chancen dieses Systems hat die evangelische Kirche denn auch durch Errichtung neuer Kirchenverfassungen und durch ein erstmaliges Zusammenrücken der verschiedenen Landeskirchen zu einem Kirchenbund genutzt. Zugleich verbreitete sich in kirchlichen Kreisen ein bislang nicht gekanntes Selbständigkeitsbewußtsein, das sich bis zur euphorischen Parole vom ‚Jahrhundert der Kirche' steigern konnte. Aber der jungen demokratischen Republik gegenüber, die der Katholizismus durch die Zentrumspartei mittrug, verharrte der Protestantismus unter dem Einfluß außertheologischer Faktoren weithin in rückwärts orientierter Fremdheit; er sah sich ‚umwittert von tiefem Mißtrauen, bitterer Enttäuschung und offenkundiger Feindschaft' und verweigerte dem Staat die heute soviel beschworene freundschaftliche Partnerschaft. Die charakteristische evangelische Haltung zur Umwälzung von 1918 ist nicht kirchen-, sondern staatspolitisch, schrieb Rudolf Smend 1932 in einer Abhandlung über Protestantismus und Demokratie und fuhr dann fort: Der deutsche Protestantismus fühlte sich als der eigentliche Besiegte des Weltkrieges und der Revolution. In seiner großen Mehrheit stand er der Umwälzung mindestens zunächst innerlich fremd, ja ablehnend gegenüber."[500]

---

[500] *Helmut Simon,* Das Verhältnis von Kirche und Staat nach der Lehre der evangelischen Kirche, in: HbStKR[1] I, S. 189–212 (195 f.). Siehe auch *van Norden,* Stellung (Fn. 393), S. 378: „auf der einen Seite konnte sie [scil. die evangelische Kirche, H. D.] die Freiheit vom Staate, die sie durch die Weimarer Verfassung erhalten hatte, nur begrüßen – auf der anderen Seite war die Erinnerung an die wohltuende Anlehnung an die Obrigkeit noch immer lebendig."

Oder, um es mit Blick auf Württemberg zu sagen: „Die rechtliche und verwaltungsmäßige Überführung der Monarchie in Württemberg in ein demokratisches Regierungssystem war reibungslos vor sich gegangen, die Umstellung auf die Verhältnisse in einer offenen Gesellschaft war wesentlich schwieriger."[501]

Das bedeutet: die gängige Redeweise von der „negativen Haltung gegenüber der Republik von Weimar"[502] betrifft nicht so sehr die mit ihr verbundenen Chancen auf stärkere Selbstorganisation der evangelischen Kirchen, auch wenn sich hier gelegentlich die „Fernwirkung ihrer früheren staatskirchenrechtlichen Tradition"[503] bemerkbar machte. Diese kirchenpolitische Seite ist durchaus mit viel Aufbruchstimmung und dem Gefühl eines möglichen Freiheitsgewinns verbunden[504]. Die negative Haltung bezog sich im wesentlichen auf die neue staats- und verfassungsrechtliche Lage, betraf das Unverständnis für Parteiendemokratie und Parlamentarismus, für gesellschaftlichen Pluralismus und individuelle Grundrechte. Dem setzte man ein „moralisierendes Staatsideal" und den beständig wiederholten diffusen Appell an lebendige Einheit, echte Gemeinschaft und übergeordnete Ganzheiten entgegen, votierte im Namen einer „höheren Sittlichkeit" gegen das positive Verfassungsrecht und erging sich in großflächiger Kulturkritik[505]. Gegenüber den Prämissen und Prinzipien eines freiheitlichen, demokratischen Verfassungsstaates dominierten in breiten Kreisen der evangelischen Kirche von Anfang bis zum Ende der Weimarer Republik massive innere Vorbehalte, Abwehrreflexe, Ablehnungsgesten

---

[501] *Ehmer*, Geschichte (Fn. 249), S. 141.

[502] Statt vieler: *Hoffmann*, Nachwirken (Fn. 463), S. 130.

[503] *Hoffmann*, Nachwirken (Fn. 463), S. 131.

[504] Vgl. dafür die vielfältigen Belege aus Aufrufen, Aufsätzen in kirchlichen Blättern, theologischen Pamphleten und anderen Quellen, wie sie bei *Hoffmann*, Nachwirken (Fn. 463), S. 131 ff., und bei *Mehnert*, Evangelische Kirche (Fn. 304), S. 93 ff., 129 ff., 151 ff. stichprobenartig zusammengetragen sind.

[505] Siehe *Tanner*, Protestantische Demokratiekritik (Fn. 457), S. 31–35.

3. Kirche ohne König – Verlusterfahrung oder Freiheitsgewinn? 131

und offene Feindschaftserklärungen. Vielen, zu vielen, galt die Weimarer Demokratie „als Fehlgeburt aus Kriegsniederlage und Revolution"[506].

Dennoch hielt die 1919 von der Weimarer Nationalversammlung beschlossene Verfassung 14 Jahre lang allen Herausforderungen und Belastungen stand. Darüber hinaus war namentlich den staatskirchenrechtlichen Regelungen ein besonders langes und bis heute dauerndes Leben beschieden, weil diese 1949 durch Art. 140 in das Grundgesetz inkorporiert wurden. Durch dieses „älteste Stück der heutigen Verfassungsordnung"[507] lebt ein Teil der Weimarer Reichsverfassung bis heute fort. Der Frage, wie hier über die bereits angesprochene Gewährung der Selbständigkeit der Kirchen in Art. 137 Abs. 3 WRV hinaus das Verhältnis von Staat und Kirche neu geregelt wurde, wollen wir uns abschließend zuwenden.

---

[506] *Oelke*, Gesamtschau (Fn. 484), S. 14.
[507] *Munsonius*, Religion (Fn. 7), S. 122.

IV. Der Religionskompromiß der Weimarer Reichsverfassung

1. „Hinkende" Trennung von Staat und Kirche

Während es im vorigen Kapitel insbesondere um die rechtliche und organisatorische Umgestaltung der inneren Verhältnisse der protestantischen Kirchen ging, lenken wir den Blick nun abschließend darauf, wie von staatlicher Seite aus das Verhältnis zwischen Staat und Kirche nach der Revolution geregelt wurde. Folgte man radikalen Vorstellungen einer scharfen Trennung beider, wie sie schon seit längerem insbesondere in sozialistischen Kreisen im Schwange waren? Oder konnten sich konservative Kräfte durchsetzen, die ein Maximum an Besitzstandswahrung für die Kirche erstritten? Die klare Antwort lautet: weder das eine noch das andere.

Denn was die Weimarer Nationalversammlung nach zum Teil heftigen Auseinandersetzungen schließlich im Dritten Abschnitt des Zweiten Hauptteils unter dem Titel „Religion und Religionsgesellschaften" an Regelungen verabschiedete[508], war

---

[508] Zu Entstehung und Inhalt dieses Abschnittes aus der Fülle der Literatur *Badura*, Staatskirchenrecht (Fn. 8), S. 229 ff.; *Christoph Gusy*, Die Weimarer Reichsverfassung, Tübingen 1997, S. 321 ff.; *Fabian Wittreck*, Bonn ist doch Weimar. Die Religionsfreiheit im Grundgesetz als Resultat von Konflikt und Kontroverse, in: Astrid Reuter/Hans G. Kippenberg (Hrsg.), Religionskonflikte im Verfassungsstaat, Göttingen 2010, S. 66–92 (72 ff.) m. w. N.; *Hans Michael Heinig*, „Es besteht keine Staatskirche" – Das Verhältnis von Staat und Religion, in: Horst Dreier/Christian Waldhoff (Hrsg.), Weimars Verfassung. Eine Bilanz nach 100 Jahren, Göttingen 2020, S. 265–274 (269 ff.).

ein Kompromiß[509], genauer: ein wichtiger Teil des umfassenden Kulturkompromisses, von dem Ernst Rudolf Huber (unter Einbeziehung anderer Materien wie Schule und Wissenschaft) gesprochen hat[510]. Die entsprechenden Verhandlungen in der Nationalversammlung hat man anerkennend als „produktive Kompromissfindung" bezeichnet[511].

Kompromisse sind etwas sehr Demokratisches und in pluralen Gesellschaften unvermeidlich[512]. Sie zeichnen sich dadurch aus, daß sie nicht strikt einer in sich geschlossenen und stringenten Linie oder einem entsprechenden System bzw. Konzept folgen können, sondern einen Ausgleich suchen, wenn unterschiedliche Positionen und mehrere, in sich jeweils vollkommen schlüssige Systeme oder Konzepte aufeinanderprallen. Der Gedanke der reinen und rückstandslosen Verwirklichung eines Modells muß dann aufgegeben, stattdessen durch wechselseitiges Nachgeben eine mittlere Linie gefunden werden. So war es auch in Weimar, auch und gerade beim Religionskompromiß. Weder hat sich hier die sozialistische Linke mit radikalen Vorstellungen einer Trennung von Staat und Kirche nach französischem Muster[513] durchsetzen können noch die Vertreter des Zentrums und anderer, dem kirchlichen Standpunkt zuneigenden Parteien, die möglichst viel vom traditionellen Vorrang und den Privilegien der Großkirchen retten wollten. Es ist eine Mischform ent-

---

[509] Zeitgenössisch statt aller *Giese,* System (Fn. 19), S. 27. – Kompakte Zusammenfassung der Kompromißstruktur aus jüngerer Zeit bei *Leonhardt,* Religion (Fn. 181), S. 314 ff.

[510] *Huber* V, S. 1200 ff. (staatskirchenrechtlicher Kompromiß, Schulkompromiß); *Huber* VI, S. 858 ff. (Kulturkompromiß), 939 ff. (Schulkompromiß).

[511] *Heinig,* Staatskirche (Fn. 508), S. 268 ff.

[512] Statt vieler *Hans Kelsen,* Vom Wesen und Wert der Demokratie, 2. Aufl., Tübingen 1929, S. 22, 57; *Helmuth Schulze-Fielitz,* Art. Kompromiss (J), in: EvStL⁴, Sp. 1291–1294 (1293).

[513] Siehe etwa den Antrag der Linken (Antrag Agnes und Genossen), der im Plenum der Nationalversammlung zurückgewiesen wurde: Verhandlungen, Bd. 328 (Fn. 9), S. 1662 (D).

standen, etwas Hybrides. Das staatskirchenrechtliche System der Weimarer Reichsverfassung markierte keinen fundamentalen Bruch mit der Vergangenheit, etablierte kein strikt laizistisches System, setzte sich aber von der Vergangenheit des landesherrlichen Kirchenregiments deutlich ab, besiegelte also letztlich einen Kompromiß – einen besonders haltbaren und dauerhaften Kompromiß übrigens, wie man mit Blick auf Art. 140 des Grundgesetzes hinzufügen muß. Mit dieser Norm werden zentrale staatskirchenrechtliche Artikel der Weimarer Reichsverfassung in das Grundgesetz inkorporiert. Das ist, nebenbei bemerkt, eine durchschlagende Widerlegung der oft und gern repetierten These von Carl Schmitt, wonach Verfassungen auf einer klaren Dezision, einer unmißverständlichen und eindeutigen Entscheidung für eine bestimmte Grundausrichtung des Staates beruhen müßten[514]. Was Schmitt mit Blick auf die Weimarer Reichsverfassung als „dilatorischen Formelkompromiß" kritisiert hatte[515], erwies sich ausgerechnet in Gestalt der besonders kompromißhaften Regelungen des Staatskirchenrechts als extrem langlebig, gelten die dem Grundgesetz inkorporierten Normen doch mittlerweile weit über 80 Jahre, wenn man die Weimarer Zeit hinzurechnet[516].

Freilich brachte das Kompromißhafte es nahezu unausweichlich mit sich, daß es an einem in sich stimmigen Regelungskonzept, also einem klaren und geschlossenen System, fehlte. Ein derartig konsistentes Konzept zu entdecken, fiel zumal der zeitgenössischen Staatsrechtslehre aus nachvollziehbaren Gründen sichtlich schwer. Wie sollte das auch zusammenpassen: Verbot der Staatskirche hier, Körperschaftsstatus der

---

[514] *Carl Schmitt*, Verfassungslehre (1928), 5., unveränderte Aufl., Berlin 1970, S. 23 ff.

[515] *Schmitt*, Verfassungslehre (Fn. 514), S. 31 ff.; S. 32 äußert er allerdings gewisses Verständnis für die Situation in der Nationalversammlung.

[516] Zu den im folgenden herangezogenen Normen der WRV vgl. Dokumentenanhang unter I. 17, S. 203 ff.

Kirchen dort, Gleichstellung der Religionsgesellschaften mit den Weltanschauungsgemeinschaften, aber Religionsunterricht als ordentliches Schulfach? Demgemäß hatte die Literatur große Mühe, den gefundenen Verfassungskompromiß als Ganzes zu erfassen und auf *einen* Begriff zu bringen[517]. So sah Friedrich Giese, ein profunder Staatsrechtler schon in der Zeit des Kaiserreiches, in einer langen und gelehrten Abhandlung aus dem Jahre 1924 zwischen Art. 137 Abs. 1 (Verbot der Staatskirche) und Abs. 5 (Körperschaftsstatus der Kirchen) einen „Abgrund" klaffen[518] und räsonnierte darüber, ob die Schöpfer der Reichsverfassung eigentlich gewußt und selbst wirklich verstanden hätten, was von ihnen beschlossen wurde[519]. Aber natürlich entging auch ihm letztlich nicht, daß hier eine Trennung von Staat und Kirche in maßvoller Weise erfolgt, eben ein Kompromiß gefunden worden war[520].

Für die durch diesen Kompromiß geschaffene eigentümlich zwiespältige Lage fand wenig später Ulrich Stutz die in gewisser Weise erlösende und seitdem – trotz des eigentlich unschönen Bildes – immer wieder herangezogene Formel von der „hinkenden Trennung"[521] zwischen Staat und Kirche. Damit war zwar

---

[517] Siehe *Heinrich de Wall*, Auf der Suche nach dem kirchenpolitischen System der Reichsverfassung, in: ZRG KA 106 (2020), S. 50–69 (51, 65 ff.).

[518] *Giese*, System (Fn. 19), S. 34. – Als offenkundige „Inkonsequenz" wurde das auch in der Nationalversammlung gerügt, etwa vom Abg. Ende [DDP], 59. Sitzung des Plenums v. 17. Juli 1919, in: Verhandlungen, Bd. 328 (Fn. 9), S. 1660 f.

[519] *Giese*, System (Fn. 19), S. 28 ff., insb. S. 30: „Die Väter des Art. 137 preisen ihr gemeinsames Geisteserzeugnis, ohne über seine rechtliche Bedeutung sich jemals klar auszusprechen, vielleicht überhaupt selbst Klarheit erlangt zu haben."

[520] Die unterschiedlichen Aspekte auf einen einheitlichen Begriff zu bringen kam in der Tat „einer Quadratur des Kreises" gleich: *de Wall*, Suche (Fn. 517), S. 68.

[521] *Ulrich Stutz*, Die päpstliche Diplomatie unter Leo XIII. Nach den Denkwürdigkeiten des Kardinals Domenico Ferrata, Berlin 1926, S. 54 Anm. 2. Zu Person und Werk höchst instruktiv *Christian Waldhoff*,

immer noch „kein kohärentes System"[522] gefunden, aber die verschiedenen und partiell gegenläufigen Regelungen auf eine kompakte Formel gebracht[523]. In der Sache bedeutete das: Das Staatskirchenrecht der Weimarer Verfassung enthielt ebenso traditionswahrende wie innovative Bestimmungen. Beide seien im folgenden kurz rekapituliert.

2. Traditionen und Innovationen

a) Traditionen

Zentrales Element der Traditionsbewahrung war die Entscheidung für die Beibehaltung des *Körperschaftsstatus* der Kirchen[524], die gewissermaßen eine Art von „Gegengewicht zur Aufhebung der Staatskirche"[525] darstellte (Art. 137 Abs. 5 WRV). Damit war klar Stellung bezogen gegen Forderungen, Kirchen wie beliebige sonstige Vereine zu behandeln und sie

---

„Selbstbericht" Ulrich Stutz, in: ZRG KA 102 (2016), S. 483–501 (484 ff.: Leben, 489 ff.: Werk).

[522] *Munsonius*, Religion (Fn. 7), S. 30.

[523] Nicht durchgesetzt hat sich hingegen der Vorschlag von *Scheuner*, Kirche und Staat (Fn. 267), S. 141, von einer „gelockerten Fortsetzung der Verbindung von Staat und Kirche" zu sprechen, was er vor allem mit dem Fortbestehen des Korporationscharakters der Kirchen sowie der staatlichen Aufsicht (von der er weiterhin ausging) über sie begründete.

[524] Detailliert zu Genese und Bedeutung dieser Bestimmung, die an das Vorbild der preußischen Verfassung von 1850 anknüpfte: *Hermann Weber*, Die Religionsgemeinschaften als Körperschaften des öffentlichen Rechts im System des Grundgesetzes, Berlin 1966, S. 46 ff.; *Hans-Michael Heinig*, Öffentlich-rechtliche Religionsgesellschaften. Studien zur Rechtsstellung der nach Art. 137 Abs. 5 WRV korporierten Religionsgesellschaften in Deutschland und in der Europäischen Union, Berlin 2003, S. 92 ff.; *Nina Huxdorff*, Rechtsfragen der Erst- und Zweitverleihung des öffentlich-rechtlichen Körperschaftsstatus an Religionsgemeinschaften, Hamburg 2013, S. 56 ff.

[525] *Link*, Staat und Kirche (Fn. 19), S. 109.

demgemäß dem allgemeinen Vereinsrecht zu unterstellen[526]. Der Abg. Mausbach [Zentrum] sprach es als Berichterstatter des Verfassungsausschusses in einer der Schlußsitzungen des Plenums klar und deutlich aus: „Gegen diese Herabsetzung der christlichen Kirchen auf das rein privatrechtliche Niveau hat sich die Mehrheit des Ausschusses von vornherein gesträubt."[527] Eben dieser Status als Körperschaft war es dann freilich auch, mit dem man den Fortbestand des staatlichen Aufsichtsrechts über die Kirchen begründete (sog. Korrelatentheorie)[528]. So handhabte es die Staatspraxis, und die herrschende Auffassung in Literatur und Judikatur stimmte dem zu[529].

Auf der gleichen Kontinuitätslinie lag die *Beibehaltung des kirchlichen Besteuerungsrechts* (Art. 137 Abs. 6 WRV) sowie die Garantie der *Staatsleistungen* und *des Religionsgutes* (Art. 138 WRV)[530]. Von größter Bedeutung für die Kirchen war schließlich

---

[526] *Link*, Staat und Kirche (Fn. 19), S. 109: „Verzicht auf die Statuseinebnung nach unten".

[527] 59. Sitzung des Plenums v. 17. Juli 1919, in: Verhandlungen, Bd. 328 (Fn. 9), S. 1645 (A).

[528] Im Plenum der Nationalversammlung thematisiert vom Abg. Kahl [DVP], 59. Sitzung v. 17. Juli 1919, in: Verhandlungen, Bd. 328 (Fn. 9), S. 1646 ff. (1647 [D]): „Diese Staatsaufsicht ist das notwendige Korrelat dazu, daß die Kirchengesellschaften öffentliche Korporationsfähigkeit haben; ferner dazu, daß die Staatsleistungen gegenüber den Religionsgesellschaften noch fortdauern und abgelöst werden müssen: endlich dazu, daß ein staatlicher Schutz für die Religionsgesellschaften fortbesteht. Alles dies bedingt auf der anderen Seite die Fortdauer der Staatsaufsicht."

[529] Siehe nur *Anschütz*, Verfassung (Fn. 20), Art. 137 Anm. 5 (S. 636 ff.) m. w. N.; rückblickend *Scheuner*, Kirche und Staat (Fn. 267), S. 141; *Jeand'Heur,* Begriff (Fn. 43), S. 459 ff. m. w. N. – Die insbesondere von *Godehard Josef Ebers,* Staat und Kirche im neuen Deutschland, München 1930, S. 258 ff., 299 ff. vertretene Gegenauffassung vermochte sich nicht durchzusetzen: *de Wall,* Suche (Fn. 517), S. 63 ff.

[530] Art. 138 WRV sah zwar die „Ablösung" (d. h.: die Aufhebung gegen Entschädigung) der Staatsleistungen vor, doch bedurfte es zunächst gemäß Art. 138 Abs. 1 Satz 2 WRV eines Reichsgesetzes, das Grundsätze für die Ablösung aufstellen sollte. Da ein solches Gesetz

der Umstand, daß der Religionsunterricht als ordentliches Lehrfach beibehalten wurde (Art. 149 Abs. 1 WRV). Auch der Fortbestand der theologischen Fakultäten (Art. 149 Abs. 3 WRV) und die Garantien der Militär- und Anstaltsseelsorge (Art. 140, 141 WRV) boten den Kirchen Wirkungs- und Betätigungsmöglichkeiten, die an aus deren Sicht bewährte Traditionen anknüpften.

All diese Elemente lassen die zeitgenössische Einschätzung des Würzburger Geheimrates Meurer als hochplausibel erscheinen, der 1919 schrieb: „Religionsunterricht, Rechtsfähigkeit, Kirchensteuer und Staatsleistungen bilden zusammen ein beachtliches Band, welches Staat und Kirche auch unter dem Trennungsrecht noch verbinden wird."[531]

b) Innovationen

Freilich wäre das Bild unvollständig und unzutreffend, wenn man nicht auch die umfassende Gewähr der Religionsfreiheit berücksichtigen würde – und zwar in ihrer kanonischen Stufung als Glaubens- und Gewissensfreiheit (Art. 135 Satz 1 WRV), als Kultusfreiheit (Art. 135 Satz 2 WRV) und als Vereinigungsfreiheit (Art. 137 Abs. 2 WRV)[532]. Im übrigen sind diese Sätze unbestritten „nicht bloße Richtlinien (Programme) für den Gesetzgeber, sondern unmittelbar anwendbares und anwendungspflichtiges Recht mit derogatorischer (aufhebender) Kraft

---

niemals erging, wirkte das Ablösegebot faktisch wie eine Bestandsgarantie, was Art. 173 WRV (im Grunde überflüssigerweise) nochmals klarstellte, indem es den Fortbestand der Staatsleistungen bis zum Erlaß eines solchen Gesetzes garantierte.

[531] *Meurer*, Kirchenfrage (Fn. 18), Sp. 387.

[532] Dazu, daß es sich bei diesen drei Gewährleistungen, wie sie erstmals in der Paulskirchenverfassung klar ausgeformt waren, auch um historische Stufungen im Prozeß der Erringung umfassender Religionsfreiheit handelt, siehe *Dreier*, Staat ohne Gott (Fn. 29), S. 94. – Wenn man diese Gewährleistungen schlicht als „Verfassungserbgut der deutschen konstitutionellen Epoche" bezeichnet (so *Huber* VI, S. 865), droht der 1919 erzielte Fortschritt doch etwas unterzugehen.

gegenüber allen ihre Materie betreffenden Normen der früheren Landes- und Reichsgesetze."[533] Da die *Weltanschauungsgemeinschaften* den Religionsgesellschaften in Art. 137 Abs. 7 WRV ausdrücklich *gleichgestellt* waren, lag es nahe, auch irreligiöse oder antireligiöse Auffassungen als geschützt anzusehen, wie es in Weimar die Lehre überwiegend – wenngleich nicht unisono – tat[534].

Die gestärkte Rolle von anderen Glaubensgemeinschaften als den christlichen Großkirchen sowie der Weltanschauungsgemeinschaften wird auch noch an einem anderen wichtigen Punkt deutlich: der *Eröffnung des Zugangs zum Körperschaftsstatus*. Denn Art. 137 Abs. 5 Satz 2 WRV bestimmte: „Anderen Religionsgesellschaften sind auf ihren Antrag gleiche Rechte zu gewähren, wenn sie durch die Verfassung und die Zahl ihrer Mitglieder die Gewähr der Dauer bilden." Der Körperschaftsstatus war also kein Privileg der christlichen Kirchen mehr; sie hatten ihre frühere „Monopolstellung"[535] verloren. Auch das wurde in den Schlußberatungen vom Berichterstatter des Verfassungsausschusses deutlich und nicht ohne ein gewisses Pathos zum Ausdruck gebracht: „Wir haben umgekehrt auch den Sekten und den religiösen Neubildungen die Möglichkeit gegeben und erleichtert, die gleichen sowohl privaten als öffentlichen Rechte zu erwerben. Die beiden angedeuteten Formen der Gleichstellung[536] laufen nicht auf dasselbe hinaus; die eine bedeutet eine Gleichheit auf dem Niveau des Alltäglichen, des Reinbürgerlichen, die andere bedeutet eine Erhebung beider Teile in eine ideale, kulturbedeutsame und staatsrechtliche Höhe."[537]

---

[533] So ausdrücklich und in aller wünschenswerten Klarheit *Gerhard Anschütz*, Die Religionsfreiheit, in: Anschütz/Thoma II, S. 675–689 (682); desgleichen *Giese*, System (Fn. 19), S. 44.
[534] Vgl. *Dreier*, Staat ohne Gott (Fn. 29), S. 90 f.
[535] *Giese*, System (Fn. 19), S. 41.
[536] Gemeint ist die (nicht realisierte) Alternative, alle Religionsgesellschaften lediglich als bürgerliche Vereine einzustufen.
[537] Abg. Mausbach [Zentrum], 59. Sitzung des Plenums v. 17. Juli 1919, in: Verhandlungen, Bd. 328 (Fn. 9), S. 1645 (B).

Anders und in den Worten eines Staatskirchenrechtlers der Bundesrepublik Deutschland im Rückblick eines halben Jahrhunderts formuliert: „Die WRV nivellierte insofern also nicht nach unten, sondern nach oben und erweiterte die Parität auf Korporationsbasis über den bisher begrenzten Kreis von Kirchen hinaus."[538]

Auch beim *Religionsunterricht* darf man eine zentrale innovative Einschränkung nicht übersehen: er war nun weder Pflicht für Lehrer noch für Schüler. Denn die Erteilung des Religionsunterrichts wurde der Entscheidung der Lehrer, die Teilnahme der Kinder daran der Entscheidung der Erziehungsberechtigten überlassen. In beiden Fällen bedurfte es zwar einer diesbezüglichen ausdrücklichen Willenserklärung (Art. 149 Abs. 1 WRV)[539]. Aber der Religionsunterricht war nicht mehr obligatorisch, sondern ein „Pflichtfach mit verfassungsverbürgter Befreiungsmöglichkeit"[540] – oder, um es mit Anschütz so präzise wie möglich zu sagen: der Religionsunterricht „ist Pflichtfach für die Schule [...], aber nicht für die einzelnen Lehrer und Schüler"[541]. Beseitigt war schließlich endgültig die

---

[538] *Link*, Staat und Kirche (Fn. 19), S. 109. Allseits vermerkt wurde aber, daß dieser Körperschaftsstatus ein „seltsamer Ehrentitel" (R. Smend) blieb, weil von den typischen Eigenschaften, die Körperschaften des öffentlichen Rechts im Sinne der sog. mittelbaren Staatsverwaltung sonst auszeichnet, keines vorlag und schon wegen des Verbots der Staatskirche auch gar nicht vorliegen konnte. Das bereitete schon „den Vätern der Weimarer Verfassung peinliches Kopfzerbrechen" (*Giese*, System [Fn. 19], S. 38), und die Mühen bei der rechtsdogmatisch klaren Erfassung dauern im Grunde bis heute an. Nicht zuletzt daraus resultieren immer wieder Forderungen nach Abschaffung dieses Status; dazu aus jüngerer Zeit sehr gründlich in der Behandlung der kritischen Punkte, aber mit einem positiven Gesamtfazit: *Stefan Muckel*, Körperschaftsstatus im 21. Jahrhundert – Anachronismus oder Zukunftsmodell?, in: ZevKR 63 (2018), S. 30–56.
[539] Vgl. *Dreier*, Staat ohne Gott (Fn. 29), S. 90 m.w.N.
[540] *Link*, Staat und Kirche (Fn. 19), S. 113 Fn. 69.
[541] *Anschütz*, Verfassung (Fn. 20), Art. 149 Anm. 1 (S. 689); nochmals ebd., Anm. 2 (S. 690): „Nach Abs. 2 ist der Religionsunterricht weder für

geistliche Schulaufsicht (vgl. Art. 144 WRV)[542] – als definitives Zeichen der „Verweltlichung des Schulwesens"[543].

Exkurs: Religionsunterricht und Bethlehemitischer Kindermord

Die Liberalisierungen im Bereich des Religionsunterrichts hatten übrigens im Vorfeld, also bei entsprechenden Regelungen in den Ländern noch vor Verabschiedung der Weimarer Reichsverfassung, zu heftigen Protesten geführt, die in ihrer Radikalität noch einmal verdeutlichen, wie voraussetzungsvoll und wie wenig selbstverständlich der in der Weimarer Nationalversammlung erzielte Kompromiß in Sachen Religion und Schule war. Die in Bayern durch Verordnung vom 25. Januar 1919[544] verfügte Möglichkeit der Abmeldung der Schulkinder vom Religionsunterricht wurde in einer Erklärung des bayerischen Episkopats mit harten, aber vor dem Hintergrund der nach der Revolution ausgebrochenen hitzigen Konflikte[545] noch durchaus nachvollziehbaren Worten als „neue kulturkämpferische Gewalttat gegen Religion und Kirche gebrandmarkt"[546]. Doch als ob das noch nicht genug wäre, geißelte Kardinal Faulhaber diese Verordnung in einem Hirtenbrief an die Gläubigen seines Erzbistums vom 29. Januar 1919 in zügelloser Maßlosigkeit. Er vergleicht die Möglichkeit der Abmeldung vom Religionsunterricht nicht nur mit dem Befehl des

---

Lehrer noch für Schüler obligatorisch." – *Link*, Staat und Kirche (Fn. 19), S. 113: „Damit hatte sich namentlich der Streit um die Teilnahme von Dissidentenkindern erledigt – was wiederum zur Begradigung einer kulturpolitischen Frontlinie führte." – Zur harten, aber gesetzlich gestützten preußischen Verwaltungspraxis gegenüber den Dissidentenkindern (also den Kindern von Eltern, die keiner Religionsgemeinschaft angehörten) vor 1918 s. *Anschütz*, Verfassungs-Urkunde (Fn. 122), S. 233 ff.

[542] Siehe *Stier-Somlo*, Reichs- und Landesstaatsrecht (Fn. 23), S. 505 ff.; zu verfassungsrechtlich nicht unbedenklichen Ausgestaltungen in einzelnen Ländern *Walter Landé,* Die staatsrechtlichen Grundlagen des deutschen Unterrichtswesens, in: Anschütz/Thoma II, S. 690–723 (713 f.).

[543] So Abg. Weiß [DDP], 60. Sitzung des Plenums v. 18. Juli 1919, in: Verhandlungen, Bd. 328 (Fn. 9), S. 1674 (B).

[544] Huber/Huber IV, Nr. 75 (S. 89).

[545] Vgl. oben S. 83 ff.

[546] Huber/Huber IV, Nr. 76 (S. 90).

Exkurs: Religionsunterricht und Bethlehemitischer Kindermord 143

Herodes, alle männlichen Kleinkinder zu töten[547] – nein, er stuft die Gewährung der Religionsfreiheit noch als schwerer wiegender Untat ein! Der Erzbischof schreibt, nachdem er eingangs auf den „Kindermörder" Herodes verwiesen hatte, der „die unschuldigen Kinder von Bethlehem hinschlachten" ließ: „Geliebte Erzdiözesanen! Am letzten Montag ist im Volksstaate Bayern eine Verordnung ergangen, die vor dem Richterstuhl Gottes schwerer wiegt als der Blutbefehl des Herodes. Durch eine Verordnung des Unterrichtsministers wurde der Religionsunterricht in allen bayerischen Schulen als Pflichtfach abgesetzt und als Wahlfach der Willkür der Eltern und Vormünder ausgeliefert."[548] Des weiteren kündigt Faulhaber an, daß Eltern, die von der Möglichkeit der Abmeldung Gebrauch machen, von den heiligen Sakramenten und im Falle ihres Ablebens von den kirchlichen Sakramenten ausgeschlossen sowie diejenigen Kinder, die nicht den vollen Religionsunterricht besucht haben, zu Kommunion und Firmung nicht zugelassen würden.

Neben den Neuerungen im Bildungswesen war jetzt die *Zulassung zu staatlichen Ämtern* nicht mehr von einem bestimmten Bekenntnis abhängig (Art. 136 Abs. 2 WRV)[549]. Auch *Eidesleistungen* konnten nun ohne den Zusatz „so wahr mir Gott helfe!" erbracht werden (Art. 136 Abs. 4, 177 WRV). Dies alles sind, neben dem allgemeinen Satz vom Verbot der Staatskirche, tragende Elemente der religiös-weltanschaulichen Neutralität des Staates[550]. Darin liegt vielleicht das eigentlich fundamental Neue, was zu unserer Schlußbetrachtung führt.

---

[547] Vgl. Mt. 2, 16: „Als Herodes nun sah, daß er von den Weisen betrogen war, wurde er sehr zornig und schickte aus und ließ alle Kinder in Bethlehem töten und in der ganzen Gegend, die zweijährig und darunter waren, nach der Zeit, die er von den Weisen genau erkundet hatte."
[548] Huber/Huber IV, Nr. 77 (S. 91 f., Zitat: S. 91).
[549] Umstritten war etwa, ob das auch für Volksschullehrer an Konfessionsschulen galt: siehe *Anschütz*, Verfassung (Fn. 20), Art. 136 Anm. 3 (S. 624 f.).
[550] Zu diesem Konzept näher *Dreier*, Staat ohne Gott (Fn. 29), S. 95 ff.

3. Das Ende religiöser Legitimation – Staat ohne Gott

Denn entfallen war ungeachtet aller kompromißhaften Elemente eindeutig und unwiederbringlich etwas, was – wenngleich im Laufe des 19. Jahrhunderts nur noch sehr verdünnt – in gewissem Umfang auch die untergegangenen Monarchien getragen hatte: eine gewisse sakrale, jedenfalls eine religiöse Legitimation des Staates. Eine solche Legitimation hatte, wenn man einmal sehr weit in die Geschichte zurückblickt und an Ägypten und Byzanz, Rom und das christliche Mittelalter, wenn nicht gar an die Inkas oder die theokratische Phase von Massachusetts denkt, eine lange Tradition[551]. Man kann ohne weiteres sagen, daß in der ganz überwiegenden Zeit der Menschheitsgeschichte eine derartige Legitimationsbasis vorherrschend war und als unverzichtbar galt. Das schien im Gottesgnadentum des 19. Jahrhunderts noch einmal, wenngleich vielleicht etwas heruntergedimmt, auf, wenn sich die in ihrer Machtfülle konstitutionell beschränkten Monarchen dessen ungeachtet durchweg als solche „von Gottes Gnaden" begriffen, wie es bei jeder Gesetzesverkündung und vor allem eingangs der Verfassungen hieß.

Auch wenn sich diese konstitutionellen Staaten nicht mehr zu einer ganz bestimmten Kirche und Konfession bekannten, sondern in gewissem Umfang Pluralität und Parität walten ließen, war doch gerade im System des evangelischen landesherrlichen Kirchenregiments dieses Bekenntnis in Gestalt der Rolle des Landesherrn als des obersten Bischofs seiner Kirche noch absolut präsent. Mit einiger Verallgemeinerung läßt sich sagen: „Man war in den evangelischen Kirchen einen Staat ge-

---

[551] Breites Material bei Franz-Reiner Erkens (Hrsg.), Die Sakralität von Herrschaft. Herrschaftslegitimierung im Wechsel der Zeiten und Räume. Fünfzehn interdisziplinäre Beiträge zu einem weltweiten und epochenübergreifenden Phänomen, Berlin 2002; *Franz-Reiner Erkens,* Sachwalter Gottes. Der Herrscher als *christus domini, vicarius Christi* und *sacra majestas.* Gesammelte Aufsätze, Berlin 2017, insb. S. 13 ff., 69 ff., 485 ff., 511 ff.

wohnt, der sich zur Kirche ‚bekannte' und zu dem sich die Kirche ihrerseits ‚bekennen' konnte."[552]

Hier war die Zäsur wohl am größten, der Einschnitt vermutlich am schmerzhaftesten. Dieser „ganze Zusammenhang von Thron und Altar ist dahin!", donnerte Friedrich Naumann in der Nationalversammlung[553]. Denn der „neue Staat ‚bekannte' sich nicht zur Kirche, er trat ihr als religionsloser, neutraler Staat in distanzierter Haltung entgegen"[554]. Oder in den Worten von Friedrich Giese aus dem Jahre 1924: „Heute gilt vollkommene Parität der Bekenntnisse, ja der Weltanschauungen, vollkommene Parität der Kirchen, Religionsgesellschaften und Weltanschauungsbünde. Der Staat hat ihnen allen gegenüber seine Neutralität erklärt."[555] Daraus folgte zwingend das Ende religiöser oder sakraler Legitimation des Staates[556]. Er ist jetzt ein säkularer Staat[557]. Dieser Umschwung mußte erst einmal ver-

---

[552] *Hoffmann,* Nachwirken (Fn. 463), S. 130.

[553] Abg. Naumann [DDP], 59. Sitzung des Plenums der Nationalversammlung v. 17. Juli 1919, in: Verhandlungen, Bd. 328 (Fn. 9), S. 1651 ff. (1652 [C]).

[554] *Hoffmann,* Nachwirken (Fn. 463), S. 130.

[555] *Giese,* System (Fn. 19), S. 41. Ähnlich *Ebers,* Staat und Kirche (Fn. 529), S. 123: „Der Staat will nicht mehr christlich-paritätisch, sondern religiös-neutral und allen Religionsgesellschaften und Weltanschauungsgruppen gegenüber paritätisch sein. Wie keine Staatskirche, so auch keine Staatsreligion mehr."

[556] *Knapp/Dreier,* Staat ohne Gott (Fn. 29), S. 100 f.

[557] *Klaus Ferdinand Gärditz,* Säkularität der Verfassung, in: Otto Depenheuer/Christoph Grabenwarter (Hrsg.), Verfassungstheorie, Tübingen 2010, § 5 Rn. 14 ff., 19 ff. – Von daher ist es überzeugend und konsequent, die Säkularität des Staates zu den zentralen Verfassungsprinzipien des Grundgesetzes zu zählen: *Gernot Sydow/Fabian Wittreck,* Deutsches und Europäisches Verfassungsrecht, München 2019, Kap. 7 Rn. 18 ff.; Verortung der „Säkularität des Staates" direkt in Art. 137 Abs. 1 WRV bei *Morlok* (Fn. 43), Art. 140/137 WRV, Rn. 16. – Zur Vertiefung *Helmut Goerlich,* Säkularität – Religiösität – Egalität – in einer nicht nur auf die Grenzen verfasster Rechte fixierten Perspektive, in: Denkströme. Journal der Sächsischen Akademie der Wissenschaften, Heft 7 (2011), S. 33–52.

arbeitet werden, und es dauerte lange, bis man auch in der evangelischen Kirche erkennen konnte, daß in dieser Neutralität nicht Abwehr und Zurückstufung, sondern ein religiöser Freiheitsgewinn lag[558]. Viele Weimarer Zeitgenossen sahen im religiös neutralen Staat zugleich den gottlosen Staat, der zu einer gottlosen Gesellschaft führen würde oder gar müßte. Man kann heute vielleicht klarer und nüchterner sehen, daß ein religiös und weltanschaulich neutraler Staat zwar ein „Staat ohne Gott" ist – daß dies nun aber gerade nicht bedeutet, daß die Gesellschaft und die in ihr lebenden Menschen gottlos wären und schon gar nicht, daß sie dies sein oder werden sollten. Ganz im Gegenteil bietet die Grundrechtsdemokratie religiöser Freiheitsausübung sowie religiösen Wirkens im Gemeinwesen eine breite und sichere Plattform.

Dieses Konzept setzt freilich die Akzeptanz voraus, daß nun Politik und Religion, Staat und Kirche auf je eigenen Beinen stehen: Die Religion ist vom Staat, der Staat ist von der Religion befreit[559]. So können beide zu sich kommen und bei sich bleiben, sozusagen ihr Proprium wahren, hüten und pflegen. Daher ist es vielleicht sachangemessener, anstatt von (hinkender, freundlicher, kooperativer, fördernder, positiver oder balancierter) Trennung von Staat und Kirche „von einer ‚wechselseitigen Unabhängigkeit von Kirche und Staat' auszugehen."[560] Schon die gesamte „Tendenz des 19. Jahrhunderts geht im ganzen auf Trennung von Kirche und Staat: die Freiheit des Staates von der Kirche, der Kirche vom Staat."[561] Jetzt, in Weimar, kann sie weitgehend vollzogen und abgeschlossen werden. Und: Diese Unabhängigkeit betrifft nicht allein die organisatorisch-institutionellen Aspekte, sondern vor allem auch die legitimatorischen Grundlagen. Das

---

[558] Dazu *Dreier*, Staat ohne Gott (Fn. 29), S. 9 ff. u. ö.

[559] *Jürgen Moltmann*, Die Zukunft der Aufklärung und des Christentums, in: Die Zukunft der Aufklärung, hrsgg. von Jörn Rüsen, Eberhard Lämmert und Peter Glotz, Frankfurt/M. 1988, S. 73–80 (74).

[560] *Huber*, Gerechtigkeit (Fn. 497), S. 453.

[561] *Nipperdey*, Geschichte (Fn. 1), S. 415.

3. Das Ende religiöser Legitimation – Staat ohne Gott

führt uns zum Ausgangspunkt dieser Abhandlung zurück, dem Satz vom Verbot der Staatskirche[562]. Mit gutem Recht läßt sich argumentieren, daß ein wichtiger und bleibender Aussagegehalt der „Zentralnorm"[563] des Art. 137 Abs. 1 WRV in einer solchen Grundaussage über die „Unabhängigkeit beider Größen" besteht[564]. Die Weimarer Verfassung brachte „dem Staat Freiheit von der Kirche" und schenkte den „Kirchen [...] Freiheit vom Staat"[565]. Auch dieser prinzipielle Gedanke, dessen Grundlegung in der Bundesrepublik wir einem wegweisenden Beitrag von Konrad Hesse verdanken[566], hat bereits in den Beratungen der Weimarer Nationalversammlung Ausdruck gefunden. Der Abg.

---

[562] Vgl. oben S. 1 ff.

[563] *Unruh,* Reformation (Fn. 43), S. 188.

[564] *Mückl* (Fn. 27), § 159 Rn. 62, der ebd. fortfährt: „Weder ist der Staat *bracchium saeculare* der Kirche noch die Kirche Legitimationsinstanz des Staates. Noch weniger kommt von Verfassungs wegen eine cäsaropapistische Kuratel des Staates über die Kirche in Betracht, ebensowenig umgekehrt eine hierokratische Indienstnahme des Staates durch die Kirche."

[565] *v. Campenhausen,* Staatskirchenrecht (Fn. 43), S. 37 f.; ebd., S. 67: „Trennung von Staat und Kirche in der Wurzel und [...] Emanzipation der beiden Institutionen voneinander"; „Überzeugung zum Siege gelangt, daß die wechselseitige Freiheit möglich sei und im Interesse beider liegt." Auf dieser Linie bereits *Ebers,* Staat und Kirche (Fn. 529), S. 119 ff., der in den kompromißhaften Regelungen der Weimarer Reichsverfassung drei Grundtendenzen ausmachte: (1) *Freiheit der Kirche vom Staat* durch die Selbstverwaltungsgarantie; (2) *Freiheit der Kirche im Staat* durch Gewährleistung ihrer Sonderstellung als Körperschaft des öffentlichen Rechts; (3) *Freiheit des Staates von der Kirche* durch Beseitigung ihres Monopolcharakters und Aufhebung des christlichen Charakters des Staates.

[566] *Konrad Hesse,* Freie Kirche im demokratischen Gemeinwesen. Zur Gegenwartslage des Verhältnisses von Staat und Kirche in der Bundesrepublik, in: ZevKR 11 (1964/65), S. 337–362 (346 ff., 354 ff.): Wesensverschiedenheit und beiderseitige Eigenständigkeit von Staat und Kirche (347 ff.) mit der Konsequenz des Verzichts auf institutionelle Verbindungen; Religionsfreiheit als Basis des religiös und weltanschaulich neutralen Staates, Kirchenfreiheit als Basis der Eigenständigkeit der Kirchen und der Freiheit ihres Wirkens, beides aber nicht im feindlichen

IV. Der Religionskompromiß der Weimarer Reichsverfassung

Quarck [SPD] führte in den Schlußberatungen des Plenums folgendes zum staatskirchenrechtlichen Regelungskomplex (nicht speziell zu Art. 137 Abs. 1 WRV) aus:

„Also keinerlei staatliche Glaubensherrschaft mehr, sondern Glaubensgemeinschaften, innerliche Glaubensgemeinschaft! Und wenn keine Glaubensherrschaft mehr, keine Gewaltherrschaft mehr, so auch keine Herrschaftsmittel mehr! Der Staat will nichts mehr von den Machtmitteln der Kirche borgen, er hat vollkommen verzichtet auf irgendeine Degradierung der Kirche zu seinem Gehilfen. Die Kirche soll aber auch nichts vom Staate mehr borgen, sie sollen beide friedlich-schiedlich nebeneinander den Weg der Kulturförderung zu gehen versuchen."[567]

Klingt das, was hier vor einem Jahrhundert artikuliert wurde, nicht immer noch erstaunlich modern?

Sinne „abwehrender Distanz" (S. 357), sondern in wechselseitiger Zuordnung und Ergänzung.

[567] Abg. Quarck [SPD], Plenum der Nationalversammlung, 59. Sitzung v. 17. Juli 1919, abgedruckt in: Verhandlungen, Bd. 328 (Fn. 9), S. 1649 ff. (1650 [B]).

Auswahl-Bibliographie selbständiger Schriften

Anschütz, Gerhard: Die Verfassungs-Urkunde für den Preußischen Staat vom 31. Januar 1850. Ein Kommentar für Wissenschaft und Praxis, Erster [und einziger] Band: Einleitung. Die Titel vom Staatsgebiete und von den Rechten der Preußen, Berlin 1912.
Anschütz, Gerhard: Die Verfassung des Deutschen Reichs vom 11. August 1919. Ein Kommentar für Wissenschaft und Praxis, 14. Aufl., Berlin 1933.
Besier, Gerhard: Preußische Kirchenpolitik in der Bismarckära. Die Diskussion in Staat und Evangelischer Kirche um eine Neuordnung der kirchlichen Verhältnisse Preußens zwischen 1866 und 1872 (= Veröffentlichungen der Historischen Kommission zu Berlin, Bd. 49), Berlin–New York 1980.
Bredt, Johann Victor: Neues evangelisches Kirchenrecht für Preußen, Bd. 1: Die Grundlagen bis zum Jahre 1918, Berlin 1921.
Bredt, Johann Victor: Neues evangelisches Kirchenrecht für Preußen, Bd. 2: Die Rechtslage nach 1918, Berlin 1922.
Brüser, Joachim: Herzog Karl Alexander von Württemberg und die Landschaft (1733 bis 1737). Katholische Konfession, Kaisertreue und Absolutismus (= Veröffentlichungen der Kommission für geschichtliche Landeskunde in Baden-Württemberg, Reihe B: Forschungen, Bd. 180), Stuttgart 2010.
Büttner, Ursula: Weimar. Die überforderte Republik 1918–1933. Leistung und Versagen in Staat, Gesellschaft, Wirtschaft und Kultur, Stuttgart 2008.
v. Campenhausen, Axel Freiherr: Staatskirchenrecht. Ein Studienbuch, 2. Aufl., München 1983.
Dreier, Horst: Staat ohne Gott. Religion in der säkularen Moderne, München 2018.
Ebers, Godehard Josef: Staat und Kirche im neuen Deutschland, München 1930.
Ehmer, Hermann: Kleine Geschichte der evangelischen Kirche in Württemberg, Leinfelden-Echterdingen 2008.
Graf, Friedrich Wilhelm: Der heilige Zeitgeist. Studien zur Ideen-

geschichte der protestantischen Theologie in der Weimarer Republik, Tübingen 2011.

Heckel, Martin: Vom Religionskonflikt zur Ausgleichsordnung. Der Sonderweg des deutschen Staatskirchenrechts vom Augsburger Religionsfrieden 1555 bis zur Gegenwart (= Bayerische Akademie der Wissenschaften. Philosophisch-Historische Klasse. Abhandlungen. Neue Folge, Heft 130), München 2007.

Heckel, Martin: Martin Luthers Reformation und das Recht. Die Entwicklung der Theologie Luthers und ihre Auswirkung auf das Recht unter den Rahmenbedingungen der Reichsreform und der Territorialstaatsbildung im Kampf mit Rom und den „Schwärmern" (= Jus ecclesiasticum, Bd. 114), Tübingen 2016.

Hein, Martin: Weichenstellungen der evangelischen Kirche im 19. und 20. Jahrhundert. Beiträge zur Kirchengeschichte und Kirchenordnung (= Arbeiten zur Kirchengeschichte, Bd. 109), Berlin–New York 2009.

Heinig, Hans Michael: Prekäre Ordnungen. Historische Prägungen des Religionsrechts in Deutschland, Tübingen 2018.

Hermelink, Heinrich: Geschichte der evangelischen Kirche in Württemberg von der Reformation bis zur Gegenwart. Das Reich Gottes in Wirtemberg, Stuttgart–Tübingen 1949.

Hintze, Otto: Regierung und Verwaltung. Gesammelte Abhandlungen zur Staats-, Rechts- und Sozialgeschichte Preußens, hrsgg. und eingeleitet von Gerhard Oestreich, 2., durchsehene Aufl., Göttingen 1967.

Holstein, Günther: Die Grundlagen des evangelischen Kirchenrechts, Tübingen 1928.

Jacke, Jochen: Kirche zwischen Monarchie und Republik. Der preußische Protestantismus nach dem Zusammenbruch von 1918 (= Hamburger Beiträge zur Sozial- und Zeitgeschichte, Bd. XII), Hamburg 1976.

Kühne, Jörg-Detlef: Die Reichsverfassung der Paulskirche. Vorbild und Verwirklichung im späteren deutschen Rechtsleben, Frankfurt/M. 1985.

Kühne, Jörg-Detlef: Die Entstehung der Weimarer Reichsverfassung. Grundlagen und anfängliche Geltung (= Schriften des Bundesarchivs, Bd. 78), Düsseldorf 2018.

Lempp, Wilhelm: Der württembergische Synodus 1553–1924. Ein Beitrag zur Geschichte der Württembergischen Evang. Landeskirche (= Blätter für württembergische Kirchengeschichte. Sonderhefte, Bd. 12), Stuttgart o. J. [1959].

Leonhardt, Rochus: Religion und Politik im Christentum. Vergangenheit und Gegenwart eines spannungsreichen Verhältnisses, Baden-Baden 2017.
Liermann, Hans: Deutsches Evangelisches Kirchenrecht (= Bibliothek des öffentlichen Rechts, Bd. V), Stuttgart 1933.
Link, Christoph: Staat und Kirche in der neueren deutschen Geschichte, Frankfurt/M. u. a. 2000.
Mehlhausen, Joachim: Vestigia verbi. Aufsätze zur Geschichte der evangelischen Theologie (= Arbeiten zur Kirchengeschichte, Bd. 72), Berlin–New York 1999.
Mehnert, Gottfried: Evangelische Kirche und Politik 1917–1919. Die politischen Strömungen im deutschen Protestantismus von der Julikrise 1917 bis zum Herbst 1919 (= Beiträge zur Geschichte des Parlamentarismus und der politischen Parteien, Bd. 16), Düsseldorf 1959.
Mosapp, Hermann: Die württembergischen Religions-Reversalien. Sammlung der Originalurkunden samt einer Abhandlung über die Geschichte und die zeitgemäße Neuregelung der Religionsreversalien, Tübingen 1894.
Motschmann, Claus: Evangelische Kirche und preußischer Staat in den Anfängen der Weimarer Republik. Möglichkeiten und Grenzen ihrer Zusammenarbeit (= Historische Studien, Heft 413), Lübeck–Hamburg 1969.
Munsonius, Hendrik: Öffentliche Religion im säkularen Staat, Tübingen 2016.
Närger, Nikolaus: Das Synodalwahlsystem in den deutschen evangelischen Landeskirchen im 19. und 20. Jahrhundert (= Jus ecclesiasticum, Bd. 36), Tübingen 1988.
Nipperdey, Thomas: Deutsche Geschichte 1800–1866: Bürgerwelt und starker Staat, München 1983.
Nowak, Kurt: Evangelische Kirche und Weimarer Republik. Zum politischen Weg des deutschen Protestantismus zwischen 1918 und 1932 (1981), 2., unveränd. Aufl., Göttingen 1988.
Nowak, Kurt: Geschichte des Christentums in Deutschland. Religion, Politik und Gesellschaft vom Ende der Aufklärung bis zur Mitte des 20. Jahrhunderts, München 1995.
Pollmann, Klaus Erich: Landesherrliches Kirchenregiment und soziale Frage. Der evangelische Oberkirchenrat der altpreußischen Landeskirche und die sozialpolitische Bewegung der Geistlichen nach 1890 (= Veröffentlichungen der Historischen Kommission zu Berlin, Bd. 44), Berlin–New York 1973.

Richter, Ludwig: Kirche und Schule in den Beratungen der Weimarer Nationalversammlung (= Schriften des Bundesarchivs, Bd. 47), Düsseldorf 1996.

Rieker, Karl: Die rechtliche Stellung der evangelischen Kirche Deutschlands in ihrer geschichtlichen Entwicklung bis zur Gegenwart, Leipzig 1893.

Ris, Georg: Der „kirchliche Konstitutionalismus". Hauptlinien der Verfassungsbildung in der evangelisch-lutherischen Kirche Deutschlands im 19. Jahrhundert (= Jus ecclesiasticum, Bd. 33), Tübingen 1988.

Schäfer, Gerhard: Kleine württembergische Kirchengeschichte, Stuttgart 1964.

v. Scheliha, Arnulf: Protestantische Ethik des Politischen, Tübingen 2013.

Scheuner, Ulrich: Schriften zum Staatskirchenrecht, hrsgg. von Joseph Listl (= Staatskirchenrechtliche Abhandlungen, Bd. 3), Berlin 1973.

Schlaich, Klaus: Kollegialtheorie. Kirche, Recht und Staat in der Aufklärung (= Jus ecclesiasticum, Bd. 8), München 1969.

Schlaich, Klaus: Gesammelte Aufsätze. Kirche und Staat von der Reformation bis zum Grundgesetz (= Jus ecclesiasticum, Bd. 57), hrsgg. von Martin Heckel und Werner Heun, Tübingen 1997.

Schoen, Paul: Das evangelische Kirchenrecht in Preußen, Bd. 1, Berlin 1903.

Schwarzlose, Karl: Die Neugestaltung der evangelischen Landeskirche Preussens nach dem Fortfall des landesherrlichen Kirchenregiments, Frankfurt/M. 1920.

Unruh, Peter: Reformation – Staat – Religion. Zur Grundlegung und Aktualität der reformatorischen Unterscheidung von Geistlichem und Weltlichem, Tübingen 2017.

Wallmann, Johannes: Kirchengeschichte Deutschlands seit der Reformation, 7. Aufl., Tübingen 2012.

Wehler, Hans-Ulrich: Deutsche Gesellschaftsgeschichte, Bd. 2: Von der Reformära bis zur industriellen und politischen „Deutschen Doppelrevolution" 1815–1848/49, 2. Aufl., München 1989; Bd. 3: Von der „Deutschen Doppelrevolution" bis zum Beginn des Ersten Weltkrieges 1849–1914, München 1995; Bd. 4: Vom Beginn des Ersten Weltkriegs bis zur Gründung der beiden deutschen Staaten 1914–1949, München 2003.

Dokumentenanhang

I. Deutsches Reich und Preußen

1. Hauptschluß der außerordentlichen Reichsdeputation vom 25. Februar 1803 (Reichsdeputationshauptschluß) 156

2. Publikandum, betreffend die veränderte Verfassung der obersten Staatsbehörden der Preußischen Monarchie vom 16. Dezember 1808 157

3. Deutsche Bundesakte vom 8. Juni 1815 159

4. Verordnung wegen verbesserter Einrichtung der Provinzial-Behörden vom 30. April 1815 160

5. Instruktion zur Geschäftsführung der Regierungen in den Königlich-Preußischen Staaten vom 23. Oktober 1817 163

6. Verfassung des deutschen Reiches vom 28. März 1849 (Paulskirchenverfassung) 166

7. Verfassungs-Urkunde für den Preußischen Staat vom 31. Januar 1850 168

8. Allerhöchster Erlaß vom 29. Juni 1850, betreffend die Grundzüge einer Gemeinde-Ordnung für die evangelischen Kirchengemeinden der östlichen Provinzen und die Einsetzung des Evangelischen Ober-Kirchenraths nebst Ressort-Reglement für die evangelische Kirchen-Verwaltung 170

9. Allerhöchster Erlaß vom 10. September 1873, betreffend die Einführung einer evangelischen Kirchengemeinde- und Synodalordnung für die Provinzen Preußen, Brandenburg, Pommern, Posen, Schlesien und Sachsen sowie die Berufung einer außerordentlichen Generalsynode für die acht älteren Provinzen 175

10. Kirchengemeinde- und Synodalordnung für die Provinzen
Preußen, Brandenburg, Pommern, Posen, Schlesien und
Sachsen vom 10. September 1873 177

11. Gesetz, betreffend die evangelische Kirchengemeinde- und
Synodalordnung vom 10. September 1873 für die Provinzen
Preußen, Brandenburg, Pommern, Posen, Schlesien und
Sachsen vom 25. Mai 1874 186

12. Allerhöchster Erlaß betreffend die Einführung einer
Generalynodalordnung für die Evangelische Landeskirche
der acht älteren Provinzen der Monarchie vom 20. Januar
1876 189

13. Generalsynodal-Ordnung für die evangelische
Landeskirche der acht älteren Provinzen der Monarchie
vom 20. Januar 1876 191

14. Gesetz, betreffend die evangelische Kirchenverfassung in
den acht ältern Provinzen der Monarchie vom 3. Juni 1876   197

15. Gesetz zur vorläufigen Ordnung der Staatsgewalt in
Preußen vom 20. März 1919 201

16. Verfassung des Freistaats Preußen vom 30. November 1920 202

17. Die Verfassung des Deutschen Reichs vom 11. August 1919
(Weimarer Reichsverfassung) 203

II. Württemberg

1. Herzog Carl Alexanders Verordnung, betreffend die
unabhängige Verfügung des Geheimenraths in Religions-
und Kirchen-Angelegenheiten vom 27. März 1734
[= Fünfte Religionsreversalie] 207

2. Verfassungs-Urkunde für das Königreich Württemberg
vom 25. September 1819 209

3. Königliche Verordnung, in Betreff der Einführung von
Pfarrgemeinderäthen in der evangelischen Landeskirche
vom 25. Januar 1851 212

4. Königliche Verordnung, in Betreff der Einführung von
   Diöcesansynoden in der evangelischen Landeskirche vom
   18. November 1854 219

5. Königliche Verordnung, betreffend die Stellung des
   Ministeriums für das Kirchen- und Schulwesen
   bei Angelegenheiten der evangelischen Kirche vom
   20. Dezember 1867 224

6. Königliche Verordnung, betreffend die Einführung
   einer Landes-Synode in der evangelischen Kirche von
   Württemberg vom 20. Dezember 1867 226

7. Kirchliches Gesetz, betreffend die Ausübung der
   landesherrlichen Kirchenregimentsrechte im Falle
   der Zugehörigkeit des Königs zu einer anderen als der
   evangelischen Konfession vom 28. März 1898 234

8. Gesetz, betreffend das kirchliche Gesetz über Ausübung
   der landesherrlichen Kirchenregimentsrechte im Falle
   der Zugehörigkeit des Königs zu einer anderen als der
   evangelischen Konfession vom 28. März 1898 238

9. Vorläufiges kirchliches Gesetz, betreffend die Ausübung
   der landesherrlichen Kirchenregimentsrechte in
   der evangelischen Landeskirche Württembergs
   vom 9. November 1918 240

10. Bekanntmachung der Oberkirchenbehörde Württembergs
    vom 12. Dezember 1918 241

11. Kirchliches Gesetz, betreffend die Verfassung der
    Evangelischen Landeskirche in Württemberg vom
    24. Juni 1920 (Kirchenverfassungsgesetz) 242

12. Gesetz über die Kirchen vom 3. März 1924 245

I. Deutsches Reich und Preußen

Dokument Nr. 1

Hauptschluß der außerordentlichen Reichsdeputation.
Vom 25. Februar 1803.

(Protokoll der ausserordentlichen Reichsdeputation zu Regensburg, 1803, Bd. II, S. 841 ff. [921]; vgl. Huber/Huber I, Nr. 5, S. 18 f.)

– Auszug in authentischer Abschrift –

Hauptschluß
der ausserordentlichen Reichsdeputation.

[…]

§. 63

Die bisherige Religionsübung eines jeden Landes soll gegen Aufhebung und Kränkung aller Art geschützt seyn; insbesondere jeder Religion der Besitz und ungestörte Genuß ihres eigenthümlichen Kirchenguts, auch Schulfonds nach der Vorschrift des westphälischen Friedens ungestört verbleiben; dem Landesherrn steht jedoch frey, andere Religionsverwandte zu dulden, und ihnen den vollen Genuß bürgerlicher Rechte zu gestatten.

[…]

Signatum Regensburg des 25. Februar 1803

Dokument Nr. 2

Publikandum, betreffend die veränderte Verfassung der obersten Staatsbehörden der Preußischen Monarchie, in Beziehung auf die innere Landes- und Finanzverwaltung. Vom 16ten Dezember 1808.

(Sammlung der für die Königlichen Preußischen Staaten erschienenen Gesetze und Verordnungen von 1806. bis zum 27sten Oktober 1810, S. 361 ff.; vgl. Huber/Huber I, Nr. 23, S. 55)

– Auszug in authentischer Abschrift –

Wir Friedrich Wilhelm, von Gottes Gnaden, König von Preußen etc. etc.

Haben beschlossen, den obersten Verwaltungsbehörden für das Innere und die Finanzen eine verbesserte, den Fortschritten des Zeitgeistes, der durch äußere Verhältnisse veränderten Lage des Staats und den jetzigen Bedürfnissen desselben, angemessene Geschäftseinrichtung zu geben, und heben daher die in dieser Hinsicht bestandenen Einrichtungen hiemit auf.

[...]

9. Bei der Sektion für den Kultus und öffentlichen Unterricht steht die Abtheilung für den Kultus unter spezieller Direktion eines vorsitzenden Staatsraths, die für den öffentlichen Unterricht aber, unter unmittelbarer Leitung des Geheimen Staatsraths und Sektions-Chefs.

[...]

12. Die Abtheilung für den Kultus erhält alle Rechte der obersten Aufsicht und Fürsorge des Staats in Beziehung auf Religionsübung (jus circa sacra), wie diese Rechte das Allgemeine Landrecht Theil 2. Titel 11. §. 113. seqq. bestimmt hat, ohne Unterschied der Glaubensverwandte. Nach Maaßgabe der, den verschiedenen Religionspartheien zugestandenen Verfassung hat sie auch die Konsistorialrechte (jus sacrorum), namentlich in Absicht der

Protestanten nach §. 143. am angeführten Orte des Allgem. Landrechts. Ihr gebühret die Beurtheilung wegen Tolerirung einzelner Sekten; auch die Juden stehen in Beziehung auf ihren Gottesdienst unter ihr. Nicht minder gebührt ihr die Aufsicht wegen des Religionsunterrichts bei der Erziehung.

13. Da die Angelegenheiten des Kultus jedesmal durch die Kammern (Regierungen) gehen, so hat diese Sektion keine Behörden, welche ihr unmittelbar untergeordnet sind, außer den Deputationen für Geistliche und Schulsachen in den Kammern, und insoweit katholische geistliche Sachen und die Aufsicht auf den Kultus tolerirter Sekten ein Gegenstand der Landeshoheit sind, die Deputationen der Kammern, welche die Landeshoheits-Gegenstände bearbeiten.

Gegeben Königsberg, den 16ten Dezember 1808.

Friedrich Wihelm.
v. Altenstein. v. Dohna.

Dokument Nr. 3

Deutsche Bundesakte vom 8. Juni 1815

(Gesetz-Sammlung für die Königlichen Preußischen Staaten 1818, Anhang, S. 143 ff.; vgl. Huber/Huber I, Nr. 53, S. 115)

– Auszug in authentischer Abschrift –

Im Namen der allerheiligsten und untheilbaren Dreieinigkeit.

[...]

Sechszehnter Artikel

Die Verschiedenheit der christlichen Religions-Partheien kann in den Ländern und Gebieten des Deutschen Bundes keinen Unterschied in dem Genusse der bürgerlichen und politischen Rechte begründen. Die Bundesversammlung wird in Berathung ziehen, wie auf eine möglichst übereinstimmende Weise die bürgerliche Verbesserung der Bekenner des jüdischen Glaubens in Deutschland zu bewirken sey, und wie insonderheit denselben der Genuß der bürgerlichen Rechte, gegen die Uebernahme aller Bürgerpflichten, in den Bundesstaaten verschafft und gesichert werden könne. Jedoch werden den Bekennern dieses Glaubens bis dahin die denselben von den einzelnen Bundesstaaten bereits eingeräumten Rechte erhalten.

[...]

So geschehen Wien, den achten Juni im Jahre eintausend acht hundert und fünfzehn.

Fürst von Metternich.
Freiherr von Wessenberg.
[et al.]

Dokument Nr. 4

Verordnung wegen verbesserter Einrichtung der Provinzial-Behörden. Vom 30sten April 1815.

(Gesetz-Sammlung für die Königlichen Preußischen Staaten 1815, Nr. 9, S. 85 ff.; vgl. Huber/Huber I, Nr. 55, S. 119 f.)

– Auszug in authentischer Abschrift –

Wir Friedrich Wilhelm, von Gottes Gnaden, König von Preußen etc. etc.

Bei der definitiven Besitznahme der mit Unserer Monarchie vereinigten Provinzen, sind Wir zugleich darauf bedacht gewesen, den Provinzial-Behörden in dem ganzen Umfange Unserer Staaten, eine vereinfachte und verbesserte Einrichtung zu geben, ihre Verwaltungsbezirke zweckmäßig einzutheilen, und in dem Geschäftsbetriebe selbst, mit der kollegialischen Form, welche Achtung für die Verfassung, Gleichförmigkeit des Verfahrens, Liberalität und Unpartheilichkeit sichert, alle Vortheile der freien Benutzung des persönlichen Talents und eines wirksamen Vertrauens zu verbinden.

Wir haben dabei alle ältere, durch Erfahrung bewährt gefundene Einrichtungen bestehen lassen, und sind bei den hinzugefügten neuern Bestimmungen von dem Grundsatze ausgegangen, jedem Haupt-Administrationszweige durch eine richtig abgegrenzte kraftvolle Stellung der Unterbehörden, eine größere Thätigkeit zu geben, das schriftliche Verfahren abzukürzen, die minder wichtigen Gegenstände ohne zeitraubende Formen zu betreiben, dagegen aber für alle wichtigen Landesgeschäfte eine desto reifere und gründlichere Berathung eintreten zu lassen, um dadurch die, in Unserer Kabinets-Ordre vom 3ten Juni v. J., über die neue Organisation der Ministerien, angedeuteten Zwecke durch ein harmonisches Zusammenwirken aller Staatsbehörden desto gewisser zu erreichen.

Dem zufolge verordnen Wir:

[...]

§. 2.

In jeder Provinz wird ein Ober-Präsident die Verwaltung derjenigen allgemeinen Landesangelegenheiten führen, welche zweckgemäßer der Ausführung einer Behörde anvertraut werden, deren Wirksamkeit nicht auf einen einzelnen Regierungsbezirk beschränkt ist.

§. 3.

Zu diesen Gegenständen gehören:
[...]
5) Die obere Leitung der Angelegenheiten des Kultus, des öffentlichen Unterrichts und des Medizinalwesens in der Oberpräsidentur. Für diese wichtigen Zweige der innern Verwaltung finden Wir nöthig, am Haupt-Ort jeder Oberpräsidentur besondere Behörden zu bilden, in welchen der Oberpräsident den Vorsitz führen soll.

[...]

§. 15.

Für die Kirchen- und Schul-Sachen besteht im Hauptort jeder Provinz ein Konsistorium, dessen Präsident der Ober-Präsident ist.

Dieses übt in Rücksicht auf die Protestanten die Konsistorial-Rechte aus; in Rücksicht auf die Römisch-Katholischen hat es die landesherrlichen Rechte circa sacra zu verwalten. In Rücksicht auf alle übrigen Religions-Parteyen übt es diejenige Aufsicht aus, die der Staatszweck erfordert und die Gewissensfreiheit gestattet.

§. 16.

Alle Unterrichts- und Bildungs-Anstalten stehen gleichfalls unter diesen Konsistorien mit Ausnahme der Universitäten, welche unmittelbar dem Ministerium des Innern untergeordnet bleiben. Jeder Ober-Präsident ist jedoch als beständiger Commissarius dieses Ministeriums Curator der Universität, die sich in der ihm anvertrauten Provinz befindet.

§. 17.

In jedem Regierungs-Bezirk, worin kein Konsistorium ist, besteht eine Kirchen- und Schul-Kommission von Geistlichen und Schulmännern, die unter Leitung und nach Anweisung des Konsistoriums diejenigen Geschäfte desselben besorgt, die einer nähern persönlichen Einwirkung bedürfen.

§. 18.

Die Direktion dieser Kommission führt ein Mitglied der Regierung, welches im Regierungs-Kollegium den Vortrag derjenigen Konsistorial-Angelegenheiten hat, die eine Mitwirkung der Regierungen erfordern. Diese Direktoren müssen wenigstens jährlich einmal im Konsistorium erscheinen, worin sie als Räthe Sitz und Stimme haben, und einen allgemeinen Vortrag über die besonderen Verhältnisse der Konsistorial-Angelegenheiten ihres Regierungs-Bezirks machen.

[…]

§. 42.

Die Organe der Konsistorien sind der Schulenrath des Regierungsbezirks und die geistlichen und Schulinspektoren.

[…]

Gegeben Wien, den 30sten April 1815.

Friedrich Wilhelm.

C. Fürst v. Hardenberg.

Dokument Nr. 5

Instruktion zur Geschäftsführung der Regierungen in den Königlich-Preußischen Staaten. Vom 23sten Oktober 1817.

(Gesetz-Sammlung für die Königlichen Preußischen Staaten 1817, Nr. 15, S. 248 ff.; vgl. Huber/Huber I, Nr. 57, S. 124 f.)

– Auszug in authentischer Abschrift –

Wir Friedrich Wilhelm, von Gottes Gnaden, König von Preußen etc. etc.

haben durch das Gesetz vom 30sten April 1815. wegen verbesserter Einrichtung der Provinzialbehörden nicht nur in der innern Einrichtung der Regierungen, sondern auch durch die darin verordnete Anstellung von Ober-Präsidenten und Errichtung von Provinzial-Konsistorien und Medizinal-Kollegien in der Stellung und in dem Wirkungskreise der Regierungen, so wesentliche Abänderungen getroffen, daß Wir es nöthig gefunden haben, die bisherige Dienstinstruktion vom 26sten Dezember 1803. einer genauen Durchsicht und Umarbeitung unterwerfen zu lassen, und ertheilen demnach, nach Vollendung derselben, den Regierungen, mit Hinweisung auf die heute von Uns vollzogenen Dienstinstruktionen für die Ober-Präsidenten, Konsistorien und Medizinal-Kollegien für die Zukunft folgende Anweisung zum Dienst.

Abschnitt I.

Von dem Geschäftskreise der Regierungen und ihrer Abtheilungen.

§. 1.

Der Geschäftskreis der Regierungen erstreckt sich auf alle Gegenstände der innern Landes-Verwaltung [...].

§. 2.

Von diesen Gegenständen gehören vor die *erste* Abtheilung der Regierung:
[...]

6) die geistlichen und Schulangelegenheiten, mithin auch die Aufsicht über die Kirchen, Schulen, Erziehungsanstalten und andere fromme und wohlthätige Stiftungen und Anstalten, und deren fundationsmäßige, innere sowohl als Vermögensverwaltung; ferner über literarische Gesellschaften, in soweit die Gegenstände der in Rede stehenden Kathegorie nicht zu dem Ressort der Provinzial-Konsistorien gehören.

[...]

§. 18.

Die Kirchen- und Schulkommission (§. 2. Nr. 7.) ist, als solche, keine besondere Behörde, sondern ein integrierender Theil der ersten Abtheilung der Regierung. Alles was für letztere und die Regierungen überhaupt in der gegenwärtigen Instruktion vorgeschrieben worden, findet daher auf sie ebenfalls Anwendung. Ihr gebührt die Verwaltung aller geistlichen und Schul-Angelegenheiten, welche nicht dem Konsistorium in der demselben heute ertheilten Instruktion ausdrücklich übertragen worden. Unter dieser Einschränkung gebührt ihr daher:
a) die Besetzung sämmtlicher, dem landesherrlichen Patronatrechte unterworfenen, geistlichen und Schullehrerstellen, so wie die Bestätigung der von Privatpatronen und Gemeinden dazu erwählten Subjekte, sofern sie nicht außerhalb Landes her vocirt werden; imgleichen die Prüfung und Einführung derselben, im Fall solche nicht dem Konsistorium übertragen ist;
b) die Aufsicht über deren Amts- und moralische Führung; die Urlaubs-Ertheilung für selbige;
c) die Aufrechterhaltung der äußern Kirchenzucht und Ordnung;
d) die Direktion und Aufsicht über sämmtliche Kirchen, öffentliche und Privatschulen und Erziehungsanstalten, milde und fromme Stiftungen und Institute.
e) die Aufsicht und Verwaltung des gesammten Elementarschulwesens;
f) die Aufsichtung Verwaltung sämmtlicher äußern Kirchen- und Schulangelegenheiten, mithin auch die Regulirung des Stolwesens und Schulgeldes;
g) die gesammte Verwaltung des Kirchen-, Schul- und Stiftungsvermögens, im Fall selbige nicht verfassungsmäßig andern Behörden oder Gemeinden, Korporationen und Privaten gebührt, und im

letztern Fall, die landesherrliche Oberaufsicht über die Vermögensverwaltung. Ihr steht hiernach auch die Entwerfung, Prüfung und Bestätigung der hieher gehörigen Etats, so wie die Abnahme und Decharge der Kirchen-, Schul- und Institutsrechnungen zu. Sie hat ferner:
h) die Dispensation in den, in der Konsistorialinstruktion ihr nachgelassenen Fällen, und
i) [...]
k) Schulsozietäten einzurichten und zu vertheilen, wie die Ortschaften es wünschen, oder Lokalumstände es nöthig machen; so wie
l) Parochien zusammen zu ziehen und zu vertheilen, wenn die Gemeinden und Patrone darin willigen; imgleichen, unter dieser Bedingung, einzelne Dorfschaften umzupfarren.

In allen diesen Angelegenheiten kommt es, Behufs der Kompetenz der Kirchen- und Schulkommission, auf die Verschiedenheit der Religion und des Kultus, nicht an. Sie wird indessen bei Ausübung ihrer Kompetenz den Einfluß stets gehörig berücksichtigen, welcher bei den römisch-katholischen Kirchen- und Schulsachen dem Bischofe gesetz- und verfassungsmäßig zusteht, und in zweifelhaften Fällen darüber von dem Oberpräsidenten Instruktionen einholen. Ihr sind in obiger Beziehung sämmtliche Geistliche und Schullehrer, die Superintendenten und mit ihnen in gleicher Kathegorie stehende höhere Geistliche anderer Konfessionen, nicht ausgenommen, untergeordnet, und die Kommission kann wider sie nöthigenfalls die gesetzlichen Zwangs- und Strafverfügungen erlassen und zur Ausführung bringen. Wie es wegen ihrer Suspension und Entlassung vom Amte zu halten, ist in der Konsistorialinstruktion bestimmt.

[...]

Gegeben Berlin, den 23sten Oktober 1817.

Friedrich Wilhelm.

C. Fürst v. Hardenberg.

Dokument Nr. 6

Verfassung des deutschen Reiches.
(vom 28. März 1849)

(Reichs-Gesetz-Blatt 1849, S. 101 ff.; vgl. Huber/Huber II, Nr. 9, S. 33 f.)
– Auszug in authentischer Abschrift –

Die deutsche verfassunggebende Nationalversammlung hat beschlossen, und verkündigt als Reichsverfassung:

Verfassung des deutschen Reiches.

[...]

Abschnitt VI. Die Grundrechte des deutschen Volkes.

[...]

Artikel V.

§. 144.

Jeder Deutsche hat volle Glaubens- und Gewissensfreiheit.
Niemand ist verpflichtet, seine religiöse Ueberzeugung zu offenbaren.

§. 145.

Jeder Deutsche ist unbeschränkt in der gemeinsamen häuslichen und öffentlichen Uebung seiner Religion.
Verbrechen und Vergehen, welche bei Ausübung dieser Freiheit begangen werden, sind nach dem Gesetze zu bestrafen.

§. 146.

Durch das religiöse Bekenntniß wird der Genuß der bürgerlichen und staatsbürgerlichen Rechte weder bedingt noch beschränkt. Den staatsbürgerlichen Pflichten darf dasselbe keinen Abbruch thun.

§. 147.

Jede Religionsgesellschaft ordnet und verwaltet ihre Angelegenheiten selbstständig, bleibt aber den allgemeinen Staatsgesetzen unterworfen.

Keine Religionsgesellschaft genießt vor andern Vorrechte durch den Staat; es besteht fernerhin keine Staatskirche.

Neue Religionsgesellschaften dürfen sich bilden; einer Anerkennung ihres Bekenntnisses durch den Staat bedarf es nicht.

§. 148.

Niemand soll zu einer kirchlichen Handlung oder Feierlichkeit gezwungen werden.

§. 149.

Die Formel des Eides soll künftig lauten: „So wahr mir Gott helfe".

§. 150.

Die bürgerliche Gültigkeit der Ehe ist nur von der Vollziehung des Civilactes abhängig; die kirchliche Trauung kann nur nach der Vollziehung des Civilactes Statt finden.

Die Religionsverschiedenheit ist kein bürgerliches Ehehinderniß.

[…]

Zur Beurkundung:

Frankfurt a. M., den 28. März 1849.

Martin Eduard Simson von Königsberg in Preußen, d. Z. Präsident der verfassunggebenden Reichsversammlung.

[et al.]

Dokument Nr. 7

Verfassungs-Urkunde für den Preußischen Staat. Vom 31. Januar 1850.

(Gesetz-Sammlung für die Königlichen Preußischen Staaten, 1850, Nr. 3, S. 17 ff.; vgl. Huber/Huber II, Nr. 11, S. 37 f.)

– Auszug in authentischer Abschrift –

Wir Friedrich Wilhelm, von Gottes Gnaden, König von Preußen etc. etc.

thun kund und fügen zu wissen, daß Wir, nachdem die von Uns unterm 5. Dezember 1848. vorbehaltlich der Revision im ordentlichen Wege der Gesetzgebung verkündigte und von beiden Kammern Unseres Königreichs anerkannte Verfassung des preußischen Staats der darin angeordneten Revision unterworfen ist, die Verfassung in Uebereinstimmung mit beiden Kammern endgültig festgestellt haben.

Wir verkünden demnach dieselbe als Staatsgrundgesetz, wie folgt:

[...]

Titel II.
Von den Rechten der Preußen.

[...]

Artikel 12.

Die Freiheit des religiösen Bekenntnisses, der Vereinigung zu Religionsgesellschaften (Art. 30. und 31.) und der gemeinsamen häuslichen und öffentlichen Religionsübung wird gewährleistet. Der Genuß der bürgerlichen und staatsbürgerlichen Rechte ist unabhängig von dem religiösen Bekenntnisse. Den bürgerlichen und staatsbürgerlichen Pflichten darf durch die Ausübung der Religionsfreiheit kein Abbruch geschehen.

[...]

Artikel 14.

Die christliche Religion wird bei denjenigen Einrichtungen des Staats, welche mit der Religionsübung im Zusammenhange stehen, unbeschadet der im Art. 12. gewährleisteten Religionsfreiheit, zum Grunde gelegt.

Artikel 15.

Die evangelische und die römisch-katholische Kirche, so wie jede andere Religionsgesellschaft, ordnet und verwaltet ihre Angelegenheiten selbstständig und bleibt im Besitz und Genuß der für ihre Kultus-, Unterrichts- und Wohltätigkeitszwecke bestimmten Anstalten, Stiftungen und Fonds.

[…]

Urkundlich unter Unserer Höchsteigenhändigen Unterschrift und beigedrucktem Königlichen Insiegel.
Gegeben Charlottenburg, den 31. Januar 1850.

(L. S.) Friedrich Wilhelm.

Graf v. Brandenburg. v. Ladenberg. v. Manteuffel. v. Strotha. v. d. Heydt. v. Rabe. Simons. v. Schleinitz.

Dokument Nr. 8

Allerhöchster Erlaß vom 29. Juni 1850., betreffend die Grundzüge einer Gemeinde-Ordnung für die evangelischen Kirchengemeinden der östlichen Provinzen und die Einsetzung des Evangelischen Ober-Kirchenraths nebst Ressort-Reglement für die evangelische Kirchen-Verwaltung.

(Gesetz-Sammlung für die Königlichen Preußischen Staaten, 1850, Nr. 28, S. 343 ff.; vgl. Huber/Huber II, Nr. 143 und 144, S. 315 ff.)

– in authentischer Abschrift –

Auf den, in Gemäßheit Meines Erlasses vom 26. Januar v. J. von Ihnen und der Abtheilung des Ministeriums der geistlichen Angelegenheiten für die inneren evangelischen Kirchensachen erstatteten Bericht, ertheile Ich hierdurch dem vorgelegten Entwurfe einer Gemeinde-Ordnung für die evangelischen Kirchengemeinden der östlichen Provinzen und den Behufs der Einführung derselben vorgeschlagenen Maaßregeln Meine Genehmigung. Hiernächst bestimme Ich, daß die Abtheilung des Ministeriums der geistlichen Angelegenheiten für die inneren evangelischen Kirchensachen, unter Beibehaltung der von ihr bisher ausgeübten und durch das anliegende Ressort-Reglement näher bezeichneten amtlichen Befugnisse, in Zukunft die Bezeichnung „Evangelischer Ober-Kirchenrath" führen soll. Es ist Mein Wille, daß die Einführung der Gemeinde-Ordnung in den evangelischen Kirchengemeinden der östlichen Provinzen nach den von Mir genehmigten Grundsätzen unverzüglich angebahnt werde, und Ich beauftrage demgemäß den evangelischen Ober-Kirchenrath, in Vereinigung mit Ihnen, das diesfalls Erforderliche ungesäumt zu bewirken, demnächst aber über die Begründung der weiteren Entwicklungsstufen einer selbstständigen evangelischen Kirchenverfassung mit Ihnen fernern gemeinschaftlichen Bericht zu erstatten. – Der gegenwärtige Erlaß ist nebst dem von Mir genehmigten Ressort-Reglement durch die Gesetz-Sammlung zur öffentlichen Kenntniß zu bringen.

Sansouci, den 29. Juni 1850. Friedrich Wilhelm.
v. Ladenberg.

An den Minister der geistlichen etc. Angelegenheiten.

Dokument Nr. 8

Ressort-Reglement
für
die evangelische Kirchen-Verwaltung.

§. 1.

Der evangelische Ober-Kirchenrath tritt an die Stelle der durch den Allerhöchsten Erlaß vom 26. Januar v. J. mit der Leitung der inneren evangelischen Kirchensachen beauftragten Abtheilung des Ministeriums der geistlichen Angelegenheiten. Es gehören mithin zum Ressort desselben folgende nach der Instruction vom 23. Oktober 1817., der Allerhöchsten Order vom 31. Dezember 1825. und der Verordnung vom 27. Juni 1845. §. 1. den Konsistorien überwiesene Angelegenheiten:
1) das Synodalwesen;
2) die Aufsicht über den Gottesdienst in dogmatischer und liturgischer Beziehung, die Aufsicht über den Religions-Unterricht nach Maaßgabe des zur Ausführung des Artikels 24. der Verfassungsurkunde vom 31. Januar 1850. ergehenden Unterrichtsgesetzes, die Anordnung kirchlicher Feste, der Einweihung von Kirchen und der Einräumung von Kirchen zu anderen als den stiftungsmäßigen Zwecken;
3) die Aufsicht über das kirchliche Prüfungswesen und die Vorbereitung zum geistlichen Stande, einschließlich der Aufsicht über das Prediger-Seminar zu Wittenberg;
4) die Beschwerden über Pfarrbesetzungen und die Besetzung niederer kirchlicher Aemter, sowie die Streitigkeiten über kirchliche Präsentations- und Wahlrechte, vorbehaltlich des Rechtsweges. – In den Angelegenheiten des landesherrlichen Patronats verbleibt aber bis zur Herstellung einer selbstständigen Kirchenverfassung das Recht der Entscheidung dem Minister unter der in §. 5. Nr. 5. und 6. näher bestimmten Mitwirkung des evangelischen Ober-Kirchenraths;
5) die Aufsicht über Ordination, Einführung und Vereidigung der Geistlichen;
6) die Aufsicht und Disziplin über die Geistlichen;
7) die Emeritierungs-Angelegenheiten, die Verfügung über das Sterbequartal und das Gnadenjahr, soweit dabei nicht die Staatsmittel in Anspruch genommen werden, sowie die vikarische Verwaltung erledigter Aemter;

8) die Beschwerden über Anmaßung oder Verweigerung pfarramtlicher Handlungen Seitens evangelischer Geistlichen, die Ueberhebung von Stolgebühren und die Streitigkeiten über Parochialberechtigungen;
9) die Bestätigung der nicht für die Vermögensverwaltung bestimmten niederen Kirchenbedienten, insbesondere der Presbyter und Gemeindevertreter, wo solche erforderlich ist;
10) die Ertheilung kirchlicher Dispensationen;
11) die Aufrechterhaltung der Kirchenzucht innerhalb der landesgesetzlichen Grenzen;
12) die Kirchenvisitationen und die Beaufsichtigung der Pfarr- und der Superintendentur-Archive.

In allen vorstehend bezeichneten Angelegenheiten übt der evangelische Ober-Kirchenrath die Befugnisse der höheren Instanz und das Recht der allgemeinen Anordnung innerhalb der bestehenden Gesetze und Verordnungen aus.

§. 2.

Der evangelische Ober-Kirchenrath verwaltet die in §. 1. genannten Sachen kollegialisch. Er steht in direktem Verkehr mit den übrigen Behörden und berichtet unmittelbar an des Königs Majestät. Derselbe hat jedoch General-Verfügungen im Konzept und Immediatberichte im Konzept und in der Reinschrift dem Minister vorzulegen, welcher auf der Reinschrift vermerken wird, daß er davon Kenntniß genommen habe.

Sämmtliche Ausfertigungen ergehen unter der Firma:
„der Evangelische Ober-Kirchenrath"
und werden von dem Vorsitzenden allein vollzogen.

§. 3.

Dem Minister der geistlichen Angelegenheiten verbleibt bis zu dem in der Allerhöchsten Ordre vom 26. Januar 1849. (Gesetz-Sammlung S. 125.) bezeichneten Zeitpunkte der Herstellung einer selbstständigen Kirchenverfassung die höhere Verwaltung der gegenwärtig den Provinzial-Regierungen übertragenen äußeren Angelegenheiten der evangelischen Kirche, so wie die zur Zeit noch zu seiner verfassungsmäßigen Verantwortlichkeit gereichende Verwaltung und Verwendung der Staatsfonds zu den bestimmten kirchlichen Zwecken.

In erster Beziehung gehören zu dem Ressort des Ministers folgende Angelegenheiten:
1) die Regulirung des Interimistikums in streitigen Kirchen-, Pfarr- und Küsterbausachen;
2) die Aufsicht über die Kirchenbücher;
3) die Sorge für die Anlegung und die Unterhaltung der Kirchhöfe;
4) die Aufsicht über das Vermögen der dem landesherrlichen Patronat nicht unterworfenen Kirchen, kirchlichen Stiftungen und Institute, sowie die Ausübung der landesherrlichen Aufsichts- und Verwaltungsrechte in Ansehung des Vermögens der dem landesherrlichen Patronat unterworfenen Kirchen, kirchlichen Stiftungen und Institute;
5) die Ernennung oder Bestätigung der für die Verwaltung des kirchlichen Vermögens anzustellenden weltlichen Kirchenbedienten, sowie die Aufsicht über deren amtliche und sittliche Führung und die damit verfassungsmäßig verbundenen Disziplinarbefugnisse.

§. 4.

In den zu der Verwaltung des Ministers gehörenden Fällen, welche für den evangelischen Ober-Kirchenrath ein besonderes Interesse darbieten, bleibt es dem Ermessen des Ministers vorbehalten, demselben die ihm wünschenswerthe Kenntniß zu gewähren, beziehentlich sein Gutachten zu erfordern, sowie es dem Ober-Kirchenrathe vorbehalten sein soll, in solchen äußern Angelegenheiten, von denen er eine wesentliche Einwirkung auf die ihm übertragene Seite der kirchlichen Verwaltung annehmen zu müssen glaubt, Anträge an den Minister zu stellen.

§. 5.

In folgenden Fällen wird ein Zusammenwirken des Ministers der geistlichen Angelegeheiten und des evangelischen Ober-Kirchenraths stattfinden:
1) in den Angelegenheiten, in denen nach der Verordnung vom 27. Juni 1845. §. 3. die Regierungen angewiesen sind, sich mit den Konsistorien in Einvernehmen zu setzen, mithin wenn über das Vorhandensein eines kirchlichen Bedürfnisses oder die Abmessung seines Umfangs Zweifel entstehen, ingleichen wo es sich um die Verwendung der bei der Vermögens-Verwaltung

einzelner Kirchen, kirchlichen Stiftungen und Institute sich ergebenden Ueberschüsse handelt;
2) in den nach derselben Verordnung §. 5. zum gemeinschaftlichen Ressort der Regierungen oder Konsistorien gehörenden Angelegenheiten, also:
   a) bei der Veränderung bestehender oder Einführung neuer Stolgebühren und Taxen,
   b) bei der Veränderung bestehender oder Bildung neuer Pfarrbezirke;
3) bei Anstellungen oder bei Anordnung kommissarischer Beschäftigungen in den Konsistorien, bei der Besetzung erledigter Superintendenturen, sowie bei der Anstellung der Direktoren und Lehrer am Prediger-Seminar zu Wittenberg;
4) bei dem Antrage auf Ertheilung von Orden und Auszeichnungen an Geistliche;
5) in den Angelegenheiten des landesherrlichen Patronats;
6) bei der Bewilligung von Unterstützungen an Geistliche aus den dazu bestimmten Fonds.

In allen diesen gemeinschaftlich zu erledigenden Sachen hat der evangelische Ober-Kirchenrath den ihm ressortmäßig gebührenden Standpunkt in Beziehung auf die inneren Angelegenheiten der Kirche wahrzunehmen und zu vertreten.

§. 6.

In den in §. 5. aufgeführten Fällen erfolgen die Entscheidungen im Namen des Ministers, nach vorgängig erklärtem Einverständnisse des evangelischen Ober-Kirchenraths, und unter ausdrücklicher Erwähnung dieses Einverständnisses.

§. 7.

Der evangelische Ober-Kirchenrath hat in Vereinigung mit dem Minister die Organisation der Kirchengemeinden anzubahnen und das zur Begründung einer selbstständigen evangelischen Kirchenverfassung weiter Erforderliche zu beantragen.

Dokument Nr. 9

Allerhöchster Erlaß vom 10. September 1873., betreffend
die Einführung einer evangelischen Kirchengemeinde-
und Synodalordnung für die Provinzen Preußen,
Brandenburg, Pommern, Posen, Schlesien und
Sachsen, sowie die Berufung einer außerordentlichen
Generalsynode für die acht älteren Provinzen.

(Gesetz-Sammlung für die Königlichen Preußischen Staaten 1873, Nr. 29, S. 417 f., und 1874, Nr. 13, S. 149 f. ; vgl. Huber/Huber II, Nr. 444, S. 932 f.)

– in authentischer Abschrift –

Seit einer Reihe von Jahren ist Meine Fürsorge darauf gerichtet gewesen, die dem nothwendigen Ausbau der evangelischen Kirchenverfassung für die älteren Provinzen der Monarchie gewidmeten Arbeiten sobald als thunlich dem Abschlusse zuzuführen. Nach Vernehmung der in Gemäßheit Meines Erlasses vom 5. Juni 1869. berufenen außerordentlichen Provinzialsynoden erachte Ich es gegenwärtig an der Zeit, auf Grund der gemachten Erfahrungen und in Berücksichtigung der vorliegenden Bedürfnisse zu einer definitiven Ordnung der Gemeinde-Organe und der Synoden zu schreiten. Demgemäß ertheile Ich kraft der Mir als Träger des landesherrlichen Kirchenregiments zustehenden Befugnisse der als Anlage I. beifolgenden Kirchengemeinde- und Synodalordnung für die Provinzen Preußen, Brandenburg, Pommern, Posen, Schlesien und Sachsen hierdurch Meine Sanktion und verkünde dieselbe als kirchliche Ordnung. Indem Ich durch diese Ordnung den in der Kirche vorhandenen Kräften Gelegenheit gebe, am Dienste des kirchlichen Lebens mehr als bisher sich selbstthätig zu betheiligen, hoffe Ich zu Gott, daß Er in Seiner Barmherzigkeit Seinen Segen zu den neuen Einrichtungen geben werde. Die dadurch herbeigeführten Aenderungen beschränken sich auf die kirchliche Verfassung; der Bekenntnißstand und die Union in den genannten Provinzen und den dazu gehörenden Gemeinden werden daher, wie Ich ausdrücklich erkläre, durch die neue Ordnung in keiner Weise berührt. Mit der Ausführung der Kirchengemeinde- und Synodalordnung ist, soweit letztere nicht zu ihrer Regelung vorab noch einer Mitwirkung der Landesgesetzgebung, wie insbesondere Hinsichts der Vermögensverwaltung der Gemeinden und der Betheiligung des Patronats bei derselben bedarf, unverzüglich vorzugehen, und beauftrage Ich den Evangelischen Ober-Kirchenrath im Einverständniß mit dem Minister der geistlichen Angelegenheiten das Weitere zu veranlassen. Gleichzeitig bestimme Ich, daß Behufs des vollständigen Abschlusses der Arbeiten für die evangelischen Kirchenverfassung der acht älteren Provinzen eine außerordentliche Generalsynode zusammentrete, über deren Aufgabe, Zusammensetzung und Thätigkeit Ich die in der Anlage II. enthaltenen Anordnungen getroffen habe. Der gegenwärtige Erlaß ist durch die Gesetz-Sammlung zur öffentlichen Kenntniß zu bringen.

Berlin, den 10. September 1873.   Wilhelm.
    Falk.

An den Minister der geistlichen etc. Angelegenheiten
und den Evangelischen Ober-Kirchenrath.

Dokument Nr. 10

Kirchengemeinde- und Synodalordnung für die
Provinzen Preußen, Brandenburg, Pommern, Posen,
Schlesien und Sachsen. Vom 10. September 1873.

(Gesetz-Sammlung für die Königlichen Preußischen Staaten 1873, Nr. 29, S. 418 ff. und 1874, Nr. 13, S. 151 ff.; vgl. Huber/Huber II, Nr. 445, S. 933 ff.)

– Auszug in authentischer Abschrift –

Erster Abschnitt.

Organe der Gemeinde.
I. Allgemeine Bestimmungen.

§. 1.

Die Kirchengemeinden haben ihre Angelegenheiten innerhalb der gesetzlichen Grenzen selbst zu verwalten. Als Organe dieser Selbstverwaltung dienen die Gemeinde-Kirchenräthe und die Gemeindevertretungen.

§. 2.

In jeder Kirchengemeinde wird ein Gemeinde-Kirchenrath, in den größeren Gemeinden auch eine Gemeindevertretung gemäß der nachfolgenden Ordnung gebildet.

[…]

II. Gemeinde-Kirchenrath.
A. Mitglieder des Gemeinde-Kirchenraths.

§. 3.

Der Gemeinde-Kirchenrath besteht:
1) aus dem Pfarrer (Pastor, Prediger) der Gemeinde oder dessen Stellvertreter im Pfarramt,

2) aus mehreren Aeltesten, welche, soweit ihre Ernennung nicht dem Patron zusteht (§. 6.), durch die Gemeinde gewählt werden (§§. 34. ff.).

§. 4.

Sind mehrere Pfarrgeistliche in der Gemeinde selbst angestellt, so gehören sie sämmtlich dem Gemeinde-Kirchenrathe als Mitglieder an.
[...]

[...]

B. Sitzungen und Beschlüsse des Gemeinde-Kirchenraths.

§. 8.

Den Vorsitz im Gemeinde-Kirchenrath führt der Pfarrer. Bei Erledigung des Pfarramts oder dauernder Verhinderung des Pfarrers geht das Recht des Vorsitzes auf den Superintendenten über, welcher sich in dessen Ausübung von einem Mitgliede des Gemeinde-Kirchenraths oder einem benachbarten Geistlichen vertreten lassen kann. In Fällen vorübergehender Verhinderung führt den stellvertretenden Vorsitz ein Aeltester, welcher vom Gemeinde-Kirchenrathe aus seiner Mitte auf drei Jahre nach dem Eintritt der neuen Aeltesten (§. 43.) gewählt wird.
[...]

[...]

C. Wirkungskreis des Gemeinde-Kirchenraths.

§. 13.

Der Gemeinde-Kirchenrath hat den Beruf, in Unterstützung der pfarramtlichen Thätigkeit nach bestem Vermögen zum religiösen und sittlichen Aufbau der Gemeinde zu helfen, die christlichen Gemeindethätigkeiten zu fördern und die Kirchengemeinde in ihren inneren und äußeren Angelegenheiten zu vertreten.
[...]

§. 16.

3. Der Gemeinde-Kirchenrath hat die religiöse Erziehung der Jugend zu beachten und die Interessen der Kirchengemeinde in Bezug auf die Schule zu vertreten.
[…]

§. 17.

4. Dem Gemeinde-Kirchenrath liegt die Leitung der kirchlichen Einrichtungen für Pflege der Armen, Kranken und Verwahrlosten ob.
[…]

[…]

§. 21.

8. Dem Gemeinde-Kirchenrath kommt, soweit wohlerworbene Rechte Dritter nicht entgegenstehen, die Ernennung der niederen Kirchendiener zu. Er beaufsichtigt ihre Dienstführung und übt das Recht der Entlassung aus kündbaren Anstellungen.

Wegen Entlassung im Disziplinarwege, sowie wegen Verleihung und Entziehung der mit Schulstellen verbundenen niederen Kirchenbedienungen behält es bei den bestehenden Vorschriften sein Bewenden.

§. 22.

9. Der Gemeinde-Kirchenrath vertritt die Gemeinde in vermögensrechtlicher Beziehung, in streitigen wie in nichtstreitigen Rechtssachen, und verwaltet das Kirchenvermögen, einschließlich des Vermögens der kirchlichen Lokalstiftungen, welche nicht fundationsmäßig eigene Vorstände haben, sowie einschließlich des Pfarr- und Pfarrwittwenthums-Vermögens, soweit das Recht jeweiliger Inhaber nicht entgegensteht.
[…]

[…]

§. 25.

10. Der Gemeinde-Kirchenrath ist das Organ der Gemeinde gegenüber den Kirchenbehörden und den Synoden. Er hat das Interesse

der Gemeinde sowohl durch Erledigung von Vorlagen der Kirchenregierung, insbesondere bei Parochialveränderungen, als auch geeigneten Falls durch Einbringung von Anträgen wahrzunehmen.

[…]

IV. Bildung der Gemeinde-Organe.

§. 34.

Die Mitglieder des Gemeinde-Kirchenraths und der Gemeindevertretung werden von den wahlberechtigten Gemeindegliedern gewählt.

Wahlberechtigt sind alle männlichen selbstständigen, über 24 Jahre alten Mitglieder der Gemeinde, welche bereits ein Jahr in der Gemeinde, oder wo mehrere Gemeinden am Orte sind, an diesem Orte wohnen, zu den kirchlichen Gemeindelasten nach Maßgabe der dazu bestehenden Verpflichtung beitragen und sich zum Eintritt in die wahlberechtigte Gemeinde ordnungsmäßig nach Maßgabe der darüber zu erlassenden Instruktion angemeldet haben.

[…]

§. 35.

Wählbar in die Gemeindevertretung sind alle Wahlberechtigten, sofern sie nicht durch beharrliche Fernhaltung vom öffentlichen Gottesdienste und von der Theilnahme an den Sakramenten ihre kirchliche Gemeinschaft zu bethätigen aufgehört haben.

Wählbar in den Gemeinde-Kirchenrath sind alle zum Eintritt in die Gemeindevertretung befähigten Personen, welche das dreißigste Lebensjahr vollendet haben.

[…]

Zweiter Abschnitt.

Kreissynode.

§. 49.

Die zu einer Diözese vereinigten Gemeinden bilden in der Regel den Kreis-Synodalverband.

Gemeinden, welche keiner Diözese angehören, sind einem benachbarten Synodalverbande anzuschließen.

Kleinere Diözesen können ganz oder getheilt mit benachbarten zu dem Verbande einer Kreissynode vereinigt werden.

Ueber Veränderungen bestehender Kreis-Synodalverbände trifft das Konsistorium mit Einwilligung der betreffenden Kreissynoden oder im Falle des Widerspruchs unter Zustimmung der Provinzialsynode Entscheidung.

§. 50.

Die Kreissynode besteht aus:
1) dem Diözesan-Superintendenten als Vorsitzenden.
   Unter mehreren zur Synode gehörigen Superintendenten gebührt der Vorsitz dem im Ephoralamt älteren;
2) sämmtlichen innerhalb des Kirchenkreises ein Pfarramt definitiv oder vikarisch verwaltenden Geistlichen. – Geistliche an Anstalten, welche keine Parochialrechte haben, Militairgeistliche und ordinirte Hülfsgeistliche sind nur befugt, mit berathender Stimme an der Synode Theil zu nehmen.
   Zweifel über den Umfang der Theilnahmeberechtigung einzelner Geistlicher entscheidet das Konsistorium;
3) je einem weltlichen Mitgliede, welches von dem Gemeinde-Kirchenrath jeder Gemeinde, bei verbundenen Gemeinden (§. 2.) der Gesammtparochie, aus seiner Mitte oder aus den Mitgliedern der Gemeindevertretung, welche die Qualifikation zum Aeltesten haben, oder aus der Zahl der früheren Aeltesten auf drei Jahre gewählt wird.
   Gemeinden mit mehreren Pfarrgeistlichen sind befugt, ebensoviel weltliche Mitglieder zur Kreissynode abzuordnen, als Geistliche für sie daran Theil nehmen.
   Für jedes weltliche Mitglied ist gleichzeitig ein Stellvertreter zu wählen, welcher bei dessen Verhinderung in die Synode eintritt;
4) in jeder Kreissynode sind die Gemeinden, welche mehr als 4000 Parochianen umfassen, und, wo deren Zahl nicht wenigstens vier beträgt, die vier an Seelenzahl stärksten Gemeinden befugt, außer den vorgenannten Mitgliedern (Nr. 2. und 3.) noch je einen Abgeordneten zur Kreissynode zu entsenden.
   Derselbe wird vom Gemeinde-Kirchenrath aus angesehenen, kirchlich erfahrenen und verdienten Männern des Synodal-

kreises für eine Synodalperiode gewählt. Die Wahl kann auch auf eximirte Personen gerichtet werden.

§. 51.

Die Kreissynode tritt jährlich in der Regel einmal zusammen. Außerordentliche Versammlungen können mit Genehmigung oder auf Anordnung des Konsistoriums sattfinden. Die Dauer der Versammlung soll zwei Tage nicht überschreiten.

Ausnahmsweise ist das Konsistorium befugt, eine schriftliche Abstimmung der Mitglieder außerhalb der Versammlung zu veranstalten.

[...]

§. 54.

Der Vorstand der Kreissynode besteht aus dem vorsitzenden Superintendenten (Präses) und aus vier von der Synode aus ihrer Mitte auf drei Jahre gewählten Beisitzern (Assessoren), von denen mindestens einer ein Geistlicher sein muß. Der geistliche Beisitzer und, wenn deren mehrere in dem Synodal-Vorstand sind, der an erster Stelle Gewählte, hat den Vorsitzenden im Falle seiner Verhinderung in allen Synodalgeschäften zu vertreten. Das Konsistorium kann jedoch, wenn die Vertretung eines Superintendenten in allen Ephoralfunktionen angeordnet werden muß, auch den Synodalvorsitz dem ernannten Vertreter der Superintendentur übertragen.

[...]

Dritter Abschnitt.

Provinzialsynode.

§. 58.

Die Kreissynoden jeder Provinz bilden zusammen den Verband einer Provinzialsynode.

§. 59.

Die Provinzialsynode wird zusammengesetzt aus:

1) den von den Kreissynoden oder Synodalverbänden der Provinz zu wählenden Abgeordneten, geistlichen und weltlichen in gleicher Zahl (§. 61.),
2) den nach §. 62. von den größten Kreissynoden besonders abzuordnenden Mitgliedern,
3) einem von der evangelisch-theologischen Fakultät der Provinzial-Universität (für Posen der Universität Breslau) zu wählenden Mitgliede dieser Fakultät,
4) aus landesherrlich zu ernennenden Mitgliedern, deren Zahl den sechstem Theil der nach Nr. 1. zu wählenden Abgeordneten nicht übersteigen soll.

Die Berufung aller Synodalmitglieder erfolgt für eine Synodalperiode von drei Jahren.

Ueber die Einfügung der drei Kreissynoden der Grafschaften Stolberg-Wernigerode, Stolberg und Roßla in den Synodalverband der Provinz Sachsen wird besondere Bestimmung ergehen.

[...]

§. 61.

Jeder Kreis-Synodalbezirk ist ein Wahlkreis, seine Kreissynode der Wahlkörper. Sind in der Provinz mehr als 40 Kreissynoden vorhanden, so ist durch Vereinigung mehrerer Kreissynoden zu einem Wahlverbande die Zahl der Wahlkreise auf 40 zu verringern. In dem Wahlverbande bilden die vereinigten Kreissynoden den Wahlkörper.

Die Anzahl und die Begrenzung der durch Zusammenlegung von Kreissynoden gebildeten Wahlkreise wird bis zur anderweitigen kirchengesetzlichen Regelung durch Königliche Verordnung bestimmt.

Jeder Wahlkreis wählt zwei Abgeordnete, einen geistlichen und einen weltlichen, und für jeden Abgeordneten gleichzeitig einen Stellvertreter aus demselben Stande.

Wählbar sind die derzeitigen, sowie die früheren Mitglieder der wählenden Kreissynoden, der Gemeinde-Kirchenräthe und der Gemeindevertretungen des Wahlkreises.

Die Gemeindevertreter müssen das dreißigste Lebensjahr zurückgelegt haben.

[...]

§. 64.

Die Provinzialsynode versammelt sich alle drei Jahre auf Berufung des Konsistoriums in einer Stadt der Provinz. [...]
[...]

[...]

§. 66.

Der Vorstand der Provinzialsynode wird für eine laufende Synodalperiode gewählt, bleibt aber bis zur Bildung des neuen Vorstandes in Thätigkeit.

Er besteht

1) aus einem Vorsitzenden (Präses),
2) aus mehreren (nicht über sechs) Beisitzern, geistlichen und weltlichen in gleicher Zahl (Assessoren).

Die Feststellung der Zahl für jede einzelne Provinz erfolgt durch einen Beschluß der Provinzialsynode, welcher der Bestätigung durch den Evangelischen Ober-Kirchenrath bedarf.

Für sämmtliche Beisitzer werden Stellvertreter gewählt, welche in Verhinderungsfällen für jene in den Vorstand eintreten.

Die Wahl des Präses unterliegt der Bestätigung des Evangelischen Ober-Kirchenraths.

§. 67.

Der Präses eröffnet die Synode, leitet ihre Verhandlungen und handhabt die äußere Ordnung. Seine Stimme entscheidet bei Stimmengleichheit. Er repräsentirt die Synode nach Außen, insbesondere bei kirchlichen Feierlichkeiten von provinzieller Bedeutung. Er ist befugt, den Kreissynoden der Provinz mit berathender Stimme beizuwohnen. Bei vorübergehender Behinderung kann er sich durch einen Beisitzer vertreten lassen. Er ist des Vorsitzende des Synodalvorstandes als eigenen Kollegiums.

Der Präses wird bei den Präsidialgeschäften von den Beisitzern unterstützt. Im Falle seiner bleibenden Verhinderung oder seines definitiven Ausscheidens wählen bei nicht versammelter Synode die Beisitzer unter sich einen stellvertretenden Vorsitzenden.

Die Korrespondenz führt, insoweit nicht der Vorstand in Gesammtheit zu handeln berufen ist, der Präses allein. Demselben steht frei, die Mitunterschrift der Beisitzer einzuholen.

[...]

§. 70.

Die Synode ist beschlußfähig, wenn zwei Drittheile ihrer Mitglieder anwesend sind.

Die Beschlüsse werden nach absoluter Mehrheit der Abstimmenden gefaßt. Wahlhandlungen sind, wenn zunächst relative Mehrheiten sich ergeben, durch engere Wahl bis zur Erreichung einer absoluten Mehrheit fortzusetzen. Bei Stimmengleichheit entscheidet das Loos. Für die Wahl zu Kommissionen genügt die relative Mehrheit.

[...]

[...]

Fünfter Abschnitt.

Uebergangsbestimmungen.

[...]

§. 80.

Die zur Ausführung dieser Ordnung erforderlichen Instruktionen werden von dem Evangelischen Ober-Kirchenrath im Einverständniß mit dem Minister der geistlichen, Unterrichts- und Medizinalangelegenheiten erlassen.

Dokument Nr. 11

Gesetz, betreffend die evangelische Kirchengemeinde- und Synodalordnung vom 10. September 1873. für die Provinzen Preußen, Brandenburg, Pommern, Posen, Schlesien und Sachsen. Vom 25. Mai 1874.

(Gesetz-Sammlung für die Königlichen Preußischen Staaten 1874, Nr. 13, S. 147 ff.; vgl. Huber/Huber II, Nr. 446, S. 942 f.)

– Auszug in authentischer Abschrift –

Wir Wilhelm, von Gottes Gnaden König von Preußen etc.

verordnen, mit Zustimmung der beiden Häuser des Landtages der Monarchie, für die Provinzen Preußen, Brandenburg, Pommern, Posen, Schlesien und Sachsen, was folgt:

Artikel 1.

Die Vertretung der evangelischen Kirchengemeinden, sowie die Verwaltung des Kirchenvermögens geht vom 1. Juli 1874. ab nach Maßgabe der folgenden Bestimmungen auf die im §. 1. der in der Anlage enthaltenen Kirchengemeinde- und Synodalordnung vom 10. September 1873. bestimmten Organe über.

Artikel 2.

Der Gemeinde-Kirchenrath übt die ihm in der Gemeindeordnung zugewiesenen Rechte in Betreff

1) der Verfügung über die Kirchengebäude (§. 15.);
2) der Vertretung der Gemeindeinteressen in Bezug auf die Schule (§. 16.);
3) der Vertretung der Gemeinde in vermögensrechtlicher Beziehung und bei Verwaltung des Kirchenvermögens, einschließlich des Vermögens der kirchlichen Lokalstiftungen, sowie des Pfarr- und Pfarrwittwenthums-Vermögens (§§. 22–24.);
4) der Vertretung der Gemeinde bei Parochialveränderungen (§. 25.).

Die zur Ausübung dieser Rechte erforderlichen Beschlüsse werden nach §. 11. Absatz 2. und 3. gefaßt und Dritten gegenüber nach §. 11. Absatz 5. und §. 22. Absatz 2. festgestellt.

Die Verwaltung der Kirchenkasse richtet sich nach §. 24.

Artikel 3.

Die Gemeindevertretung (§. 27. Absatz 1. und 2., §. 42. Absatz 2., §. 45. Absatz 3.) übt die ihr in dem §. 31. zugewiesenen Rechte.

Die zur Ausübung derselben erforderlichen Beschlüsse werden nach §§. 29. und 30. gefaßt.

Beschlüsse über Umlagen auf die Gemeindeglieder können erst dann vollstreckt werden, wenn sie von der Staatsbehörde für vollstreckbar erklärt worden sind.

Diese Erklärung ist insbesondere zu versagen, sofern Bedenken hinsichtlich der Ordnungsmäßigkeit der Auferlegung, der Angemessenheit des Beitragsfußes oder der Leistungsfähigkeit der Pflichtigen besteht.

[...]

Artikel 5.

Zur Feststellung von Gemeindestatuten, welche die Kirchengemeinde- und Synodalordnung ergänzen oder modifiziren (§. 31. Nr. 11. und §. 46.), bedarf es der vorgängigen Anerkennung Seitens der Staatsbehörde, daß die entworfene Bestimmung den in Artikel 1–4. und Artikel 8. staatsgesetzlich genehmigten Vorschriften nicht zuwider sei.

[...]

Artikel 7.

Wegen der den Kreis- und Provinzialsynoden und deren Vorständen in der evangelischen Kirchengemeinde- und Synodalordnung vom 10. September 1873. zugewiesenen Rechte bleibt die staatsgesetzliche Regelung, soweit es deren bedarf, vorbehalten.

[...]

Artikel 9.

Alle diesem Gesetz und dem ersten Abschnitt der Kirchengemeinde- und Synodalordnung entgegenstehenden Bestimmungen, mögen dieselben im Allgemeinen Landrecht, in Provinzialgesetzen oder in Lokalgesetzen und Lokalordnungen enthalten oder durch Observanz oder Gewohnheit begründet sein, treten mit dem 1. Juli 1874. außer Kraft.

Urkundlich unter Unserer Höchsteigenhändigen Unterschrift und beigedrucktem Königlichen Insiegel.

Gegeben Wiesbaden, den 25. Mai 1874.

(L. S.) Wilhelm.

Camphausen. Gr. zu Eulenburg. Leonhardt. Falk. v. Kameke. Achenbach.

Dokument Nr. 12

Allerhöchster Erlaß vom 20. Januar 1876., betreffend
die Einführung einer Generalsynodal-Ordnung
für die evangelische Landeskirche der acht
älteren Provinzen der Monarchie.

(Gesetz-Sammlung für die Königlichen Preußischen Staaten 1876,
Nr. 3, S. 7 f.; vgl. Huber/Huber II, Nr. 447, S. 944)

– in authentischer Abschrift –

Nachdem in Gemäßheit Meines Erlasses vom 10. September 1873. eine außerordentliche Generalsynode den von dem Evangelischen Ober-Kirchenrath in Vereinigung mit dem Minister der geistlichen Angelegenheiten festgestellten und von Mir genehmigten Entwurf einer Generalsynodal-Ordnung berathen hat, ertheile Ich kraft der Mir als Träger des landesherrlichen Kirchenregiments zustehenden Befugnisse der als Anlage beifolgenden Generalsynodal-Ordnung für die evangelische Landeskirche der acht älteren Provinzen der Monarchie hierdurch Meine Sanktion und verkünde dieselbe als kirchliche Ordnung. Das wichtige Werk einer selbstständigen Verfassung für die evangelische Landeskirche ist hiermit in allen ihren Entwickelungsstufen begründet; überall sind den Gemeindegliedern wesentliche Befugnisse der Theilnahme an der kirchlichen Gesetzgebung und Verwaltung übertragen. Ich vertraue auf die Barmherzigkeit Gottes, an dessen Segen Alles gelegen ist, daß auch diese neue Ordnung dienen wird zur Hebung des kirchlichen Lebens, zur Herstellung des kirchlichen Friedens und zur Anregung eines kräftigen und ersprießlichen Zusammenwirkens aller Betheiligten für die Wahrung des evangelischen Glaubens und guter Sitte. So weit es zur Ausführung der Generalsynodal-Ordnung nicht noch einer Mitwirkung der Landesgesetzgebung bedarf, wegen deren Herbeiführung von Mir das Erforderliche veranlaßt ist, hat der Evangelische Ober-Kirchenrath mit dem Minister der geistlichen Angelegenheiten wegen dieser Ausführung die weiteren Einleitungen zu treffen. Zugleich bestimme Ich, daß die Vorschriften des §. 7. Nr. 6. der Generalsynodal-Ordnung über das förmliche Disziplinarverfahren auf diejenigen Disziplinaruntersuchungen, welche am Tage der Verkündung dieses Erlasses bereits eingeleitet sind, keine Anwendung finden, diese Untersuchungen vielmehr nach dem bisherigen Verfahren zu Ende zu führen sind. Der gegenwärtige Erlaß ist durch die Gesetz-Sammlung zur öffentlichen Kenntniß zu bringen.

Berlin, den 20. Januar 1876.

Wilhelm.

Falk.

Dokument Nr. 13

Generalsynodal-Ordnung für die evangelische
Landeskirche der acht älteren Provinzen der Monarchie.
(vom 20. Januar 1876)

(Gesetz-Sammlung für die Königlichen Preußischen Staaten 1876, Nr. 3, S. 8 ff.; vgl. Huber/Huber II, Nr. 448, S. 944 ff.)

– Auszug in authentischer Abschrift –

Generalsynodal-Ordnung
für die
evangelische Landeskirche
der
acht älteren Provinzen der Monarchie.

§. 1.

Der Verband der Generalsynode erstreckt sich auf die evangelische Landeskirche der acht älteren Provinzen der Monarchie.

Der Bekenntnißstand und die Union in den genannten Provinzen und den dazu gehörenden Gemeinden werden durch dieses Verfassungsgesetz nicht berührt.

I.
Zusammensetzung.

§. 2.

Die Generalsynode wird zusammengesetzt:
1) aus 150 Mitgliedern, welche von den Provinzialsynoden der Provinzen Preußen, Brandenburg, Pommern, Posen, Schlesien, Sachsen, Westphalen und der Rheinprovinz gewählt werden;
2) aus sechs Mitgliedern, von welchen jede evangelisch-theologische Fakultät an den Universitäten Königsberg, Berlin, Greifswald, Breslau, Halle und Bonn eines aus ihrer Mitte wählt;
3) aus den General-Superintendenten der im Generalsynodalverbande stehenden Provinzen;
4) aus dreißig vom Könige zu ernennenden Mitgliedern.

Die Berufung der Synodalmitglieder erfolgt für eine Synodalperiode von sechs Jahren.

§. 3.

Die zufolge §. 2. Nr. 1. zu wählenden Mitglieder werden auf die acht Provinzialsynoden dergestalt vertheilt, daß die Synode

der	Provinz	Preußen	24
"	"	Brandenburg	27,
"	"	Pommern	18,
"	"	Posen	9,
"	"	Schlesien	21,
"	"	Sachsen	24,
"	"	Westphalen	12,
"	Rheinprovinz		15

Mitglieder wählt.

Die Wahl erfolgt in der Weise, daß

1) ein Drittheil aus den innerhalb der Provinz in geistlichen Aemtern der Landeskirche angestellten Geistlichen,
2) ein Drittheil aus solchen Angehörigen der Provinz gewählt wird, welche in Kreis- oder Provinzialsynoden oder in den Gemeindekörperschaften derselben als weltliche Mitglieder entweder zur Zeit der Kirche dienen oder früher gedient haben;
3) die Wahlen für das letzte Drittheil sind an diese Beschränkungen nicht gebunden, sondern können auch auf andere angesehene, kirchlich erfahrene und verdiente Männer gerichtet werden, welche der evangelischen Landeskirche angehören.

Alle Gewählten müssen das dreißigste Lebensjahr zurückgelegt haben.

[...]

Gesetzgebung.

§. 6.

Landeskirchliche Gesetze bedürfen der Zustimmung der Generalsynode und werden von dem Könige, kraft seines Rechts als Träger des Kirchenregiments, erlassen. Sie werden behufs der Beglaubigung von dem Präsidenten des Evangelischen Ober-Kirchenraths gezeichnet.

Die Generalsynode hat das Recht, landeskirchliche Gesetze vorzuschlagen.

Bevor ein von der Generalsynode angenommenes Gesetz dem Könige zur kirchenregimentlichen Genehmigung vorgelegt wird, ist die Erklärung des Ministers der geistlichen Angelegenheiten darüber herbeizuführen, ob gegen den Erlaß desselben von Staatswegen etwas zu erinnern sei.

Ein Kirchengesetz erhält seine verbindliche Kraft durch die Verkündung in dem unter Verantwortlichkeit des Evangelischen Ober-Kirchenraths erscheinenden kirchlichen Gesetz- und Verordnungsblatt. Sie beginnt, sofern in dem Gesetze kein anderer Anfangstermin bestimmt ist, mit dem vierzehnten Tage nach demjenigen Tage, an welchem das betreffende Stück des genannten Blattes in Berlin ausgegeben worden ist.

[…]

§. 21.

Am Schlusse jeder ordentlichen Versammlung (§. 24.) wählt die Generalsynode den Synodalvorstand und Synodalrath auf eine Synodalperiode von sechs Jahren. Wird die Versammlung geschlossen, bevor diese Wahl stattgefunden hat, so treten die für die frühere Synodalperiode Gewählten wieder in Funktion.

§. 22.

Der Synodalvorstand besteht aus einem Vorsitzenden, aus einem Stellvertreter desselben und aus fünf Beisitzern. Für die Beisitzer werden Ersatzmänner gewählt, welche bei Verhinderung der ersteren in den Vorstand berufen werden. Scheiden bei nicht versammelter Synode sowohl der Vorsitzende als sein Stellvertreter aus, so wählen die Beisitzer unter sich für die Restzeit einen Vorsitzenden.

Der Synodalvorstand tritt außer Funktion, sobald die nächste ordentliche Versammlung der Generalsynode ihr Präsidium gewählt hat.

[…]

III.
Versammlungen der Generalsynode.

§. 24.

Die Generalsynode tritt auf Berufung des Königs und zwar alle sechs Jahre zu ordentlicher Versammlung zusammen. Zu außerordentlicher Versammlung kann sie nach Anhörung des Synodalvorstandes jederzeit berufen werden.

Dem Könige steht es zu, jederzeit die Versammlung zu schließen oder zu vertagen.

[...]

IV.
Synodalvorstand und Synodalrath.

§. 34.

Als selbstständiges Kollegium hat der Vorstand der Generalsynode den folgenden Wirkungskreis:
1) Er erledigt die ihm von der Kirchenregierung gemachten Vorlagen.
2) Er beschließt über die in seiner eigenen Mitte gestellten Anträge auf Beseitigung von Mängeln, welche bei der kirchlichen Gesetzgebung und Verwaltung hervortreten. Beschlüsse der letzteren Art gehen, sofern ihnen im Verwaltungswege entsprochen werden kann, als Anträge an den Evangelischen Ober-Kirchenrath. Verlangt ihre Ausführung den Weg der Gesetzgebung, so kann der Synodalvorstand entweder die Beschreitung desselben bei der Kirchenregierung beantragen, oder selbst einen Gesetzentwurf behufs seiner Einbringung in der Generalsynode ausarbeiten (§. 6.).
3) Er vertritt die nicht versammelte Generalsynode, wenn Anordnungen, welche regelmäßig der beschließenden Mitwirkung der Generalsynode bedürfen, wegen ihrer Unaufschieblichkeit durch kirchenregimentlichen Erlaß provisorisch getroffen werden sollen. Solche Erlasse können nur ergehen, wenn der Synodalvorstand sowohl die Unaufschieblichkeit anerkennt, als auch ihrem Inhalte zustimmt und mit ausdrücklicher Erwähnung dieser seiner Mitwirkung. Sie sind der nächsten Ge-

neralsynode zur Prüfung und Genehmigung vorzulegen und, wenn die letztere versagt wird, außer Wirksamkeit zu setzen.
4) Er bereitet die nächste Versammlung der Generalsynode, soweit ihm dies obliegt, vor, insbesondere durch Prüfung der Legitimationen und Feststellung des der Generalsynode abzustattenden Berichts (§. 29.).
5) In Bezug auf die vorangegangene Versammlung erledigt er die zur Ausführung ihrer Beschlüsse erforderlichen Geschäfte und sorgt für den Druck und die Vertheilung der Synodalprotokolle.
6) Er verwaltet die General-Synodalkasse (§. 38.) und übt die ihm in §. 11. zugewiesenen Funktionen.

Verlangt der Synodalvorstand, bevor er sich in Angelegenheiten der unter Nr. 2. und 3. bezeichneten Art schlüssig macht, eine gemeinschaftliche Berathung mit dem Evangelischen Ober-Kirchenrath, so hat der letztere eine solche zu veranstalten.

§. 35.

Der Synodalvorstand wird zur Erledigung derjenigen Geschäfte, welche ihm selbstständig bei nicht versammelter Synode obliegen (§. 34.), nach Vereinbarung mit dem Evangelischen Ober-Kirchenrath von seinem Vorsitzenden nach Berlin berufen.

Zu einem gültigen Beschlusse des Synodalvorstandes bedarf es der Anwesenheit von wenigstens fünf Mitgliedern. Bei Stimmengleichheit giebt die Stimme des Vorsitzenden den Ausschlag.

Die Erledigung einzelner Geschäfte im schriftlichen Wege ist ausnahmsweise nach dem Ermessen des Vorsitzenden zulässig.

Der Synodalvorstand regelt seinen Geschäftsgang durch seine Beschlüsse. Es steht ihm frei, aus seiner Mitte für bestimmte Geschäfte Ausschüsse zu bilden oder auch einzelne Mitglieder mit solchen zu beauftragen.

§. 36.

Mit dem Evangelischen Ober-Kirchenrath wirkt der Synodalvorstand zusammen:
1) wenn in der Rekursinstanz entweder über Einwendungen der Gemeinde gegen die Lehre eines zum Pfarramt Designirten, oder über die wegen Mangels an Uebereinstimmung mit dem Bekenntniß der Kirche angefochtene Berufung eines sonst Anstellungsfähigen zu einem geistlichen Amte, oder in einer wegen

Irrlehre gegen einen Geistlichen geführten Disziplinaruntersuchung Entscheidung abgegeben werden soll;
2) bei der Feststellung der von der Kirchenregierung der Generalsynode vorzulegenden Gesetzentwürfe und der zur Ausführung der landeskirchlichen Gesetze erforderlichen Instruktionen;
3) bei den dem Evangelischen Ober-Kirchenrath zustehenden Vorschlägen für die Besetzung der General-Superintendenturen;
4) bei Vertretung der evangelischen Landeskirche in ihren vermögensrechtlichen Angelegenheiten;
5) in anderen Angelegenheiten der kirchlichen Centralverwaltung von vorzüglicher Wichtigkeit, in welchen der Evangelische Ober-Kirchenrath die Zuziehung des Synodalvorstandes beschließt.

Die Mitwirkung des Vorstandes findet in der Weise statt, daß die Mitglieder desselben, nach vorheriger Mittheilung der Gegenstände der Berathung, auf Berufung durch den Präsidenten des Evangelischen Ober-Kirchenraths an den betreffenden Berathungen und Beschlüssen als außerordentliche Mitglieder des Evangelischen Ober-Kirchenraths mit vollem Stimmrecht Theil nehmen. In der Ausfertigung solcher Beschlüsse ist ihrer Mitwirkung Erwähnung zu thun. Dem Erforderniß der Mitwirkung ist entsprochen, wenn wenigstens vier Mitglieder des Vorstandes Theil genommen haben.

[...]

Dokument Nr. 14

Gesetz, betreffend die evangelische Kirchenverfassung in den acht ältern Provinzen der Monarchie. Vom 3. Juni 1876.

(Gesetz-Sammlung für die Königlichen Preußischen Staaten 1876, Nr. 11, S. 125 ff.; vgl. Huber/Huber II, Nr. 449, S. 952 ff.)

– Auszug in authentischer Abschrift –

Wir Wilhelm, von Gottes Gnaden König von Preußen etc.

verordnen, mit Zustimmung der beiden Häuser des Landtages der Monarchie, für die Provinzen Preußen, Brandenburg, Pommern, Posen, Schlesien, Sachsen und Westfalen und die Rheinprovinz, was folgt:

Artikel 1.

Die in der Kirchengemeinde- und Synodalordnung vom 10. September 1873. (Ges. Samml. 1874. S. 151.) und in der anliegenden General-Synodalordnung vom 20. Januar 1876. bestimmten und nach diesen Vorschriften zusammengesetzten Synodalorgane üben die nachstehenden Rechte nach Maßgabe dieses Gesetzes.

[...]

Artikel 13.

Kirchliche Gesetze und Verordnungen, sie mögen für die Landeskirche oder für einzelne Provinzen oder Bezirke erlassen werden, sind nur soweit rechtsgültig, als sie mit einem Staatsgesetz nicht in Widerspruch stehen.

Bevor ein von einer Provinzialsynode oder von der Generalsynode beschlossenes Gesetz dem Könige zur Sanktion vorgelegt wird, ist durch eine Erklärung des Staatsministeriums festzustellen, daß gegen das Gesetz von Staatswegen nichts zu erinnern ist. In der Verkündigungsformel ist diese Feststellung zu erwähnen.

Absatz 4. des §. 6. der General-Synodalordnung vom 20. Januar 1876. findet auch auf provinzielle kirchliche Gesetze Anwendung.

Die Bestimmungen dieses Artikels gelten auch in dem Bezirk der Kirchenordnung vom 5. März 1835. für die Provinz Westfalen und die Rheinprovinz.

Artikel 14.

Die Generalsynode übt die ihr in der General-Synodalordnung vom 20. Januar 1876. zugewiesenen Rechte in Betreff
1) der unter die Verwaltung und Verfügung des Evangelischen Ober-Kirchenraths gestellten kirchlichen Fonds (§§. 11. 12.);
2) neuer Ausgaben für landeskirchliche Zwecke (§. 14.);
3) der Heranziehung der Einkünfte des Kirchenvermögens und der Pfarrpfründen zu Beiträgen für kirchliche Zwecke (§. 15.).

Die zur Ausübung dieser Rechte erforderlichen Beschlüsse werden nach §. 32. Absatz 2. und 4. gefaßt.

Artikel 15.

Kirchengesetze, durch welche neue Ausgaben zu landeskirchlichen Zwecken bewilligt werden (§. 14. der General-Synodalordnung vom 20. Januar 1876.), und die endgültige Vereinbarung zwischen der Generalsynode und der Kirchenregierung über die Vertheilung der Umlage auf die Provinzen (§. 14. Absatz 2. daselbst) bedürfen, bevor sie dem Könige zur Sanktion vorgelegt werden, der Zustimmung des Staatsministeriums. Die Zustimmung ist in der Verkündigungsformel zu erwähnen.

Die Königliche Verordnung über vorläufige Feststellung des Vertheilungsmaßstabes (§. 14. Absatz 2) ist von dem Staatsministerium gegenzuzeichnen.

Für die Untervertheilung in den Provinzen Preußen, Brandenburg, Pommern, Posen, Schlesien und Sachsen kommt Artikel 11. zur Anwendung. Die Untervertheilung in der Provinz Westfalen und der Rheinprovinz erfolgt nach Maßgabe des §. 135. der Kirchenordnung vom 5. März 1835. Wegen der Bestätigung der Matrikel für die Vertheilung auf die Kreissynoden findet Artikel 11. Absatz 2., und wegen der Vertheilung der Antheile der Kreissynoden auf die Gemeinden Artikel 3. Anwendung.

[...]

Artikel 18.

Der General-Synodalvorstand übt die ihm in den §§. 11. 12. der General-Synodalordnung vom 20. Januar 1876. zugewiesenen Rechte und verwaltet die General-Synodalkasse (§ 34. Nr. 6.).

Die zur Ausübung dieser Rechte erforderlichen Beschlüsse werden nach §. 35. Absatz 2. gefaßt.

Artikel 19.

Die Vertretung der evangelischen Landeskirche in ihren vermögensrechtlichen Angelegenheiten erfolgt durch den Evangelischen Ober-Kirchenrath unter Mitwirkung des General-Synodalvorstandes (§. 36. Nr. 4. der General-Synodalordnung vom 20. Januar 1876.). Die Befugniß zur Aufnahme von Anleihen ist darin nicht einbegriffen.

Schriftliche Willenserklärungen, welche die Landeskirche Dritten gegenüber rechtlich verpflichten, bedürfen in ihrer Ausfertigung des Vermerks, daß der General-Synodalvorstand bei dem Beschluß mitgewirkt hat, der Unterschrift des Präsidenten des Evangelischen Ober-Kirchenraths oder dessen Stellvertreters und der Beidrückung des Amtssiegels.

[…]

Artikel 21.

Die Verwaltung der Angelegenheiten der evangelischen Landeskirche geht, soweit solche bisher von dem Minister der geistlichen Angelegenheiten und von den Regierungen geübt worden ist, auf den Evangelischen Ober-Kirchenrath und die Konsistorien als Organe der Kirchenregierung über.

Der Zeitpunkt und die Ausführung des Uebergangs bleibt Königlicher Verordnung vorbehalten.

Veränderungen der kollegialen Verfassung dieser Organe bedürfen der Genehmigung durch ein Staatsgesetz (General-Synodalordnung vom 20. Januar 1876. §. 7. Nr. 5.).

[…]

Urkundlich unter Unserer Höchsteigenhändigen Unterschrift und beigedrucktem Königlichen Insiegel.

Gegeben Berlin, den 3. Juni 1876.

(L. S.) Wilhelm.

Fürst v. Bismarck. Camphausen. Gr. zu Eulenburg. Leonhardt.
Falk. v. Kameke. Achenbach. Friedenthal.

Dokument Nr. 15

Gesetz zur vorläufigen Ordnung der Staatsgewalt
in Preußen. Vom 20. März 1919.

(Preußische Gesetzsammlung 1919, Nr. 17, S. 53 f.; vgl. Huber/Huber IV, Nr. 22, S. 38)

– Auszug in authentischer Abschrift –

Die verfassunggebende Preußische Landesversammlung hat folgendes Gesetz beschlossen:

[...]

§ 5.

Die Befugnisse, die nach den Gesetzen und Verordnungen dem König zustanden, übt bis auf weiteres die Staatsregierung aus mit der Maßgabe, daß eine Schließung und förmliche Vertagung der verfassunggebenden Preußischen Landesversammlung ausgeschlossen ist. Die Rechte des Königs als Trägers des landesherrlichen Kirchenregiments gehören hierzu nicht. Diese gehen bis zum Erlaß der künftigen Verfassung auf drei von der Staatsregierung zu bestimmende Staatsminister evangelischen Glaubens über.

[...]

§ 11.

Dieses Gesetz tritt mit seiner Annahme durch die Landesversammlung in Kraft.

Berlin, den 20. März 1919.

Der Präsident der verfassunggebenden Preußischen Landesversammlung.

Leinert.

Dokument Nr. 16

Verfassung des Freistaats Preußen. Vom 30. November 1920.

(Preußische Gesetzsammlung 1920, Nr. 54, S. 543 ff.; vgl. Huber/Huber IV, Nr. 100, S. 137)

– Auszug in authentischer Abschrift –

Das preußische Volk hat sich durch die verfassunggebende Landesversammlung folgende Verfassung gegeben, die hiermit verkündet wird:

[...]

Artikel 82.

(1) Die Befugnisse, die nach den früheren Gesetzen, Verordnungen und Verträgen dem Könige zustanden, gehen auf das Staatsministerium über.

(2) Die Rechte, die dem König als Träger des landesherrlichen Kirchenregiments zustanden, werden von drei durch das Staatsministerium zu bestimmenden Ministern evangelischen Glaubens ausgeübt, solange nicht die evangelischen Kirchen diese Rechte durch staatsgesetzlich bestätigte Kirchengesetze auf kirchliche Organe übertragen haben.

(3) Die sonstigen bisher vom Könige gegenüber den Religionsgesellschaften ausgeübten Rechte werden im Sinne des Artikel 137 der Reichsverfassung neu geregelt.

[...]

Berlin, den 30. November 1920.

Die Preußische Staatsregierung.

Braun. Fischbeck. Haenisch. am Zehnhoff. Oeser. Stegerwald. Severing. Lüdemann.

Dokument Nr. 17

Die Verfassung des Deutschen Reichs. Vom 11. August 1919.

(Reichs-Gesetzblatt 1919, Nr. 152, S. 1383 ff.; vgl. Huber/Huber IV, Nr. 97, S. 128 ff.)

– Auszug in authentischer Abschrift –

Das Deutsche Volk, einig in seinen Stämmen und von dem Willen beseelt, sein Reich in Freiheit und Gerechtigkeit zu erneuen und zu festigen, dem inneren und dem äußeren Frieden zu dienen und den gesellschaftlichen Fortschritt zu fördern, hat sich diese Verfassung gegeben.

[...]

Zweiter Hauptteil
Grundrechte und Grundpflichten der Deutschen

[...]

Dritter Abschnitt
Religion und Religionsgesellschaften

Artikel 135

Alle Bewohner des Reichs genießen volle Glaubens- und Gewissensfreiheit. Die ungestörte Religionsübung wird durch die Verfassung gewährleistet und steht unter staatlichem Schutz. Die allgemeinen Staatsgesetze bleiben hiervon unberührt.

Artikel 136

Die bürgerlichen und staatsbürgerlichen Rechte und Pflichten werden durch die Ausübung der Religionsfreiheit weder bedingt noch beschränkt.

Der Genuß bürgerlicher und staatsbürgerlicher Rechte sowie die Zulassung zu öffentlichen Ämtern sind unabhängig von dem religiösen Bekenntnis.

Niemand ist verpflichtet, seine religiöse Überzeugung zu offenbaren. Die Behörden haben nur soweit das Recht, nach der Zugehörigkeit zu einer Religionsgesellschaft zu fragen, als davon Rechte und Pflichten abhängen oder eine gesetzlich angeordnete statistische Erhebung dies erfordert.

Niemand darf zu einer kirchlichen Handlung oder Feierlichkeit oder zur Teilnahme an religiösen Übungen oder zur Benutzung einer religiösen Eidesform gezwungen werden.

Artikel 137

Es besteht keine Staatskirche.

Die Freiheit der Vereinigung zu Religionsgesellschaften wird gewährleistet. Der Zusammenschluß von Religionsgemeinschaften innerhalb des Reichsgebiets unterliegt keinen Beschränkungen.

Jede Religionsgesellschaft ordnet und verwaltet ihre Angelegenheiten selbständig innerhalb der Schranken des für alle geltenden Gesetzes. Sie verleiht ihre Ämter ohne Mitwirkung des Staates oder der bürgerlichen Gemeinde.

Religionsgesellschaften erwerben die Rechtsfähigkeit nach den allgemeinen Vorschriften des bürgerlichen Rechtes.

Die Religionsgesellschaften bleiben Körperschaften des öffentlichen Rechts, soweit sie solche bisher waren. Anderen Religionsgesellschaften sind auf ihren Antrag gleiche Rechte zu gewähren, wenn sie durch ihre Verfassung und die Zahl ihrer Mitglieder die Gewähr der Dauer bieten. Schließen sich mehrere derartige öffentlich-rechtliche Religionsgesellschaften zu einem Verbande zusammen, so ist auch dieser Verband eine öffentlich-rechtliche Körperschaft.

Die Religionsgesellschaften, welche Körperschaften des öffentlichen Rechtes sind, sind berechtigt, auf Grund der bürgerlichen Steuerlisten nach Maßgabe der landesrechtlichen Bestimmungen Steuern zu erheben.

Den Religionsgesellschaften werden die Vereinigungen gleichgestellt, die sich die gemeinschaftliche Pflege einer Weltanschauung zur Aufgabe machen.

Soweit die Durchführung dieser Bestimmungen eine weitere Regelung erfordert, liegt diese der Landesgesetzgebung ob.

Artikel 138

Die auf Gesetz, Vertrag oder besonderen Rechtstiteln beruhenden Staatsleistungen an die Religionsgesellschaften werden durch die Landesgesetzgebung abgelöst. Die Grundsätze hierfür stellt das Reich auf.

Das Eigentum und andere Rechte der Religionsgesellschaften und religiösen Vereine an ihren für Kultus-, Unterrichts- und Wohltätigkeitszwecken bestimmten Anstalten, Stiftungen und sonstigen Vermögen werden gewährleistet.

Artikel 139

Der Sonntag und die staatlich anerkannten Feiertage bleiben als Tage der Arbeitsruhe und der seelischen Erhebung gesetzlich geschützt.

Artikel 140

Den Angehörigen der Wehrmacht ist die nötige freie Zeit zur Erfüllung ihrer religiösen Pflichten zu gewähren.

Artikel 141

Soweit das Bedürfnis nach Gottesdienst und Seelsorge im Heer, in Krankenhäusern, Strafanstalten oder sonstigen öffentlichen Anstalten besteht, sind die Religionsgesellschaften zur Vornahme religiöser Handlungen zuzulassen, wobei jeder Zwang fernzuhalten ist.

Vierter Abschnitt
Bildung und Schule

[...]

Artikel 149

Der Religionsunterricht ist ordentliches Lehrfach der Schulen mit Ausnahme der bekenntnisfreien (weltlichen) Schulen. Seine Erteilung wird im Rahmen der Schulgesetzgebung geregelt. Der Religionsunterricht wird in Übereinstimmung mit den Grundsätzen der betreffenden Religionsgesellschaften unbeschadet des Aufsichtsrechts des Staates erteilt.

Die Erteilung religiösen Unterrichts und die Vornahme kirchlicher Verrichtungen bleibt der Willenserklärung der Lehrer, die Teilnahme an religiösen Unterrichtsfächern und an kirchlichen Feiern und Handlungen der Willenserklärung desjenigen überlassen, der über die religiöse Erziehung des Kindes zu bestimmen hat.

Die theologischen Fakultäten an den Hochschulen bleiben erhalten.

[...]

Übergangs- und Schlußbestimmungen.

[...]

Artikel 173

Bis zum Erlaß eines Reichsgesetzes gemäß Artikel 138 bleiben die bisherigen auf Gesetz, Vertrag oder besonderen Rechtstiteln beruhenden Staatsleistungen an die Religionsgesellschaften bestehen.

[...]

Artikel 177

Wo in den bestehenden Gesetzen die Eidesleistung unter Benutzung einer religiösen Eidesform vorgesehen ist, kann die Eidesleistung rechtswirksam auch in der Weise erfolgen, daß der Schwörende unter Weglassung der religiösen Eidesform erklärt: „ich schwöre". Im übrigen bleibt der in den Gesetzen vorgesehene Inhalt des Eides unberührt.

[...]

Schwarzburg, den 11. August 1919.

Der Reichspräsident
Ebert

Das Reichsministerium
Bauer

Erzberger   Hermann Müller   Dr. David Noske   Schmidt
Schlicke   Giesberts   Dr. Mayer   Dr. Bell

II. Württemberg

Dokument Nr. 1

Herzog Carl Alexanders Verordnung, betreffend die unabhängige Verfügung des Geheimenraths in Religions- und Kirchen-Angelegenheiten. Vom 27. März 1734 [= Fünfte Religionsreversalie]

(Text nach: Vollständige, historisch und kritisch bearbeitete Sammlung der württembergischen Gesetze, herausgegeben von A[ugust] L[udwig] Reyscher, Zweiter Band. Enthaltend die Staats-Grund-Gesetze vom 21. Juli 1495. bis 31. Dez. 1805, Stuttgart–Tübingen 1829, S. 469 f.).

Von Gottes Gnaden Carl Alexander,
Herzog zu Württemberg und Tek, Graf zu Mömpelgard,
Herr zu Heydenheim etc.

Unsern Gn: Gruß zuvor, [...]; Aus denen angeschloßenen Unserer Landschafft nach reiffer der Sachen Ueberlegung ausgestellten Reversalien und darauf von Uns eingenommener Landes Huldigung habt Ihr in mehrerm zu ersehen, was Wir nach Anleitung derer unter Unseren Vorforderen am Regiment errichteten Landtags Abschieden, Landes Verfaßungen und Fundamental-Gesezen [...] zu alleiniger Beibehaltund Befestigung der Evangelischen Religion August: Confess: in Unserm Herzogthum und Landen Unseren Land Ständen, und zwharen Contractsweise zugesagt und versprochen haben. Gleichwie Wir nun Euch hiermit bey denen Uns und zugleich auf Unserer Landen AufrechtErhaltung auch deren vorhandenen Verträgen Handhabung, abgelegten Pflichten und darauf erhaltenem Staat aufgeben, daß Ihr allem demjenigen, was in jenen Reversalien begriffen, genau nachkommet, und darüber haltet; Alß tragen wir Euch dabenebst auch in jener conformitaet auf, alle und jede- die Evangelische Religion Aug: Confess: das Kirchen- und dahin einschlagendes- Oeconomieund policey-Weesen betreffende Angelegenheiten nach dem Exempel von Chur Sachsen allein ohne Anfrag zu besorgen, es concernire nun solches allein Unsere Lande oder das gesamte Evangelische

Weesen inn- und Außerhalb des Römischen Reichs- und Crays Tägen, Conferentien, Deputationen und allen andern Zusammenkünfften und Verhandlungen; Gestalten Wir dann auch Unsere Collegia und Gesandtschafften, zu alleiniger erstattung ihrer Berichten in solchen Fällen an Euch und Eure darauf zu ertheilende Reichs- und Land Grund-Gesäzmäßige Beschaide angewiesen, und Euch noch weiter gnädigst aufgegeben haben wollen, im Fall wieder Vermuthen einiger Eingriff und excesse hierwieder begangen werden möchten, selbige sofort abzustellen, wie Wir dann an Euch hiermit gdgst: Gesinnen, Ihr wollet dises Rescript in allen Collegijs zu derer Verhalt und Nachachtung pupliciren laßen ... Melden Wir in gnaden womit Wir Euch steths wohl beigethan verbleiben.

Stuttgart, den 27 Martij Ao: 1734.

Carl Alexander Mp.

an das hochfrst: Geh: Raths Collegium

Dokument Nr. 2

Verfassungs-Urkunde für das Königreich
Württemberg, vom 25. September 1819.

(Königlich-Württembergisches Staats- und Regierungs-Blatt 1819,
S. 634 ff.; vgl. Huber/Huber I, Nr. 63, S. 142 ff.)
– Auszug in authentischer Abschrift –

Wilhelm,
von Gottes Gnaden König von Württemberg.

[...]

VI. Kapitel.
Von dem Verhältnisse der Kirchen zum Staate.

§. 70.

Jeder der drei im Königreiche bestehenden christlichen Confessionen wird freie öffentliche Religions-Uebung und der volle Genuß ihrer Kirchen-, Schul- und Armenfonds zugesichert.

§. 71.

Die Anordnungen in Betreff der innern kirchlichen Angelegenheiten bleiben der verfassungsmäßigen Autonomie einer jeden Kirche überlassen.

§. 72.

Dem Könige gebührt das obersthoheitliche Schutz- und Aufsichtsrecht über die Kirchen. Vermöge desselben können die Verordnungen der Kirchengewalt ohne vorgängige Einsicht und Genehmigung des Staats-Oberhauptes weder verkündet noch vollzogen werden.

§. 73.

Die Kirchendiener sind in Ansehung ihrer bürgerlichen Handlungen und Verhältnisse der weltlichen Obrigkeit unterworfen.

§. 74.

Kirchen- und Schul-Diener, welche durch Altersschwäche oder eine ohne Hoffnung der Wiedergenesung andauernde Kränklichkeit zu Versehung ihres Amtes unfähig werden, haben Anspruch auf einen angemessenen lebenslänglichen Ruhe-Gehalt.

§. 75.

Das Kirchen-Regiment der evangelisch-lutherischen Kirche wird durch das Königliche Consistorium und den Synodus nach den bestehenden, oder künftig zu erlassenden verfassungsmäßigen Gesetzen verwaltet.

§. 76.

Sollte in künftigen Zeiten sich der Fall ereignen, daß der König einer andern, als der evangelischen Confession zugethan wäre; so treten alsdann in Hinsicht auf dessen Episcopal-Rechte die dahin gehörigen Bestimmungen der früheren Religions-Reversalien ein.

§. 77.

Die abgesonderte Verwaltung des evangelischen Kirchenguts des vormaligen Herzogthums Württemberg wird wieder hergestellt. Zu dem Ende wird ungesäumt eine gemeinschaftliche Commission niedergesetzt, welche zuvörderst mit der Ausscheidung des Eigenthums dieser Kirche in dem alten Land und mit Bestimmung der Theilnahme der Kirche gleicher Confession in den neuen Landestheilen sich zu beschäftigen, und sodann über die künftige Verwaltungsart desselben Vorschläge zu machen hat.

§. 78.

Die Leitung der innern Angelegenheiten der katholischen Kirche steht dem Landes-Bischoffe nebst dem Domkapitel zu. Derselbe wird in dieser Hinsicht mit dem Kapitel alle diejenigen Rechte ausüben, welche nach den Grundsätzen des katholischen Kirchenrechts mit jener Würde wesentlich verbunden sind.

§. 79.

Die in der Staatsgewalt begriffenen Rechte über die katholische Kirche werden von dem Könige durch eine aus katholischen Mitgliedern bestehende Behörde ausgeübt, welche auch bei Besetzung geistlicher Aemter, die von dem Könige abhängen, jedesmal um ihre Vorschläge vernommen wird.

[...]

(Unterzeichnet) Wilhelm.

Dokument Nr. 3

Königliche Verordnung in Betreff der Einführung von Pfarrgemeinderäthen in der evangelischen Landeskirche. (vom 25. Januar 1851)

(Regierungs-Blatt für das Königreich Württemberg 1851, S. 5 ff.; vgl. Huber/Huber II, Nr. 171, S. 371 ff.)

– Auszug in authentischer Abschrift –

Wilhelm,
von Gottes Gnaden König von Württemberg.

Um dem in der evangelischen Landeskirche hervorgetretenen Bedürfnisse der Aufstellung besonderer Organe für die Leitung des kirchlichen Gemeindelebens einstweilen in so weit, als der dermalige Stand der Staatsgesetzgebung es gestattet, Genüge zu leisten, und damit zugleich eine Grundlage für weitere Verbesserungen in der Verfassung dieser Kirche herzustellen, verordnen und verfügen Wir, auf den Antrag der evangelischen Synode und nach Anhörung Unseres Geheimen-Rathes, unter dem Vorbehalt der nach Beseitigung der jetzigen Hindernisse zu treffenden definitiven Bestimmungen, wie folgt:

Allgemeine Bestimmungen.

§. 1.

In jeder evangelischen Pfarrgemeinde wird aus ihren ordentlichen Geistlichen und den von ihr gewählten Kirchenältesten ein Pfarrgemeinderath (Presbyterium) gebildet, welcher auf dem Grunde der heiligen Schrift und im Einverständnisse mit den ursprünglichen Bekenntnissen der deutschen Reformation, vornämlich der Augsburger Confession, die Leitung der kirchlichen Angelegenheiten der Pfarrgemeinde unter der Aufsicht der Dekanate und der Oberkirchenbehörde besorgt.

§. 2.

Dem Pfarrgemeinderathe kommt insbesondere zu:
1) Pflege christlichen Lebens, evangelische Sorge für Zucht und Ehrbarkeit und der damit verbundene Einfluß auf Kindererziehung, Schule und ledige Jugend;
2) Wahrnehmung der kirchlichen Ordnung überhaupt, namentlich der Gottesdienstordnung und Sonntagsfeier;
3) Christliche Armen- und Krankenpflege;
4) Ueberwachung der niederen Kirchendiener und gutächtliche Aeußerung über die Bestellung derselben da, wo diese nach der Verordnung vom 29. September 1836 dem Stiftungsrathe zukommt;
5) Vertretung der Pfarrgemeinde und ihrer Interessen, insbesondere auch bei Besetzung von geistlichen Aemtern.

Hinsichtlich der Zuständigkeit der Pfarrgemeinderäthe in den Vermögensangelegenheiten der Pfarrgemeinde vergl. §. 30.

§. 3.

Einzelne Gemeindegenossen haben ihre, auf das christliche Leben und die kirchliche Ordnung in der Gemeinde bezüglichen Wünsche und Beschwerden zunächst an den Pfarrgemeinderath oder einzelne Mitglieder desselben zu bringen. Auch können sie dieselben, wenn sie beim Pfarrgemeinderath kein Gehör finden, auf den höheren kirchlichen Stufen verfolgen.

Von der Bestellung der Kirchen-Aeltesten.

§. 4.

Die Zahl der Aeltesten richtet sich nach der Größe der Pfarrgemeinde. Es sind deren:

4–6	in Gemeinden	unter	500	Kirchengenossen,
6–8	–	–	1,500	–
8–10	–	–	5,000	–
10–15	–	–	über 5,000	–

[…]

§. 7.

Zur Wahl der Aeltesten sind alle Männer der Pfarrgemeinde berechtigt, welche das 30ste Lebensjahr zurückgelegt haben, zur Zeit der Wahl selbstständig auf eigene Rechnung in der Pfarrgemeinde leben, in der bürgerlichen Gemeinde, zu welcher jene gehört, ihren festen Wohnsitz haben oder andernfalls sich daselbst auch schon während der letzt vergangenen drei Jahre aufgehalten haben, und sich als Mitglieder der evangelischen Kirche und zu ihrer Ordnung bekennen. Weitere Bedingung ist, daß sie an keinem derjenigen Mängel leiden, welche zur Ausübung des gemeindebürgerlichen Wahlrechts unfähig machen (Art. 2 des Gesetzes vom 6. Juli 1849, betreffend einige Abänderungen und Ergänzungen der Gemeindeordnung) und nicht durch unzweifelhafte Thatsachen den Ruf unkirchlichen Sinnes und unsittlichen Lebenswandels sich zugezogen haben.

§. 8.

Zu Aeltesten können nur solche nach §. 7 wahlberechtigte Männer der Pfarrgemeinde gewählt werden, welche mindestens 40 Jahre alt sind und ihren christlichen Sinn insbesondere durch Werthschätzung der kirchlichen Gnadenmittel (Wort und Sakrament) bethätigen.

[...]

§. 10.

Die Wahlhandlung findet, nachdem sie Sonntags zuvor unter angemessener Ermahnung der Wähler, nur auf Männer von ehrbarem Wandel und lebendigem Christenthum Bedacht zu nehmen, von der Kanzel verkündigt worden ist, in der Kirche mittelst Umgangs um den Altar Statt. Den Angehörigen der Filialorte kann je nach den örtlichen Verhältnissen die Abstimmung in der Filialkirche oder, in Ermanglung einer solchen, in ihrer Filialschule gestattet werden.

§. 11.

Die Abstimmung geschieht in Gegenwart der Wahlcommission (§. 9) durch persönliche Abgabe der Stimmzettel, welche so viele Namen, als Kirchenälteste zu wählen sind, enthalten und von dem Abstimmenden eigenhändig mit seinem Namen, oder wenn er des Schreibens unkundig ist, mit seinem von einem Mitgliede der Wahlcommission oder des Gemeinderaths oder Kirchenconvents beglaubigten Handzeichen unterfertigt seyn müssen.

[...]

Von dem Geschäfte des Pfarrgemeinderaths und den Pflichten der Kirchenältesten.

§. 17.

Den Vorsitz im Gemeinderath führt der Pfarrer.

[...]

§. 22.

Zu jeder Berathung des Pfarrgemeinderaths sind sämmtliche Mitglieder zu berufen, es wäre denn, daß das eine oder das andere Mitglied bei dem Gegenstande derselben persönlich betheiligt wäre.

Zur Gültigkeit eines Beschlusses wird die Anwesenheit von mehr als der Hälfte der festgesetzten Zahl der Aeltesten neben dem Vorsitzenden erfordert. Anordnungen aber, welche behufs der Gottesdienstordnung getroffen werden, und Anträge auf Entlassung eines Aeltesten können nur in Anwesenheit von wenigstens zwei Drittheilen neben dem Vorsitzenden beschlossen werden.

Dem Pfarrer bleibt vorbehalten, den schriftlichen Verkehr mit andern Behörden, soweit es sich nur um die Vorbereitung eines Gegenstandes, oder um Vollziehung eines Beschlusses handelt, im Namen des Pfarrgemeinderaths zu besorgen.

[...]

§. 25.

Dem Pfarrgemeinderath kommt ein weltliches Zwangs- und Strafrecht nicht zu.

§. 26.

Die Aeltesten stehen dem Geistlichen in der christlichen Berathung der Gemeindeglieder bei, um zu belehren, zu trösten, zu ermahnen und zu warnen. Wie sie hiebei überhaupt mit christlicher Vorsicht und

Schonung zu verfahren haben, so wird ihnen, um die Wirksamkeit des Geistlichen nicht zu stören und um Einheit in der Behandlung zu sichern, zur Pflicht gemacht, im Einvernehmen mit dem Geistlichen zu handeln, welchem die Seelsorge zunächst obliegt. Auch haben sie dasjenige geheim zu halten, was sie in ihrer Amtsthätigkeit als Aelteste vertraulich erfahren.

§. 27.

Den Gliedern des Pfarrgemeinderaths liegt ob, auf den Wandel und die ganze Amtsführung sowohl der Geistlichen als der Aeltesten zu achten, eintretenden Falls, einzelne oder in Gemeinschaft, brüderlich einander zu ermahnen, und, wo es noth thut, an die nächste vorgesetzte kirchliche Behörde sich zu wenden; hievon ist jedoch der Betheiligte vorher in Kenntniß zu setzen.

§. 28.

Ueber Gegenstände, bei welchen die Ortspolizei betheiligt ist, hat der Pfarrgemeinderath mit der zuständigen Behörde Rücksprache zu nehmen, und, wenn er sich mit deren Maßregeln nicht zufrieden stellen kann, die Verwendung der vorgesetzten kirchlichen Behörde nachzusuchen.

Erscheint bei Störungen der kirchlichen Ordnung das Einschreiten der weltlichen Strafgewalt nothwendig, so wird der Pfarrgemeinderath den vorliegenden Fall der zuständigen Behörde zur weiteren Behandlung übergeben.

§. 29.

Die christliche Armen- und Krankenpflege, welche dem Pfarrgemeinderathe und besonders einzelnen Mitgliedern desselben (Diakonen, Armenpflegern) obliegt, ist nicht nur Sorge für leibliche Bedürfnisse, sondern hauptsächlich für das Wohl der Seelen; eine Sorge, welche mit den evangelischen Mitteln der Belehrung, der Ermahnung und des Trostes ebenso der Verarmung, wie dem sittlichen Versinken der Verarmten entgegen wirkt.

In dieser Pflege wird es unter Umständen zweckmäßig und wünschenswerth seyn, daß die Armenpfleger des Pfarrgemeinderaths andere, zumal jüngere Gemeindegenossen von lebendigem Glauben und vorwurfsfreien Sitten als Gehülfen beiziehen, welche in vorkommenden Fällen zu den Versammlungen des Pfarrgemeinderathes eingeladen werden mögen.

So weit es sich bei der kirchlichen Armenpflege um leibliche Unterstützung handelt, und so weit zu dieser die etwaigen freiwilligen Beiträge, welche dem Pfarrgemeinderathe zur Verfügung gestellt werden, nicht ausreichen, wird derselbe, so lange ihm eigene Mittel nicht zu Gebote stehen (§. 30), sich an den Stiftungsrath wenden.

Auch wird der Pfarrgemeinderath sich ins Einvernehmen mit den etwa bestehenden freien Vereinen christlicher Wohlthätigkeit setzen, sie möglichst unterstützen und unter Umständen ihre Hülfe in Anspruch nehmen.

§. 30.

Bis zu definitiver anderweiter Festsetzung bleiben die örtlichen Stiftungen, die rein-kirchlichen wie die gemischten, nach den Bestimmungen des Verwaltungsedikts unter der Obhut und Verwaltung des Stiftungsraths oder seines Ausschusses, des Kirchenconvents, und unter der Aufsicht der denselben vorgesetzten Behörden. Es ist jedoch besondere Obliegenheit des Ortsgeistlichen, bei der Verwaltung der Stiftungen die kirchlichen Ansprüche und Bedürfnisse zu wahren und geltend zu machen.

§. 31.

In Beziehung auf die Schule hat der Pfarrgemeinderath an die Ortsschulbehörde dasjenige zu bringen, was er zur Wahrung des kirchlichen Interesses für angemessen hält, und nöthigenfalls die Verwendung der kirchlichen Oberbehörde nachzusuchen.

§. 32.

Vor der Wiederbesetzung eines geistlichen Amts in der Pfarrgemeinde muß jedesmal der Pfarrgemeinderath mit seiner Aeußerung über den kirchlichen Zustand der Gemeinde und über das Vorhandenseyn besonderer, bei der Besetzung der Stelle zu berücksichtigender Bedürfnisse und Verhältnisse vernommen und diese Aeußerung der Oberkirchenbehörde vorgelegt werden.

Desgleichen liegt es dem Stiftungsrath ob, vor der ihm zustehenden Besetzung von Stellen niederer Kirchendiener die gutächtliche Aeußerung des Pfarrgemeinderaths über dieselbe zu erheben.

§. 33.

Der Pfarrgemeinderath kann Gesuche, welche allgemeine Interessen der evangelischen Kirche betreffen, an die kirchliche Oberbehörde richten, und wird auf Befragen Seitens dieser Behörde oder des Dekanatamts über solche Gegenstände sein Gutachten abgeben.

[...]

Wir versehen Uns zu den Kirchenconventen wie zu den Kirchenältesten, daß beide mit Eifer und in gutem Einvernehmen für Zucht, Ordnung und Förderung christlicher Gesinnung in den Gemeinden wirken und darauf Bedacht nehmen werden, die wohlthätigen Erfolge zu erreichen, welche Wir durch gegenwärtige Verordnung bezwecken.

Unser Ministerium des Kirchen- und Schulwesens ist mit der Vollziehung gegenwärtiger Verordnung beauftragt.

Gegeben, Stuttgart, den 25. Januar 1851.

Wilhelm.

Der Chef des Departements des Kirchen- und Schulwesens: Wächter.

Auf Befehl des Königs: der Cabinets-Direktor: Maucler.

Dokument Nr. 4

Königliche Verordnung, in Betreff der Einführung von Diöcesansynoden in der evangelischen Landeskirche. (vom 18. November 1854)

(Regierungsblatt für das Königreich Württemberg 1854, S. 111 ff.; vgl. Huber/Huber II, Nr. 172, S. 374 ff.)

– in authentischer Abschrift –

Wilhelm,
von Gottes Gnaden König von Württemberg.

In der Absicht, die Wirksamkeit der kirchlichen Gemeinde-Vertretung durch eine geordnete Verbindung unter den einzelnen Pfarrgemeinderäthen einer Diöcese zu befördern und zu befestigen, und den Dekanen in der kirchlichen Bezirksleitung eine wünschenswerthe Unterstützung durch ein aus jenen hervorgehendes Organ zu verschaffen, verordnen und verfügen Wir, auf den Antrag der evangelischen Synode und nach Anhörung Unseres Geheimen-Rathes, wie folgt:

§. 1.

In jeder Diöcese wird alljährlich einmal (in der Zeit vom Mai bis September) auf Berufung des Dekans eine Diöcesansynode gehalten.

In demjenigen Jahre, in welchem die Visitation der Diöcese stattfindet, ist die Diöcesansynode wo möglich in Gegenwart des General-Superintendenten abzuhalten.

Die Berufung einer außerordentlichen Synode ist von der Anordnung oder Genehmigung der Oberkirchenbehörde abhängig.

§. 2.

Die Diöcesansynode besteht aus sämmtlichen ordentlichen Geistlichen und eben so vielen Kirchen-Aeltesten jeder Pfarrgemeinde.

Die Letzteren werden von dem Pfarrgemeinderathe aus der Zahl der jeweiligen oder früheren Kirchen-Aeltesten, soferne diese die Eigenschaften der Wahlfähigkeit zu Kirchen-Aeltesten noch besitzen, in geheimer Stimmgebung erwählt.

Wenn für zwei kirchlich getrennte Gemeinden Ein Geistlicher gemeinschaftlich angestellt ist, so wählt von den für dieselben bestehenden Pfarrgemeinderäthen jeder seinen besonderen weltlichen Abgeordneten.

Neben den Ortsgeistlichen kommt auch den Geistlichen öffentlicher Anstalten (Waisenhäuser, Hospitäler, Strafanstalten u. dergl.), welche sich in einer Diöcese befinden, Sitz und Stimme in der Synode zu.

Die Mitgliedschaft der Diöcesansynode ist ein Ehrenamt und mit keinerlei Geldentschädigung verbunden.

§. 3.

Die Abgeordneten werden je auf die Dauer von drei Jahren erwählt.

§. 4.

Vorstand der Diöcesansynode ist der Dekan.

Ihm sind zwei Beisitzer, ein Geistlicher und ein Aeltester, so wie ein Schriftführer beigegeben, welche von der Diöcesansynode je auf die Dauer von drei Jahren aus ihrer Mitte gewählt werden.

Die beiden Beisitzer bilden mit dem Dekan den Ausschuß der Diöcesansynode.

§. 5.

Der Zusammentritt der Diöcesansynode und die Namen der dazu erwählten Abgeordneten jeder Gemeinde werden an dem vorhergehenden Sonntage von sämmtlichen Kanzeln der Diöcese verkündigt und in die Fürbitte der Gemeinde befohlen.

§. 6.

Die Diöcesansynode versammelt sich an einem würdigen Ort und dauert in der Regel einen Tag. Sie wird durch Gottesdienst in der Kirche mit Gesang, Gebet und Ansprache eröffnet und mit Gebet beschlossen.

Die Beschlüsse der Diöcesansynode werden durch einfache Stimmenmehrheit gefaßt.

§. 7.

Zu den Verhandlungen der Diöcesansynode erhalten auch die zu derselben nicht abgeordneten Kirchen-Aeltesten und die Pfarrgehülfen der Diöcese Zutritt; sie haben jedoch auf Anordnung des Vorstands abzutreten.

§. 8.

Zum Wirkungskreis der Diöcesansynode gehört:
1) Wahrnehmung des kirchlichen und sittlichen Zustands der Diöcese und ihrer einzelnen Gemeinden, Förderung christlicher Gottesfurcht und Sitte, so wie allgemeine Fürsorge für Arme, Kranke und Verwahrloste;
2) Aufsicht über die Geistlichen und Aeltesten in der Diöcese, mit dem Recht, auf Antrag des Ausschusses Ermahnungen an dieselben zu erlassen;
3) Berathung und Begutachtung der von ihr selbst oder von einzelnen Pfarrgemeinderäthen der Diöcese an die höhere Kirchenbehörde zu richtenden Wünsche und Beschwerden, so wie Beantwortung der von der Oberkirchenbehörde an sie ergangenen Fragen und Vollziehung der von derselben ertheilten Aufträge.

Die Frage wegen Zuweisung der Aufsicht über die Verwaltung des Kirchenvermögens und die kirchlichen Armenstiftungen in dem Bezirke an die Diöcesansynode bleibt auf künftige Abänderung der gesetzlichen Normen über die Verwaltung und Beaufsichtigung der Stiftungen ausgesetzt.

§. 9.

Der Ausschuß der Diöcese besorgt
a) die Vorbereitung der Versammlung und die Vollziehung des Synodal-Protokolls, das sofort der Dekan an den General-Superintendenten einsendet;
b) die Leitung der Diöcesan-Angelegenheiten in der Zwischenzeit bis zur nächsten ordentlichen Jahressitzung.

§. 10.

Insbesondere liegt dem Ausschuß der Diöcesansynode ob:
1) der letzteren einen Bericht über seine Wirksamkeit im verflossenen Jahre zu erstatten und nach jeder ordentlichen Sitzung

der Diöcesansynode das Ergebniß derselben in einer kurzen Ansprache an die Gemeinden der Diöcese zusammenzufassen;
2) den Verkehr der Diöcesansynode sowohl mit den Pfarrgemeinderäthen der Diöcese und der Oberkirchenbehörde, als mit andern kirchlichen und mit den bürgerlichen Behörden zu vermitteln;
3) vor Wiederbesetzung einer geistlichen Stelle in der Diöcese die Aeußerung des Pfarrgemeinderaths nach §. 32 Unserer Verordnung vom 25. Januar 1851 einzufordern und der Oberkirchenbehörde gutächtlich vorzulegen;
4) dem Dekan auf dessen Verlangen bei Untersuchungen gegen Geistliche und Aelteste jedoch bis auf Weiteres nur in solchen Fällen, welche bisher der Dekan allein zu besorgen hatte, bei Ertheilung von Erinnerungen und Zurechtweisungen, so wie zur Ausgleichung von Streitigkeiten zwischen Geistlichen, Aeltesten und Gemeinden beizustehen;
5) wenn es sich von Anwendung strengerer Maßregeln der Kirchenzucht handelt, die geeigneten Anträge an die Oberkirchenbehörde zu stellen;
6) über ausnahmsweise Zulassung zur Confirmation vor dem vorgeschriebenen Alter, so wie über die Entlassung von Kirchen-Aeltesten in erster Instanz, über Beanstandungen des Wahlverfahrens oder der Befähigung bei Pfarrgemeinderaths-Wahlen in letzter Instanz zu entscheiden;
7) das kirchliche Armenwesen des Bezirks und die Erziehung, besonders der Verwahrlosten, zu überwachen.

Die Geschäftsleitung im Ausschusse der Diöcesansynode steht dem Dekan zu.

§. 11.

Die Aufsicht über die Diöcesansynoden und deren Ausschüsse wird von der Oberkirchenbehörde, unter Mitwirkung der General-Superintendenten geführt.

§. 12.

Durch die Bestimmung des §. 10, Ziff. 6, sind die Schlußsätze der §§. 14 und 16 Unserer Verordnung vom 25. Januar 1851, betreffend die Einführung von Pfarrgemeinderäthen in der evangelischen Landeskirche, abgeändert.

Unser Minister des Kirchen- und Schulwesens ist mit Vollziehung gegenwärtiger Verordnung beauftragt.

Stuttgart den 18. November 1854.

Wilhelm.

Der Minister des Kirchen- und Schulwesens: Auf Befehl des Königs:
              Wächter.   Der Chef des
                                                      Geheimen-Cabinets:
                                                          Maucler.

Dokument Nr. 5

Königliche Verordnung, betreffend die Stellung des Ministeriums des Kirchen- und Schulwesens bei Angelegenheiten der evangelischen Kirche. (vom 20. Dezember 1867)

(Regierungsblatt für das Königreich Württemberg 1867, S. 211 ff.; vgl. Huber/Huber II, Nr. 174, S. 378 f.)

– in authentischer Abschrift –

Karl
von Gottes Gnaden König von Württemberg.

Um die Zweifel zu beseitigen, welche in Absicht auf die Stellung des Ministeriums des Kirchen- und Schulwesens bei Angelegenheiten der evangelischen Landeskirche bestehen, verordnen und verfügen Wir nach Maßgabe des Uns überlieferten landesherrlichen Kirchenregiments und im Hinblick auf den §. 75 der Verfassungsurkunde nach Anhörung Unseres Geheimen-Raths wie folgt:

§. 1.

Unserem Ministerium des Kirchen- und Schulwesens ist neben der ihm obliegenden Wahrung der Staats-Hoheits-Rechte in Beziehung auf die evangelische Landeskirche zugleich die Vermittlung Unserer Entschließungen auf die Anträge Unseres evangelischen Consistoriums und Synodus aufgetragen, wobei das Ministerium diese Anträge Uns stets in Urschrift vorlegen wird.

Zugleich führt dasselbe in Unserem Namen die Dienstaufsicht über jene Behörden.

§. 2.

Eine selbstständige Instanz bildet das Ministerium des Kirchen- und Schulwesens in evangelischen Kirchen-Angelegenheiten, abgesehen von Fällen, wo ein Einschreiten des Staats auch nach allgemeinen Rechtsgrundsätzen begründet ist, nur in soweit, als es sich dabei von der Dienstaufsicht über die landesherrlichen Kirchen-Regiments-Behörden oder von gemischten, kirchlich-staatlichen Sachen handelt.

§. 3.

Zu unmittelbarem Vortrag an Uns ist Unser evangelisches Consistorium für sich oder in seiner Erweiterung zum Synodus ermächtigt, wenn es bei der von dem Ministerium unterlassenen Uebermittelung eines von ihm gestellten Antrags zu Unserer Entschließung sich nicht beruhigen zu können glaubt, oder wenn ihm durch eine von dem Ministerium ausgegangene oder ermittelte Verfügung eine kirchengesetzliche Vorschrift oder ein anerkannter Grundsatz der Kirche oder sonst ein kirchengenossenschaftliches Recht oder Interesse verletzt oder mit Verletzung bedroht erscheint.

§. 4.

Für den Fall, daß ein der evangelischen Kirche nicht Angehöriger von Uns mit der Versehung des Kult-Ministeriums betraut werden sollte, behalten Wir Uns vor, über die Ausübung der im §. 1 erwähnten innerkirchlichen Aufträge durch ein Mitglied der evangelischen Kirche nach Vernehmung der evangelischen Oberkirchenbehörde das Nöthige zu verordnen.

Unser Minister des Kirchen- und Schulwesens ist mit der Vollziehung dieser Verordnung beauftragt.

Gegeben, Stuttgart den 20. Dezember 1867.

Karl.

Der Minister des Kirchen- und Schulwesens:
Golther.

Auf Befehl des Königs, der Cabinets-Chef:
Egloffstein.

Dokument Nr. 6

Königliche Verordnung, betreffend die Einführung einer Landes-Synode in der evangelischen Kirche von Württemberg. (vom 20. Dezember 1867)

(Regierungsblatt für das Königreich Württemberg 1867, S. 203 ff.; vgl. Huber/Huber II, Nr. 173, S. 376 ff.)

– Auszug in authentischer Abschrift –

Karl
von Gottes Gnaden König von Württemberg.

Um der Gemeindevertretung in der evangelischen Landeskirche, welche in unterer und mittlerer Stufe durch die K. Verordnungen vom 25. Januar 1851, betreffend die Einführung von Pfarrgemeinderäthen, und vom 18. November 1854, betreffend die Einführung von Diözesan-Synoden, geregelt worden ist, auf oberster Stufe durch Einführung einer Landes-Synode den Abschluß zu geben, verordnen und verfügen Wir auf den Antrag des evangelischen Synodus und nach Anhörung Unseres Geheimen-Rathes wie folgt:

§. 1.

Die Landes-Synode ist zu Vertretung der Genossen der evangelischen Landeskirche, gegenüber von dem landesherrlichen Kirchenregiment bestimmt.

Dieselbe tritt je im vierten Jahre auf Berufung des evangelischen Landesherrn zusammen.

Bei ihrer Berufung wird stets darauf Rücksicht genommen werden, daß deren Versammlungen nicht mit denjenigen des Landtages zusammenfallen.

Wenn besondere Umstände nach dem Ermessen des Kirchen-Regiments eine außerordentliche Einberufung der Landes-Synode nöthig machen, so wird hiedurch der ordentliche Termin des Zusammentritts nicht verrückt.

§. 2.

Die Landes-Synode besteht:
1) aus 50 von den Diözesan-Synoden erwählten Abgeordneten, 25 geistlichen und 25 weltlichen, wovon
   a) die Diözesan-Synode der Stadt Stuttgart zwei, einen weltlichen und einen geistlichen,
   b) die übrigen Diözesan-Synoden je einen geistlichen oder einen weltlichen Abgeordneten (vgl. §. 3.) wählen;
2) aus einem Abgeordneten der evangelisch-theologischen Fakultät der Landes-Universität;
3) aus sechs von dem evangelischen Landesherrn zu ernennenden Mitgliedern, wovon die Hälfte dem weltlichen, die Hälfte dem geistlichen Stande angehören soll.

[...]

§. 4.

Für jede ordentliche Synode wird eine neue Wahl beziehungsweise Ernennung der Mitglieder vorgenommen.

§. 5.

Wählbar zum geistlichen Abgeordneten ist jeder im ordentlichen Kirchendienste ständig angestellte Geistliche, wählbar zum weltlichen Abgeordneten jeder Angehörige der evangelischen Landeskirche, welcher die für das Amt eines Kirchen-Aeltesten erforderlichen Eigenschaften besitzt (§. 8. der K. Verordnung vom 25. Januar 1851).

Die Wählbarkeit ist auf Einwohner des Wahlbezirks nicht beschränkt.

Zum Eintritt in die Landes-Synode wird den im Amte stehenden Geistlichen der Urlaub nicht verweigert.

§. 6.

Die Diözesan-Synoden wählen ihre Abgeordneten und deren Ersatzmänner je in einem der Landes-Synode vorangehenden Zusammentritt.

Hiebei werden die von der Oberkirchenbehörde bestellten Pfarr-Amtsverweser zu den stimmberechtigten Mitgliedern der Diözesan-Synode gerechnet.

Die Abstimmung ist geheim und geschieht durch Stimmzettel, auf welchen in abgesonderter Wahl zuerst der Abgeordnete und dann dessen Ersatzmann zu bezeichnen ist.

§. 7.

Jedes Mitglied der Diözesan-Synode legt persönlich seinen Stimmzettel in ein aufgestelltes Gefäß, worüber im Protokoll eine Vormerkung gemacht wird. Abstimmung durch Beauftragte findet nicht statt und ist daher auch eine stellvertretende Abstimmung durch Pfarrgehilfen ausgeschlossen.

§. 8.

Die Stimmzählung erfolgt sodann durch den Dekan und die beiden Beisitzer des Ausschusses der Diözesan-Synode noch während der Dauer der Wahlversammlung. Das Ergebniß wird in das Protokoll eingetragen, welches von den Ausschuß-Mitgliedern zu beglaubigen und in der Dekanats-Registratur aufzubewahren ist.

[...]

§. 12.

Der Abgeordnete der evangelisch-theologischen Fakultät wird von derselben aus ihrer Mitte durch geheime Stimmgebung unter dem Vorsitz ihres Dekans erwählt, welcher sodann auch die Legitimations-Urkunde ausstellt.

§. 13.

Der Ernennung der von dem evangelischen Landesherrn zu berufenden Mitglieder der Landes-Synode hat die Vernehmung der Oberkirchenbehörde voranzugehen.

§. 14.

Die Hauptaufgabe der Landes-Synode besteht in der Mitwirkung zur kirchlichen Gesetzgebung in deren ganzem Umfang, so daß ohne ihre Zustimmung kirchliche Gesetze weder gegeben, noch verändert oder authentisch interpretirt noch aufgehoben werden können.

Außerdem liegt der Landes-Synode die Begutachtung der von dem Kirchen-Regimente an sie gebrachten Vorlagen aus dem Gebiete der kirchlichen Verwaltung ob.

Die Landes-Synode hat ferner das Recht, in Wahrnehmung des Zustandes der Landeskirche nach den verschiedenen Lebensgebieten derselben, Lehre, Liturgie, Verfassung, Zucht und christlichem Leben, religiöser Erziehung der Jugend und christlicher Armenpflege, – Anträge, Wünsche und Beschwerden, sei es in Sachen der Gesetzgebung oder der Verwaltung, an das Kirchen-Regiment zu bringen, worauf jedenfalls motivirter Bescheid ertheilt werden wird.

Sodann ist die Landes-Synode befugt, von dem Stande und von den Rechnungen der unter Verwaltung der Oberkirchenbehörde bestehenden allgemeinen kirchlichen Fonds (Besoldungsverbesserungsfonds, geistlicher Unterstützungsfonds, geistliche Wittwenkasse), sowie von den für die evangelisch-kirchlichen Bedürfnisse bestimmten Positionen des Staatshaushaltungs-Etats Behufs etwaiger Erinnerungen Kenntniß zu nehmen.

Endlich hat die Landes-Synode vor ihrem Schlusse zu ihrer Vertretung bis zur nächsten Synode einen Ausschuß zu wählen (vgl. §§. 29–31).

§. 15.

Das Bekenntniß der evangelisch-lutherischen Kirche bildet keinen Gegenstand der kirchlichen Gesetzgebung und liegt außerhalb der Verhandlungen der Landes-Synode. Dagegen gehört zur kirchlichen Gesetzgebung innerhalb und auf Grundlage des unantastbaren Bekenntnisses:
1) die Lehr- und Gottesdienst-Ordnung, namentlich die Einführung kirchlicher Bücher;
2) die kirchliche und sittliche Lebensordnung in den Gemeinden, sofern Pflichten, welche nicht schon in den bestehenden Kirchengesetzen begründet sind, den Kirchengenossen auferlegt oder vorhandene Rechte und Verpflichtungen der Kirchengenossen aufgehoben oder verändert werden sollen;
3) die Verfassung der Landeskirche sowohl in Betreff der Kirchenleitung als der Gemeindevertretung in allen ihren Stufen einschließlich der Organisation der kirchlichen Aemter und der zu erlassenden Normen über die vermögensrechtlichen Angelegenheiten

der Kirche, insbesondere über Bestimmung der von der Oberkirchenbehörde verwalteten kirchlichen Fonds. (§. 14.).

§. 16.

Gesetzes-Entwürfe werden von dem Kirchen-Regimente eingebracht; sie werden von der evangelischen Oberkirchenbehörde (Synodus) vorbereitet und nach erlangter Genehmigung des evangelischen Landesherrn an die Landes-Synode gebracht.

Die Sanktion und Verkündigung der kirchlichen Gesetze erfolgt durch den evangelischen Landesherrn.

Die zu Vollziehung und Handhabung der Kirchengesetze erforderlichen Anordnungen zu erlassen, steht dem Kirchen-Regimente zu.

§. 17.

Einberufung und Entlassung der Landes-Synode erfolgt auf Entschließung des evangelischen Landesherrn; Eröffnungs- und Schluß-Akt geschieht durch einen landesherrlichen Commissär.

§. 18.

Der Eröffnung der Landes-Synode geht ein öffentlicher Gottesdienst voraus; auch findet ein solcher nach ihrem Schlusse statt. Am Sonntag vor dem Zusammentritt der Landes-Synode hat in sämmtlichen evangelischen Kirchen des Landes eine Fürbitte für dieselbe zu geschehen.

Jede Sitzung beginnt und schließt mit Gebet.

§. 19.

Unter Leitung des Aeltesten der theologischen und rechtsgelehrten Mitglieder der Versammlung wählt die Landes-Synode je nach ihrem Zusammentritt für die Dauer der Wahlperiode in geheimer Stimmgebung für das Amt ihres Vorsitzenden (Präsidenten) aus ihrer Mitte drei Mitglieder, aus welchen die Ernennung durch den evangelischen Landesherrn erfolgt.

Ein Gleiches geschieht nach Ernennung dieses Vorsitzenden und unter dessen Leitung mit der Wahl seines Stellvertreters (Vice-Präsidenten).

Die übrigen Beamten werden von der Landessynode unmittelbar aus ihren Mitgliedern gewählt. Von der Wahl derselben ist dem evangelischen Landesherrn Anzeige zu erstatten.

[...]

§. 21.

Jedes Mitglied der Landes-Synode ist Vertreter der ganzen Landeskirche und an keinerlei Instruktion gebunden.

§. 22.

Der Ersatzmann tritt ein, wenn der Abgeordnete die Wahl nicht annehmen kann oder will, oder nach angenommener Wahl aus irgend einem Grunde aufhört, Abgeordneter zu sein.

§. 23.

Die Berathung über die in §. 24 namentlich genannten Gegenstände erfordert die Anwesenheit von drei Viertheilen der Mitglieder der Landes-Synode.
Im Uebrigen ist dieselbe als besetzt anzusehen, wenn zwei Drittheile der Mitglieder versammelt sind.

§. 24.

Für die Gültigkeit der Beschlüsse der Landes-Synode bedarf es, wenn eine Aenderung der Kirchenverfassung, der Gottesdienstordnung und der kirchlichen Bücher in Frage kommt, einer Stimmenmehrheit von zwei Drittheilen der Anwesenden. Im Uebrigen genügt absolute Mehrheit.
Bei Stimmengleichheit entscheidet der Vorsitzende.

§. 25.

Die Absendung landesherrlicher Commissäre zu den Berathungen der Landes-Synode, welche an diesen Berathungen ohne Stimmrecht theilnehmen, bleibt jederzeit vorbehalten.
Die ordentlichen und außerordentlichen Mitglieder der Oberkirchenbehörde sind berechtigt, jeder Sitzung der Synode anzuwohnen.

[...]

§. 28.

Die definitive Festsetzung der Geschäftsordnung erfolgt im Einvernehmen der Landes-Synode mit dem Kirchen-Regiment.

Bis dies geschehen kann, wird von Kirchenregiments wegen für die erste Landes-Synode eine provisorische Ordnung der Geschäftsbehandlung erlassen werden.

§. 29.

Vor dem Schluß der Synode wird für die Zwischenzeit bis zum nächsten Zusammentritte derselben ein Synodal-Ausschuß bestellt, welcher aus dem Präsidenten der Synode und vier von derselben mit absoluter Stimmenmehrheit gewählten Mitgliedern, zwei geistlichen und zwei weltlichen, zu bestehen hat. Zugleich werden für Verhinderungsfälle dieser ordentlichen Mitglieder ebenso viele Ersatzmänner gewählt.

§. 30.

Der Ausschuß versammelt sich in den Jahren, wo kein Zusammentritt der Landes-Synode stattfindet, je einmal auf Berufung der Oberkirchenbehörde zu geeigneter Zeit.

Derselbe kann von der Oberkirchenbehörde, sei es aus eigenem Ermessen oder auf den Antrag des Synodal-Präsidenten, mit landesherrlicher Genehmigung auch zu außerordentlicher Versammlung berufen werden.

§. 31.

Zum Wirkungskreise des Ausschusses, als Vertreters der Landes-Synode, gehört
1) das Recht, in Wahrnehmung des Zustandes der Landeskirche dem Kirchenregimente Wünsche und Beschwerden vorzutragen;
2) die gutächtliche Berathung der Ober-Kirchenbehörde auf von derselben ergehende Aufforderung in Sachen der Gesetzgebung oder der Verwaltung;
3) das Recht des Antrages bei dem Kirchen-Regiment auf Berufung einer außerordentlichen Synode;
4) die periodische Ausübung der der Synode nach §. 14. zustehenden Befugniß der Kenntnißnahme von dem Stande und den Rechnungen der unter Verwaltung der Oberkirchenbehörde stehenden

allgemeinen kirchlichen Fonds, sowie von den für die evangelisch-kirchlichen Bedürfnisse bestimmten Positionen des Staatshaushaltungs-Etats;
5) Erstattung eines Rechenschaftsberichts an die Synode.

§. 32.

Bezüglich der den Synodal-Mitgliedern auszusetzenden Reisekosten-Entschädigung und Taggelder wird besondere Verfügung ergehen.

Unser Minister des Kirchen- und Schulwesens ist mit der Vollziehung dieser Verordnung beauftragt.

Gegeben, Stuttgart, den 20. Dezember 1867.

Karl.

Der Minister des Kirchen- und Schulwesens: Golther.	Auf Befehl des Königs, der Cabinets-Chef: Egloffstein.

Dokument Nr. 7

Kirchliches Gesetz, betreffend die Ausübung der landesherrlichen Kirchenregimentsrechte im Falle der Zugehörigkeit des Königs zu einer anderen als der evangelischen Konfession. Vom 28. März 1898.

(Regierungsblatt für das Königreich Württemberg 1898, S. 76 ff.; vgl. Huber/Huber III, Nr. 228, S. 577 ff.)

– in authentischer Abschrift –

In Betreff der Anwendung der früheren Religionsreversalien, deren Bestimmungen in Hinsicht auf die Episkopalrechte des Königs in dem in §. 76 der Verfassungsurkunde bezeichneten Falle einzutreten haben, verordnen und verfügen Wir, auf den Antrag der evangelischen Oberkirchenbehörde und unter Zustimmung der Landessynode, wie folgt:

Art. 1.

Wenn der König einer anderen als der evangelischen Konfession angehört, so geht die Ausübung der landesherrlichen Kirchenregimentsrechte in der evangelischen Landeskirche auf ein Kollegium über, das den Namen „Evangelische Kirchenregierung" führt.
Die Evangelische Kirchenregierung besteht aus:
zwei dieser Kirche angehörigen ordentlichen Mitgliedern des Geheimenraths,
dem Präsidenten des Evangelischen Konsistoriums,
dem Präsidenten der evangelischen Landessynode und
einem Generalsuperintendenten.
Die zwei Mitglieder des Geheimenraths sind in erster Linie aus den Staatsministern und Chefs der Verwaltungsdepartements, in zweiter Linie aus den übrigen ordentlichen Mitgliedern des Geheimenraths zu entnehmen.
Der Staatsminister oder Departementschef des Kirchen- und Schulwesens ist, wenn er der evangelischen Landeskirche angehört, jedenfalls Mitglied der Evangelischen Kirchenregierung.
Im Uebrigen ist für die Berufung in die Evangelische Kirchenregierung je das Dienstalter maßgebend. Wenn der zunächst berufene Generalsuperintendent den Eintritt in die Kirchenregierung ablehnt

oder aus derselben ausscheidet, so hat der im Dienstalter folgende Generalsuperintendent einzutreten.

Wenn sowohl der Präsident als der Vizepräsident der Landessynode aus ihrem Amte ausscheiden, so ist die Landessynode einzuberufen (vergl. Landessynodalordnung von 1888 Art. 1 Abs. 3).

Art. 2.

Die Evangelische Kirchenregierung ist in der Zahl von drei Mitgliedern beschlußfähig. Sämmtliche Mitglieder sind jedoch zu jeder kollegialischen Berathung einzuladen.

Wenn der Gegenstand ein Mitglied persönlich angeht, so ist es von der Theilnahme an der kollegialischen Berathung ausgeschlossen.

Vorstand der Evangelischen Kirchenregierung ist der Staatsminister oder Departementschef des Kirchen- und Schulwesens. Sollte derselbe dem Kollegium nicht angehören, so wird der Vorstand durch die Wahl der Mitglieder bestimmt. In gleicher Weise wird ein Stellvertreter des Vorstandes gewählt.

Der Vorstand stimmt zuletzt ab. Im Falle der Stimmengleichheit kommt ihm die entscheidende Stimme zu.

Im Uebrigen werden die näheren Bestimmungen über die Geschäftsbehandlung durch die von der Evangelischen Kirchenregierung zu erlassende Geschäftsordnung getroffen.

Art. 3.

Sollte die erforderliche Zahl von Mitgliedern des Geheimenraths (Art. 1) nicht oder nicht mehr vorhanden sein, so ist das Kollegium durch die Berufung von Ersatzmännern zu ergänzen, welche in einem Zusammentritt der evangelischen Oberkirchenbehörde und des Ausschusses der Landessynode mit einfacher Stimmenmehrheit gewählt werden.

Hiebei ist mindestens die doppelte Anzahl der erforderlichen Ersatzmänner zu bezeichnen.

Aus der Liste der Erwählten, welche dem König durch die Evangelische Kirchenregierung zur Einsichtnahme vorzulegen ist, sind diejenigen Personen zu streichen, welche der König als minder genehm bezeichnet haben wird.

Der Eintritt der Ersatzmänner bestimmt sich nach dem Lebensalter derselben.

Die Ersatzmänner haben aus dem Kollegium auszutreten, sobald ihre Stellen mit ordentlichen Mitgliedern des Geheimenraths wieder besetzt sind. Die Reihenfolge des Austritts ist die umgekehrte des Eintritts derselben.

Art. 4.

Die Mitglieder der Evangelischen Kirchenregierung haben bei der Uebernahme ihres Amtes das nachstehende feierliche Gelübde abzulegen:

Ich gelobe vor Gott, daß ich bei meiner Thätigkeit als Mitglied der Evangelischen Kirchenregierung gehorsam dem göttlichen Worte, in Treue gegen das Bekenntniß der evangelischen Kirche die Ehre Gottes und das Heil der Seelen unverrückt im Auge behalten, die Verfassung der evangelischen Landeskirche gewissenhaft wahren und das Wohl der Kirche nach Kräften fördern werde.

Die näheren Vorschriften über die Verpflichtung werden im Verordnungswege erlassen.

Art. 5.

Die Geschäftsaufgabe der Evangelischen Kirchenregierung umfaßt die sämmtlichen innerkirchlichen Angelegenheiten, welche zur Entschließung des evangelischen Landesherrn stehen. (Vergl. jedoch Abs. 5 und 6.)

Die Evangelische Kirchenregierung übt die ihr übertragenen Befugnisse selbständig ohne Anbringen an den König aus.

Insbesondere kommen ihr diejenigen Befugnisse zu, welche in der Landessynodalordnung von 1888, sowie in anderen kirchlichen Gesetzen dem evangelischen Landesherrn zugewiesen sind.

Ferner kommt ihr die Ernennung der Generalsuperintendenten, des Stiftspredigers in Stuttgart, sowie der Dekane zu.

Die Besetzung der Kirchenstellen, soweit mit diesen ein Dekanat nicht verbunden ist (Stadtpfarrstellen, Pfarrstellen), steht dem Evangelischen Konsistorium zu.

Die Regelung der Zuständigkeit des Evangelischen Konsistoriums im Verhältnis zu der Evangelischen Kirchenregierung bleibt späterer Verfügung vorbehalten.

Art. 6.

Der Vorstand des Evangelischen Konsistoriums wird von dem König aus der Zahl der von der Evangelischen Kirchenregierung Vorgeschlagenen ernannt.

In gleicher Weise werden von dem König die Mitglieder des Evangelischen Konsistoriums und die evangelischen Hofprediger ernannt. Der Ernennung hat stets ein mit Vorschlägen für die Besetzung der betreffenden Stelle versehenes Anbringen des Konsistoriums voranzugehen, welches dem König von der Evangelischen Kirchenregierung mit deren eigenen Anträgen vorzulegen ist.

Art. 7.

Wenn der Fall des §. 76 der Verfassungsurkunde eintritt, so hat der Präsident des Evangelischen Konsistoriums sofort die in die Evangelische Kirchenregierung Berufenen zur Uebernahme ihres Amtes einzuladen. Sobald drei Mitglieder sich zur Uebernahme des Amtes schriftlich bereit erklärt haben, beginnt die amtliche Wirksamkeit der Evangelischen Kirchenregierung.

Die näheren Bestimmungen über den Vollzug des Gesetzes bleiben der Verordnung vorbehalten.

Gegeben Stuttgart, den 28. März 1898.

Wilhelm.

Der Staatsminister des Kirchen- und Schulwesens:
Sarwey.

Dokument Nr. 8

Gesetz, betreffend das kirchliche Gesetz über Ausübung der landesherrlichen Kirchenregimentsrechte im Falle der Zugehörigkeit des Königs zu einer anderen als der evangelischen Konfession. Vom 28. März 1898.

(Regierungsblatt für das Königreich Württemberg 1898, S. 75 f.; vgl. Huber/Huber III, Nr. 229, S. 580)

– in authentischer Abschrift –

Wilhelm II., von Gottes Gnaden König von Württemberg.

Nach Anhörung Unseres Staatsministeriums und unter Zustimmung Unserer getreuen Stände verordnen und verfügen Wir, wie folgt:

Art. 1.

Der Art. 5 Abs. 4 und 5 und der Art. 6 des anliegenden kirchlichen Gesetzes, betreffend die Ausübung der landesherrlichen Kirchenregimentsrechte im Falle der Zugehörigkeit des Königs zu einer anderen als der evangelischen Konfession, werden genehmigt.

Zum Eintritt in die Evangelische Kirchenregierung bedürfen die nach Maßgabe des kirchlichen Gesetzes berufenen Beamten keiner höheren Genehmigung.

Art. 2.

Das Ministerium des Kirchen- und Schulwesens hat in dem in §. 76 der Verfassungsurkunde vorausgesetzten Falle die in Anwendung des §. 72 der Verfassungsurkunde ergehenden Entschließungen des Königs auf die Anträge der Evangelischen Kirchenregierung an diese zu vermitteln.

Im Uebrigen bleibt die Regelung des Verkehrs der Behörden des Staates und der kirchlichen Behörden der Königlichen Verordnung vorbehalten.

Unser Ministerium des Kirchen- und Schulwesens ist mit der Vollziehung dieses Gesetzes beauftragt.

Gegeben Stuttgart, den 28. März 1898

Wilhelm.

Mittnacht.   Sarwey.   Schott von Schottenstein.   Pischek.
Breitling.

[Als Anlage folgt im Originaldokument nun das hier als Dokument Nr. 7 abgedruckte Kirchliche Gesetz]

Dokument Nr. 9

Vorläufiges kirchliches Gesetz, betreffend die Ausübung der landesherrlichen Kirchenregimentsrechte in der evangelischen Landeskirche Württembergs vom 9. November 1918

(Amtsblatt des württembergischen Evangelischen Konsistoriums und des Synodus, Bd. 18, S. 219 sowie Allgemeines Kirchenblatt für das evangelische Deutschland, 67, 1918, S. 511; wiedergegeben nach Huber/Huber III, Nr. 231, S. 582 f.)

Wilhelm II.,
von Gottes Gnaden König von Württemberg.

Auf den Antrag der Evangelischen Oberkirchenbehörde und nach Vernehmung des Ausschusses der Landessynode verordnen Wir auf Grund von Art. 38 der Landessynodalordnung, unbeschadet der bestehenden Staatsgesetze, was folgt:

Einziger Artikel.

Die Bestimmungen des kirchlichen Gesetzes, betreffend die Ausübung der landesherrlichen Kirchenregimentsrechte im Falle der Zugehörigkeit des Königs zu einer anderen als der evangelischen Konfession vom 28. März 1898 in der Fassung vom 22. April 1912 finden entsprechende Anwendung, wenn aus sonstigen Gründen die Kirchenregimentsrechte in der evangelischen Landeskirche Württembergs durch den Landesherrn nicht ausgeübt werden können.

Der Präsident des Evangelischen Konsistoriums ist mit dem Vollzug dieses Gesetzes beauftragt. Zugleich wird er ermächtigt, mit Rücksicht auf die bestehende Erschwerung der Ausübung der landesherrlichen Kirchenregimentsrechte die Mitglieder der Evangelischen Kirchenregierung alsbald einzuberufen, um unter entsprechender Anwendung des Absatz 1 in Unserem Namen bis auf weiteres die landesherrlichen Kirchenregimentsrechte auszuüben.

Dokument Nr. 10

Bekanntmachung der Oberkirchenbehörde Württembergs vom 12. Dezember 1918

(Fr. Purlitz, Die deutsche Revolution, Bd. I, 1919, S. 310; wiedergegeben nach Huber/Huber IV, S. 50)

Der König hat Abschied genommen von seinem Volk. Mit unseren Kirchengenossen danken wir ihm von Herzen für alles, was er in 27jähriger Regierung unserem Volk und unserer evangelischen Kirche Gutes getan, und seiner hohen Gemahlin für das, was sie im Dienst der Nächstenliebe Edles gewirkt hat. Gottes Schutz und Gnade sei ferner mit ihnen.

Die Ausübung des bisherigen landeskirchlichen Kirchenregimentsrechts in der evangelischen Landeskirche ist gemäß dem kirchlichen Gesetz vom 9. November 1918 auf die evangelische Kirchenregierung übergegangen. Auch unter der neuen Staatsordnung ist die evangelische Kirche bereit, dem Volkswohl zu dienen. Das deutsche Volk, vor die gewaltige Aufgabe seines Neuaufbaus gestellt, braucht nach unserer Überzeugung die Lebenskräfte des Evangeliums. Die Botschaft von dem, der gekommen ist, nicht daß er sich dienen lasse, sondern daß er diene und gebe sein Leben zu einer Erlösung für viele, pflanze unter uns gegenseitiges Vertrauen und tätige Nächstenliebe, ohne welche die Volksgemeinschaft in nichts zerfiele. In diesem Sinne sollen und wollen wir alle, Geistliche und Gemeindegenossen, unsere Pflicht erfüllen als Christen und als Staatsbürger.

Dokument Nr. 11

Kirchliches Gesetz, betreffend die Verfassung
der Evangelischen Landeskirche in Württemberg
(Kirchenverfassungsgesetz) vom 24. Juni 1920

(Allgemeines Kirchenblatt für das evangelische Deutschland, 69, 1920,
S. 384 ff.; wiedergegeben nach Huber/Huber IV, Nr. 287, S. 626 ff.)

– Auszug –

I. Die evangelische Landeskirche

§ 1.

Die evangelisch-lutherische Kirche in Württemberg, getreu dem Erbe der Väter, steht auf dem in der Heiligen Schrift gegebenen, in den Bekenntnissen der Reformation bezeugten Evangelium von Jesus Christus, unserem Herrn. Dieses Evangelium ist für die Arbeit und Gemeinschaft der Kirche unantastbare Grundlage.

§ 2.

Die evangelische Landeskirche ist eine Körperschaft des öffentlichen Rechts, die ihre Angelegenheiten innerhalb der Schranken des für alle geltenden Gesetzes selbständig ordnet und verwaltet.

§ 3.

Die württembergische Landeskirche nimmt unter Wahrung ihrer Selbständigkeit an den gemeinsamen Aufgaben der deutschen evangelischen Landeskirchen tätigen Anteil.

II. Landeskirchentag

§ 4.

(1) Der Landeskirchentag vertritt die Gesamtheit der evangelischen Kirchengenossen.
(2) Der Landeskirchentag setzt sich zusammen aus 60 Abgeordneten, die im Weg der allgemeinen, gleichen, unmittelbaren und

geheimen Wahl gewählt werden, und zwar 40 weltlichen und 20 geistlichen, sowie aus einem Abgeordneten der evangelisch-theologischen Fakultät der Landesuniversität, der von der Fakultät aus ihrer Mitte in geheimer Wahl gewählt wird.

[…]

§ 5.

Wahlberechtigt sind die Kirchengenossen, die das 25. Lebensjahr am Tag der Wahl vollendet haben und das Wahlrecht zum Kirchengemeinderat besitzen.

[…]

§ 11.

Der Landeskirchentag tritt nach Bedürfnis, in der Regel alle zwei Jahre, zusammen.

§ 12.

(1) Der Landeskirchentag wird durch den Kirchenpräsidenten einberufen. Er muß einberufen werden, wenn der ständige Ausschuß des Landeskirchentags (§ 26) oder der dritte Teil der Abgeordneten es verlangt.
(2) Der Kirchenpräsident vertagt und schließt den Landeskirchentag.

[…]

§ 21.

(1) Dem Landeskirchentag kommt das kirchliche Gesetzgebungsrecht zu.

[…]

§ 31.

Dem Kirchenpräsidenten kommt die oberste Leitung der Landeskirche zu. Er vertritt die Kirche nach außen (vgl. übrigens § 36 Abs. 1 Satz 2) und nimmt die Aufgaben wahr, die ihm in den kirchlichen Gesetzen übertragen sind. Er vollzieht nach Maßgabe der gesetzlichen

Vorschriften die Ernennung der Geistlichen und der Beamten der Landeskirche.

[...]

§ 34.

(1) Der Kirchenpräsident wird von dem Landeskirchentag und dem Oberkirchenrat, die zu diesem Zweck zusammentreten, in geheimem Wahlgang auf Lebensdauer gewählt. Zur Gültigkeit der Wahl sind zwei Drittel der abgegebenen Stimmen erforderlich. Die Wahl ist so lange fortzusetzen, bis eine solche Stimmenzahl auf eine Person sich vereinigt.

[...]

IV. Oberkirchenrat

§ 36.

(1) Der Oberkirchenrat führt die landeskirchliche Verwaltung. In vermögensrechtlichen Angelegenheiten sowie in Rechtsstreitigkeiten vertritt er die Landeskirche nach außen.
(2) Er ist ein Kollegium und besteht neben dem Vorstand aus der erforderlichen Zahl von geistlichen und weltlichen Mitgliedern.
(3) Zu den Mitgliedern des Oberkirchenrats gehören auch die Prälaten.

[...]

§ 37.

(1) Vorstand des Oberkirchenrats ist der Kirchenpräsident.

[...]

Dokument Nr. 12

Gesetz über die Kirchen. Vom 3. März 1924.

(Regierungsblatt für Württemberg, 1924, Nr. 13, S. 93 ff.; vgl. Huber/ Huber IV, Nr. 137, S. 190 ff.)

– Auszug in authentischer Abschrift –

Der Landtag hat am 9. Februar 1924 das folgende Gesetz beschlossen, das hiemit verkündet wird:

I. Die kirchlichen Rechtspersonen.

1. Öffentliche Körperschaften.

§ 1.

(1) Die Kirchen sind Körperschaften des öffentlichen Rechts.
(2) Kirchen im Sinn dieses Gesetzes sind die evangelische Kirche, die katholische Kirche und die israelitische Religionsgemeinschaft.

§ 2.

(1) Die Kirchengemeinden sind Körperschaften des öffentlichen Rechts.
(2) Kirchengemeinden im Sinn dieses Gesetzes sind die rechtsfähigen Gemeinden der evangelischen Kirche, der katholischen Kirche und der israelitischen Religionsgemeinschaft mit Einschluß der rechtsfähigen Tochter- und Gesamtgemeinden.
(3) Neue Kirchengemeinden erlangen die Rechtsfähigkeit durch staatliche Anerkennung auf Grund eines Antrags der Oberkirchenbehörde. Die Anerkennung ist öffentlich bekanntzumachen.

§ 3.

(1) Die Oberkirchenbehörden sind verpflichtet, vor der Vornahme von Änderungen in dem Bestand der Kirchengemeinden oder der Begrenzung ihrer Bezirke den Oberämtern, deren Bezirk die beteiligten Kirchengemeinden oder Teile derselben angehören, Gelegenheit zur Äußerung zu geben.

(2) Die Änderungen sind von den Oberkirchenbehörden den beteiligten Oberämtern mitzuteilen.

(3) Die vermögensrechtlichen Folgen der Änderung werden von der Oberkirchenbehörde nach den Grundsätzen des kirchlichen Rechts, in Ermangelung solcher Grundsätze nach billigem Ermessen geregelt, wenn nicht die beteiligten Kirchengemeinden eine gültige Vereinbarung treffen.

§ 4.

(1) Verbände mehrerer Kirchengemeinden, die zur Förderung gemeinsamer Zwecke durch Übereinkunft oder Satzung der Kirche gebildet werden, erlangen die Rechtsfähigkeit auf Antrag der Oberkirchenbehörde durch staatliche Verleihung (kirchliche Gemeindeverbände).

(2) Die Gemeindeverbände, die aus den Kirchengemeinden der evangelischen Dekanatsbezirke gebildet sind, sind Körperschaften des öffentlichen Rechts.

§ 5.

Das Domkapitel und die Landkapitel der katholischen Kirche sind Körperschaften des öffentlichen Rechts.

§ 6.

Auf die Bildung neuer Verbände der Kirchengemeinden evangelischer Dekanatsbezirke (§ 4 Abs. 2) und neuer katholischer Landkapitel finden die Vorschriften des § 2 Abs. 3, auf Änderungen der evangelischen und katholischen Dekanatsbezirke die Vorschriften des § 3 entsprechende Anwendung.

[...]

IX. Gesetzesänderungen und Übergangsbestimmungen

§ 70.

Das Evangelische Konsistorium als Staatsbehörde wird aufgehoben.

Stuttgart, den 3. März 1924.

Das Staatsministerium:

Hieber. Bolz. Schall. Beyerle.

Personenregister

Kursiv gesetzte Zahlen verweisen auf Fußnoten.

Ablaß, Bruno 4 *14*
Anschütz, Gerhard 6, 6 *20*, 12 *39*, 13, 13 *42*, 33 *122*, 33 *125*, 34, 34 *129*, 35 *131*, 138 *529*, 140 *533*, 141, 141 *541*, 142 *542*, 143 *549*
Arend, Sabine 54 *214*

Badura, Peter 2 *8*, 8 *27*, 133 *508*
Baumgarten, Otto 127
Benn, Ernst-Victor 34 *126*, 76 *297*
Bergemann, Hans Georg 102 *400*
Besier, Gerhard 43 *162*ff.
Bismarck, Otto von 46
Bonaparte, Napoleon 25
Bormuth, Daniel 126 *488*
Brakelmann, Günther 4 *11*, 125 *484*
Brandt, Reinhard 68 *269*
Bredt, Johann Victor 31 *113*, 31 *115*, 33 *125*, 34 *126*, 35 *134*, 36 *136*, 40 *152*, 43 *162*f., 45 *174*, 46 *182*, 48 *190*, 66 *259*, 71 *284*, 73 *289*, 83 *323*, 84 *325*, 84 *327*f., 86 *338*, 88 *349*, 89 *351*, 89 *353*, 92 *362*, 95 *370*ff., 97 *378*f., 98 *381*, 99 *385*f., 99 *388*, 102 *398*
Brück, Heinrich 52 *204*
Brüser, Joachim 104 *406*, 106 *411*, 107 *419*f., 108 *424*ff., 109 *427*
Bullinger, Adelheid 82 *320*, 94 *369*, 101 *394*, 121 *468*
Burleigh, Michael 1 *1*
Büttner, Ursula 88 *347*, 126 *489*, 128 *498*

Campenhausen, Axel Freiherr von 2 *7*, 14 *43*, 15 *44*, 23 *86*, 36 *139*, 75 *293*f., 76 *297*, 79 *309*, 147 *565*
Claussen, Johann Hinrich 93 *366*
Conrad, Hermann 36 *138*

de Wall, Heinrich 15 *44*, 15 *47*, 25 *90*, 26 *92*, 28 *102*, 30 *109*, 39 *151*, 45 *176*, 75 *294*, 136 *517*, 136 *520*, 138 *529*
Dehlinger, Alfred 55 *217*, 56 *222*, 103 *404*
Depenheuer, Otto 145 *557*
Dibelius, Otto 95 *370*, 123 *475*, 124, 124 *479*, 124 *482*, 126 *491*
Doehring, Bruno 78, 78 *303*
Doering-Manteuffel, Anselm 128 *499*
Dreier, Horst 2 *3*, 9 *29*, 12 *38*, 14 *43*, 16 *51*, 67 *265*, 102 *398*, 106 *410*, 133 *508*, 139 *532*, 140 *534*, 141 *539*, 143 *550*, 145 *556*, 146 *558*

Eberhard Ludwig (Herzog von Württemberg) 106f.
Ebers, Godehard Josef 138 *529*, 145 *555*, 147 *565*

Ebert, Friedrich 128
Ehmer, Hermann 63 *249*, 115 *449*, 116 *451*, 130 *501*
Ende, Paul 136 *518*
Erkens, Franz-Reiner 144 *551*
Erler, Adalbert 15 *49*
Erzberger, Matthias 128

Falk, Adalbert 43, 46 *184*
Faulhaber, Michael 142 f.
Fischbeck, Otto 99, 99 *386*
Frank, Johann 33 *122*
Friedrich (Herzog, Kurfürst, König von Württemberg) 25 88, 49 *197*, 50 *198*, 55
Friedrich II., der Große (König von Preußen) 8 f., 30
Friedrich II. (Großherzog von Baden) 103 *404*
Friedrich Wilhelm III. (König von Preußen) 44
Friedrich Wilhelm IV. (König von Preußen) 27, 29 *104*, 42 f., 70
Friedrich, Norbert 4 *11*
Fritz, Hartmut 124 *478* ff., 127 *491*

Gärditz, Klaus Ferdinand 145 *557*
Geck, Albrecht 46 *179*, 71 *281*
Geck, Helmut 125 *484*
Germann, Michael 68 *271*
Giese, Friedrich 5, 5 *19*, 7 *22*, 12 *39*, 13 *42*, 35 *134*, 37 *142*, 77 *298*, 79, 79 *311*, 80 *312*, 81 *317*, 88 *348*, 90 *354*, 99 *385*, 134 *509*, 136, 136 *518* f., 140 *533*, 140 *535*, 141 *538*, 145, 145 *555*
Glotz, Peter 146 *559*
Göbell, Walter 49 *194*
Goerlich, Helmut 145 *557*
Goeters, J. F. Gerhard 28 *102*, 31 *113*, 42 *159*, 44 *169*, 46 *179*

Grabenwarter, Christoph 145 *557*
Graf, Friedrich Wilhelm 84 *325*, 119, 120 *466*, 127 *495* f.
Greiner, Bernd 128 *499*
Guntau, Burkhard 54 *209*
Gusy, Christoph 133 *508*

Haag, Norbert 77 *300*
Haenisch, Konrad 85 f., 86 *338*, 87 *342*, 95, 99 *386*
Harnack, Adolf von 126
Hase, Karl [August von] 30 *108*, 41 *155*, 71 *280*
Hauschild, Wolf-Dieter 66 *261*, 88 *347*, 118, 118 *458*
Heckel, Martin 2, 2 *5* ff., 6 *21*, 9 *29* f., 15 *44*, 16 *52*, 17 *57*, 18 *61*, 18 *63*, 19 *67*, 20 *72*, 21 *79*, 22 *85*, 23 *86*, 26 *93*, 35 *134* f., 37 *141* f., 38 *144*, 38 *147*, 39 *148*, 41 *153*, 53 *208*, 54 *211*, 76 f., 76 *296*, 77 *298*, 117, 118 *456*, 122
Hein, Martin 1 *2*
Heine, Wolfgang 90, 97
Heinig, Hans Michael 10 *34*, 45 *177*, 79 *307*, 133 *508*, 134 *511*, 137 *524*
Hermelink, Heinrich 49 *197*, 54 *210*, 54 *212*, 55 *219*, 56 *222*, 57, 57 *227* f., 61 *242* ff., 62 *246*, 64 *255*
Hermle, Siegfried 2 *4*, 58 *230*, 103 *403*, 103 *405*, 110 *432*, 110 *434*, 111 ff. *435* ff., 114 *443* f., 115 *446*, 116 *449*, 116 *451* ff., 125 *484*
Herrmann, Emil 34, 46 *184*
Hesse, Konrad 147, 147 *566*
Heun, Werner 7 *24*, 16 *52* f., 27 *96*, 34 *126*, 34 *129*, 53 *208*, 57 *229*

Hintze, Otto 18, 19 *64*, 22 *85*, 27 *99*f., 29 *106*, 30 *108*, 31, 31 *110*, 31 *116*, 36 *136*, 40 *153*, 43 *162*, 46 *183*, 70 *275*, 73, 73 *290*
Hoffmann, Adolph 84ff., 89, 93
Hoffmann, Georg 119, 119 *463*, 123, 123 *477*, 124 *481*, 130 *502*ff., 145 *552*, 145 *554*
Hofmann, Hasso 21 *74*
Holl, Karl 1 *2*, 70 *279*
Hollerbach, Alexander 8 *26*
Holstein, Günther 42 *159*, 46 *181*, 69 *272*, 73 *289*
Huber, Ernst Rudolf 7 *25*, 8 *28*, 9 *30*, 9 *32*, 13 *42*, 25 *90*, 27 *99*, 29 *104*, 29 *106*, 30 *109*, 31 *115*, 32 *117*, 32 *120*f., 33 *124*, 34 *128*, 37 *139*, 40, 40 *153*, 41 *156*, 43 *163*, 44 *166*, 45 *174*, 48 *192*, 52 *204*, 55 *216*, 55 *220*, 57 *226*, 59 *234*, 63 *251*, 65 *257*, 67 *263*, 69 *272*, 73, 73 *291*, 82 *318*, 83 *320*ff., 84 *326*, 85 *329*, 85 *330*, 86 *333*f., 86 *338*, 87 *340*ff., 88 *346*, 90 *355*, 91 *358*, 91f. *361*, 96 *376*, 99 *384*, 99 *386*, 100 *390*f., 101 *395*, 102 *399*, 103 *402*, 103 *404*, 104 *405*, 111 *437*, 113 *440*, 114 *443*, 115 *445*, 134, 134 *510*, 139 *532*, 142 *544*, 142 *546*, 143 *548*
Huber, Wolfgang 9 *32*, 29 *104*, 32 *117*, 32 *120*f., 41 *156*, 52 *204*, 55 *216*, 55 *220*, 57 *226*, 63 *251*, 65 *257*, 83 *322*, 85 *330*, 86 *333*f., 86 *338*, 87 *340*ff., 88 *346*, 90 *355*, 91 *358*, 91 *361*, 96 *376*, 99 *384*, 99 *386*, 100 *390*f., 103 *404*, 111 *437*, 113 *440*, 115 *445*, 127 *497*, 142 *544*, 142 *546*, 143 *548*, 146 *560*
Huxdorff, Nina 137 *524*

Ickstatt, Johann Adam 104 *407*

Jacke, Jochen 1 *1*, 40 *153*, 69 *273*, 70 *278*, 79 *305*, 80 *314*, 82 *320*, 84 *325*f., 84 *328*, 86 *335*, 86 *337*, 89 *351*, 89 *353*, 90 *356*, 91 *358*, 92 *362*, 93 *365*, 94 *368*, 95f. *369*ff., 97 *380*, 99 *388*, 100 *389*, 100 *391*, 117 *454*, 120 *467*, 126 *489*
Jähnichen, Traugott 4 *11*
Jasper, Gotthard 101 *393*
Jeand'Heur, Bernd 14 *43*, 16 *54*, 22 *85*, 100 *393*, 118 *459*f., 138 *529*
Jesch, Dietrich 67 *265*
Jeserich, Kurt G. A. 15 *44*
Jestaedt, Matthias 2 *3*
Jung, Martin H. 125 *484*

Kaas, Ludwig 4 *12*
Kahl, Wilhelm 102 *398*, 138 *528*
Kampmann, Jürgen 114 *442*, 123 *475*
Karl (König von Württemberg) 58, 63
Karl Alexander (Herzog von Württemberg) 104, 104 *406*, 105 *408*, 106, 106 *413*, 108f., 108 *425*
Kelsen, Hans 134 *512*
Kersting, Wolfgang 21 *74*
Kippenberg, Hans G. 133 *508*
Kleinheyer, Gerd 36 *138*
Kremer, Bernd Mathias 20 *69*, 22 *82*
Kretschmar, Georg 119 *463*
Kronhagel, Kristian Klaus 86 *337*
Krumwiede, Hans-Walther 19 *65*, 21 *76*, 35 *133*
Kuessner, Dietrich 83 *320*, 101 *395*
Kühne, Jörg-Detlef 3 *10*f., 13 *41*

Kunert, Fritz 90 *356*
Kurz, Roland 124 *478*

Lächele, Rainer 2 *4*
Lämmert, Eberhard 146 *559*
Landau, Peter 15 *46*, 17 *54*, 23 *86*, 34 *127*, 40 *153*, 48 *191*, 53 *208*, 54 *211*, 74 *292*, 116 *453*
Landé, Walter 142 *542*
Lehmann, Hartmut 50 *198*
Lempp, Wilhelm 10 *33*, 25 *88*, 49 *197*, 50 *197*f., 51 *202*f., 52 *205*, 53 *206*, 54 *210*, 54 *212*, 55 *217*f., 56 *221*f., 56 *224*, 57 *227*, 58 *231*f., 59 *234*ff., 60 *238*, 61 *240*f., 61 *244*, 62 *246*f., 63 *252*, 63 *254*, 106 *412*, 107 *418*, 107 *420*, 109 *429*, 112 *439*, 113 *441*, 114 *442*, 114 *444*, 115 *448*, 116 *451*f., 117 *453*
Leonhardt, Rochus 46 *181*, 66 *259*, 67 *264*, 119 *462*, 119 *465*, 124 *479*, 124 *483*, 134 *509*
Lepsius, Oliver 128 *499*
Liermann, Hans 15 *50*, 51 *201*, 64 *256*, 80, 80 *313*, 81 *316*f., 84 *324*, 100 *391*, 103 *401*
Link, Christoph 5 *19*, 8 *27*, 16 *53*, 17 *55*, 18 *59*, 20 *70*, 21 *79*f., 30 *109*, 34 *128*, 41 *156*, 43 *163*, 45 *177*, 52 *204*, 81 *317*, 82 *318*, 84 *324*, 102 *400*, 123 *474*, 137 *525*, 138 *526*, 141 *538*, 141 *540*, 142 *541*
Lohse, Bernhard 119 *463*
Lütcke, Karl-Heinrich 85 *331*, 86 *332*, 100 *391*

Mau, Rudolf 28 *102*, 31 *113*, 42 *159*, 44 *169*, 46 *179*
Mausbach, Joseph 4 *16*, 13, 13 *42*, 138, 140 *537*

May, Georg 5 *18*, 52 *204*
Mehlhausen, Joachim 22 *82*, 26 *91*f., 27 *95*, 32 *120*, 42 *160*, 44 *169*, 44 *172*, 45 *174*, 45 *178*, 51 *200*, 51 *202*, 56 *223*f., 57 *228*, 63 *253*, 65 *258*, 68 *270*, 70 *274*, 71 *280*, 72 *287*
Mehnert, Gottfried 79 *304*, 84 *328*, 93 *367*, 94 *368*, 119 *464*, 130 *504*
Meurer, Christian 5, 5 *18*, 122 *472*, 139, 139 *531*
Meyer, Dietrich 70 *276*
Miller, Susanne 86 *338*, 88 *347*
Möller, Reinhard Johannes 99
Mohl, Robert von 105, 105 *409*
Moltmann, Jürgen 146 *559*
Morlok, Martin 14 *43*, 145 *557*
Mosapp, Hermann 105 *408*, 106 *411*, 106 *413*f., 107 *415*ff., 107 *420*f., 108 *422*, 108 *425*f., 109 *428*, 110 *431*ff., 111 *434*
Mosheim, Johann Lorenz von 21
Motschmann, Claus 76 *295*, 85 *329*, 86 *334*, 88 *347*, 89 *351*, 89 *353*, 90 *356*, 91 *358*, 94 *368*, 95 *369*ff., 99 *387*
Muckel, Stefan 25 *90*, 30 *109*, 141 *538*
Mückl, Stefan 8 *27*, 147 *564*
Munsonius, Hendrik 2 *7*, 131 *507*, 137 *522*

Närger, Nikolaus 64 *256*, 115 *449*
Naumann, Friedrich 4 *17*, 121, 145, 145 *553*
Neugebauer, Wolfgang 10 *34*
Neuser, Wilhelm H. 30 *107*, 42 *159*, 44 *169*, 45 *174*f., 45 *178*
Nipperdey, Thomas 1 *1*, 25 *89*, 46 *180*, 52 *204*, 71 *283*, 146 *561*
Norden, Günther van 101 *393*, 129 *500*

Nowak, Kurt 41 *154*, 42 *158*, 46 *183*, 67 *264*, 79 *311*, 88 *344*, 100 *392*f., 124 *480*, 126 *487*, 126 *490*f., 127 *492*f.

Oberndörfer, Dieter 88 *347*
Oelke, Harry 125 *484*, 125 *486*, 126 *488*, 126 *491*, 131 *506*
Oeser, Rudolf 90, 97, 99, 99 *386*
Oestreich, Gerhard 19 *64*
Ohnezeit, Maik 101 *395*
Ohst, Martin 27 *97*f., 34 *126*, 42 *160*, 121 *468*, 121 *471*
Otte, Wulf 101 *395*

Paulmann, Johannes 104 *406*
Paulson, Stanley L. 2 *3*
Pfaff, Christoph Matthäus 21
Pirson, Dietrich 73 *291*
Pohl, Hans 15 *44*
Pollmann, Klaus Erich 40 *153*, 46 *184*, 49 *196*, 67 *266*, 70 *277*f.
Preul, Reiner 26 *94*
Pufendorf, Samuel von 19

Quarck, Max 148, 148 *567*

Raadschelders, Jos C. N. 26 *92*
Rade, Martin 127
Rathenau, Walther 128
Reinhard, Wolfgang 15 *45*, 17 *54*
Rendtorff, Trutz 118, 118 *461*
Renz, Horst 84 *325*
Reuter, Astrid 133 *508*
Richter, Ludwig 4 *11*
Riedel-Spangenberger, Ilona 75 *294*
Rieker, Karl 11 *37*, 29 *106*, 30 *109*, 31 *114*, 35 *134*, 36 *139*, 38 *146*, 39 *150*, 43 *163*, 44 *169*, 45 *177*, 57 *225*, 60 *238*, 61 *243*, 62 *246*, 63 *249*f., 63 *252*, 65 *258*, 71 *284*, 81 *317*

Ris, Georg 25 *88*, 37 *140*, 42 *159*, 43 *164*, 44 *169*, 45 *177*, 47 *187*, 66 *263*
Ritter, Karl Bernhard 93 *367*, 94
Rogge, Joachim 30 *107*, 43 *162*, 47 *186*, 70 *276*
Rublack, Hans-Christoph 15 *44*
Ruddies, Hartmut 93 *364*, 93 *367*, 99 *387*
Ruhbach, Gerhard 30 *107*, 43 *162*, 47 *186*, 70 *276*
Rüsen, Jörn 146 *559*

Sander, Hartmut 28 *102*, 29 *106*
Schäfer, Gerhard 54 *213*, 56 *224*, 57 *229*, 59 *233*, 60 *239*, 61 *244*, 63 *252*, 70 *275*
Scheliha, Arnulf von 1 *1*, 17 *57*, 20 *68*, 21 *77*, 127 *495*
Scheuner, Ulrich 8 *26*, 67, 67 *267*, 79, 79 *310*, 137 *523*, 138 *529*
Schlaich, Klaus 16 *52*, 18 *60*, 18 *63*, 20 *68*, 20 *69*, 20 *71*, 20 *73*, 21 *75*, 21 *80*, 22 *83*, 22 *84*, 22 *85*, 23 *86*, 35 *132*, 36 *137*, 37 *142*, 38 *147*, 42 *157*, 53 *207*, 66 *261*, 71 *281*, 73 *290*, 77 *299*
Schlayer, Johannes von 58, 61 *242*
Schleiermacher, Friedrich 26 *94*, 46, 46 *181*
Schlinker, Steffen 15 *45*, 82 *319*
Schmitt, Carl 135, 135 *514*f.
Schmitt, Karl 88 *347*
Schneider, Johannes 83 *323*, 91 *358*, 96 *376*, 97 *380*, 114 *442*, 115 *448*, 116 *452*
Schnettger, Matthias 104 *406*, 108 *423*, 108 *426*
Schoen, Paul 28 *102*, 31 *115*f., 32 *117*, 32 *120*f., 33 *123*, 34 *125*, 37 *142*, 42 *160*, 44 *166*, 44 *170*,

46 *182*, 48 *190*, 66 *262f.*, 67, 67 *266*, 71 *284*, 116 *452*
Schoeps, Julius H. 1 *1*
Schulze-Fielitz, Helmuth 134 *512*
Schwarzlose, Karl 17 *58*, 19 *66*, 22 *81*, 22 *85*, 30 *108*, 31 *111*, 33 *124*, 34 *130*, 35 *131*, 37 *142*, 40 *152*, 47 *187*, 54 *213*, 66 *261*, 67 *266*, 79 *308*, 84 *325*, 91 *358*
Schwöbel, Christoph 127 *494*, 127 *495*
Sebott, Reinhold 75 *294*
Severing, Carl 99, 99 *386*
Simon, Helmut 128, 128 *499*, 129 *500*
Simons, Eduard 44 *171*
Smend, Rudolf 26 *94*, 41, 41 *156*, 42 *157*, 66 *261*, 67, 68 *268*, 117, 117 *455*, 129, 141 *538*
Stephani, Joachim 17
Stephani, Mathias 17
Stier-Somlo, Fritz 7 *23*, 142 *542*
Stolleis, Michael 17 *56*
Stutz, Ulrich 136, 136 *521*, 137 *521*
Südekum, Albert 90, 97
Svarez, Carl Gottlieb 36 *138*
Sydow, Gernot 145 *557*

Tanner, Klaus 118 *457*, 125, 125 *484*, 125 *486*, 130 *505*
Thadden, Rudolf von 10 *34*, 42 *161*, 47 *185*, 47 *187*, 49 *195*, 125 *486*
Thierfelder, Jörg 2 *4*
Thoma, Richard 140 *533*, 142 *542*
Thomasius, Christian 19
Troeltsch, Ernst 93f., 93 *364*, 94 *368f.*, 96 *374*, 99, 125ff., 125 *485*

Unruh, Georg-Christoph von 15 *44*

Unruh, Peter 14 *43*, 16 *54*, 147 *563*

Veidt, Karl 3 *9*
Voelter, Hans 116 *450*, 116 *452*, 119 *462*, 123 *473*

Waldhoff, Christian 133 *508*, 136 *521*
Wallmann, Johannes 10 *34*, 42f. *161*, 44 *168*, 46 *183*, 48 *192*, 69 *272*, 78 *302*
Weber, Hermann 137 *524*
Wehler, Hans-Ulrich 32 *119*, 39 *149*, 45 *176*, 49 *196*, 66 *259*, 70 *277*, 71 *283*, 78 *301*, 80, 81 *315*, 88 *349*, 100 *393*, 126 *490*, 127, 128 *498*
Weiß, Konrad 142 *543*
Weller, Thomas 104 *406*
Wessel, Horst 85
Wessel, Ludwig 84ff.
Wilhelm I. (König von Preußen, Deutscher Kaiser) 34 *128*, 47, 50 *197*
Wilhelm I. (König von Württemberg) 55, 61
Wilhelm II. (König von Württemberg) 112, 114
Willoweit, Dietmar 15 *44f.*, 16 *52*, 18 *62*, 54 *214*, 82 *319*
Winter, Jörg 103 *404*
Wischmeyer, Johannes 55 *214*
Wittekind, Folkhart 3f. *11*
Wittreck, Fabian 90 *354*, 91 *359*, 101 *396*, 133 *508*, 145 *557*
Wollstein, Günter 79 *306*, 126 *488*
Woltersdorf, Theodor 13 *41*
Wright, Jonathan R. C. 84 *325*, 87 *339*, 89 *350*, 89 *353*, 91 *358*, 93 *364*, 93 *366*, 93 *367*, 95 *369*

Zeeden, Ernst Wolfgang 15 *45*
Zehnhoff, Hugo am 99 *386*
Zeller, Hermann von 112

Ziegert, Richard 79 *306*, 118 *457*, 127 *494*
Zwirner, Henning 37 *142*